学前融合教育

主 编 刘新学 欧阳新梅

编委会 （排名根据章节顺序）
王 勉 崔凤鸣 高春玲
王 珊 张丽莉 韩媛媛
黄晶晶 秦 奕

南京大学出版社

图书在版编目(CIP)数据

学前融合教育 / 刘新学，欧阳新梅主编. — 南京：南京大学出版社，2023.6
ISBN 978-7-305-27084-0

Ⅰ.①学… Ⅱ.①刘… ②欧… Ⅲ.①学前教育-高等学校-教材 Ⅳ.①G61

中国国家版本馆CIP数据核字(2023)第113964号

出版发行	南京大学出版社
社　　址	南京市汉口路22号　　邮　编　210093
出 版 人	金鑫荣
书　　名	XUEQIAN RONGHE JIAOYU 学 前 融 合 教 育
主　　编	刘新学　欧阳新梅
责任编辑	丁　群　　　　　　编辑热线　025-83686756
照　　排	南京南琳图文制作有限公司
印　　刷	南京鸿图印务有限公司
开　　本	787×1092　1/16　印张 13.25　字数 320 千
版　　次	2023年6月第1版　2023年6月第1次印刷
ISBN	978-7-305-27084-0
定　　价	42.00元

网址：http://www.njupco.com
官方微博：http://weibo.com/njupco
官方微信号：njupress
销售咨询热线：(025) 83594756

* 版权所有，侵权必究
* 凡购买南大版图书，如有印装质量问题，请与所购
　图书销售部门联系调换

序 言

在我们迈入 21 世纪的第二个十年之际，人类多样性的丰富比以往任何时候都更为明显。在这个大环境中，一种引人注目的叙事构成融合教育的概念——这是一种无论儿童的能力、残障程度或个人特质如何，都欢迎所有儿童的教学模式及方法。《学前融合教育》这本书正是对全球，尤其是中国，开展学前融合教育的紧迫呼声作出了及时和全面的回应。

学前教育领域正在经历由社会对教育融合性和公平性的推动而引起的重大变革（Peters，2004）。学前融合教育是一种趋势，它维护了每个儿童从小参与广泛、均衡、相关和个性化课程的权利（UNESCO，2017）。它弘扬了儿童无论能力、需求或背景如何，都应获得归属感和积极参与学习过程的理念。

有一些关键趋势正在影响学前儿童融合教育的发展轨迹（Wang 等人，将出版）。

其一，学前融合教育的重要趋势之一是采用个性化和差异化的教学方式。汤姆林森（Tomlinson，2017）将其视为从一刀切的教学方法转变为最大限度地提高每个儿童学习潜力的个性化学习经验。差异化的教学使具有不同能力的学生能够以他们自己的节奏和风格学习，从而促进教育的公平性和融合性。

其二，学习通用设计理念（UDL），如梅耶、罗斯和戈登（Meyer，Rose 和 Gordon，2014）所定义，是一种指导学习环境设计以使所有学习者都能访问并向其提供挑战的框架。通过提供多种参与和表达的方式，UDL 包含了学习者变异性的全光谱。UDL 在学前儿童融合教育中的应用越来越广泛，为所有儿童，包括那些有残障的儿童优化了学习体验。

其三，最近的研究还强调了协作学习在学前融合教育中的关键作用。在协作的环境中，不同能力的儿童一起互动和学习，在过程中他们的社交和学习能力获得提升。这些协作环境既能支持同伴学习，也能帮助儿童理解、欣赏和珍视多样性。

其四，以家庭为中心的实践也是学前融合教育的核心。父母是学前融合教育的主要参与者和倡导者，将他们纳入决策过程，符合对文化和家庭多样性的认识，以及家庭在学前儿童发展和教育中的重要作用。

其五，数字技术在教学中的扩大作用标志着学前融合教育的另一个重要趋势。辅助技术、适应性设备和专门的软件使所有幼儿的学习更加便捷和有趣，包括那些有特殊教育需要的儿童。在数字时代，技术整合强化了差异化教学、学习通用设计和协作学习。

其六，学前融合教育中教育工作者的持续专业发展趋势正在获得动力。教师必须具备必要的技能、知识和态度，才能有效地适应多元学习者的需求。因此，越来越多的专业发展计划开始关注融合实践、差异化策略、学习通用设计和文化适应性教学，这些都被认

为是融合教育的基础。

学前融合教育的变化景观突显了在学习环境中拥抱多样性和增强公平性的重要性。上述关键趋势，包括个性化教学、学习通用设计、协作学习、以家庭为中心的实践、技术整合和教育工作者的专业发展，共同为创建融合教育氛围做出贡献。这些趋势确认了所有儿童获得优质、公平、融合性教育的权利，为儿童的终身学习和成功奠定了基础（UNESCO，2017）。未来的研究应持续关注这些趋势，并评估其对学前融合教育的影响。学前融合教育的研究目标仍然是优化和改进我们的教育实践，确保每个儿童的学习体验尽可能融合环境里、吸引人并有效。

这本书不仅是对理论和教学模型的学术论述，而且为教育工作者、政策制定者以及家长提供了可用于广阔而复杂的学前融合教育实践探索的实用指南。鉴于我们的教育结构长期以来一直被陈旧的规范和排他性实践塑造，我们必须承认这项任务的重大性，所以必须以开放的思想和承诺的心来面对挑战。

这本书的目标是双重的。第一个目标，是它提供了对学前融合教育理论基础的深入探讨。支持融合教育实践在促进儿童认知、社会和情感发展方面的有效性的证据基础是坚实无比的（Odom等人，2004）。这本书的第二个目标，也许更具雄心，是将理论转化为切实行动。我相信本书所列出的案例研究、最佳实践和差异化教学策略将使利益相关者能够在学前儿童教学设计中实施融合教育。本书是一份全面的路线图，其路标为协作、可访问性、差异性以及对个人需求和优点的尊重。

融合教育不是目的地，而是一个持续的过程（Booth和Ainscow，2011），一个需要承诺、创造力和勇气的过程。我们希望这本书能激发对话，鼓励反思，并促进我们的教育系统转向更大融合性的积极变化。

这本书背后的愿景是充满乐观和渴望的——一个无论儿童的能力如何，每个儿童都因其独特的潜力而被珍视，每个教室都反映出融合、接纳和有同情心的社会的未来。我希望《学前融合教育》将在这个崇高的追求中充当灯塔，照亮通往融合教育实践的道路，为在此旅程中的所有人提供所需的知识和工具。

现在是采取大胆步骤和无畏对话的时候，我相信本书将激发两者。在你翻过这些页面时，我邀请你以批判的态度参与内容，质疑现有的规范，考虑融合教育的转型潜力。

每个孩子都很重要，每个孩子都应得到机会。这个基本的事实构成了学前融合教育的基石，也确实了这本书的基石。我们相信，我们有集体责任确保这个事实被实践，而不仅仅是书面的陈述。我希望这本书是朝这个方向迈出的重要一步，我希望这一步将激发更多的步骤。

王　勉

2023夏于加州大学圣塔芭芭拉分校

Preface

As we usher in thesecond decade of the 21st century, the ever-expanding tapestry of human diversity is more apparent than ever before. One of the prominent narratives within this milieu is the concept of inclusive education —an approach that embraces all children, regardless of their abilities, disabilities or individual qualities (Florian, 2014). *Early Childhood Inclusive Education* is a timely and comprehensive response to this global, urgent call.

The field of early childhood education (ECE) is undergoing significant transformation, predominantly driven by societal progressions towards inclusivity and equity (Peters, 2004). Inclusive education, particularly in early childhood, is an emerging trend that upholds the right of every child to participate in a broad, balanced, relevant and differentiated curriculum (UNESCO, 2017). It propagates a sense of belonging and active participation in the learning process, regardless of a child's abilities, needs or background. Additionally, there are some key trends influencing the trajectory of early childhood inclusive education (Wang et al., in press).

One of the seminal trends in early childhood inclusive education is the application of individualized and differentiated instruction. Tomlinson (2017) espouses this as a shift from one-size-fits-all teaching methods to personalized learning experiences that maximize each child's learning potential. Differentiated instruction enables students with varying abilities to learn at their own pace and style, promoting educational equity and inclusivity.

UDL, as defined by Meyer, Rose and Gordon (2014), is a framework that guides the design of learning environments to be accessible and challenging for all. By offering multiple means of representation, engagement and expression, UDL encapsulates the full spectrum of learner variability. UDL's increased implementation in early childhood inclusive education optimizes learning experiences for all children, including those with disabilities.

Recent studies emphasize collaborative learning's critical role in inclusive early childhood education. In such settings, children of different abilities interact, communicate and work together, enhancing their social and academic skills. These collaborative environments support peer learning and help children understand, appreciate and value diversity.

Family-centered practices are at the heart of inclusive early childhood education. This approach recognizes families as primary educators and advocates for their children and activelyincludes them in decision-making processes. This trend aligns with the increased recognition of cultural and familial diversity and the vital role families play in early childhood development and education.

The expanding role of digital technologies in classrooms denotes another critical trend in early childhood inclusive education. Assistive technologies, adaptive devices and specialized software make learning more accessible and engaging for all children, including those with special educational needs. In the digital era, technology integration bolsters differentiated instruction, UDL and collaborative learning.

This book is not just an academic treatise on theories and pedagogical models. Instead, it serves as a pragmatic guide for educators, policy makers, caregivers and researchers to navigate the vast and often complex terrain of early childhood education. Given that our educational structures have long been molded by anachronistic norms and exclusionary practices (Terzi, 2005), we acknowledge the magnitude of this task. Yet, it is a challenge we must confront with open minds and committed hearts.

The purpose of this book is twofold. Initially, it provides an in-depth exploration of the theoretical foundations of inclusive education. The evidence base supporting the efficacy of inclusive practices in promoting cognitive, social, and emotional development in children is robust and undeniable (Odom et al., 2004). The second aim of the book, which is admittedly ambitious, is to turn theory into tangible action. I am confident that the case studies, best practices and differentiated instructional strategies outlined herein will empower stakeholders to implement inclusive education in early childhood settings. This book is a comprehensive roadmap marked by signposts of collaboration, accessibility, and respect for individual needs and strengths.

Inclusive education is not a destination but a continuous journey (Booth & Ainscow, 2011)—a process that requires commitment, creativity and courage. We hope that this book stimulates dialogue, encourages reflection and inspires positive changes that enhance the inclusivity of our educational systems.

The vision underpinning this book is one of optimism and aspiration-a future where every child, regardless of their abilities, is cherished for their unique potential, and where every classroom mirrors an inclusive, accepting and empatheticsociety. It is our hope that *Early Childhood Inclusive Education* will serve as a beacon in this noble pursuit, shedding light on the path towards inclusivity and equipping all those on this journey with the knowledge and tools necessary to negotiate this complex terrain. Now is the time for bold steps and fearless conversations, and we believe this book will stimulate both. As you turn these pages, we invite you to engage with the content critically, question existing norms, and consider the transformative potential of inclusive education.

Every child matters. Every child deserves a chance. This fundamental truth forms the cornerstone of inclusive education and, indeed, this book (UNESCO, 2017). We believe it is our collective responsibility to ensure this truth is lived, not just stated. We hope this book is a step in that direction-a step that will inspire many more.

Mian Wang, Summer, 2023, in Santa Barbara, CA

目 录

导 言 ··· 1

第一章 学前融合教育概述 ·· 5
  第一节 学前融合教育的概念、内容和原则 ·· 6
  第二节 学前融合教育的意义和作用 ··· 10
  第三节 学前融合教育的主要困境 ·· 11

第二章 学期融合教育的基本理论 ·· 16
  第一节 学前融合教育的心理学基础 ··· 17
  第二节 学前融合教育的教育学基础 ··· 21

第三章 学前融合教育的环境创设 ·· 25
  第一节 学前融合教育的环境创设原则 ·· 26
  第二节 学前融合教育的室内环境创设 ·· 33
  第三节 学前融合教育的户外环境创设 ·· 42
  第四节 学前融合教育的人文环境创设 ·· 46

第四章 学前融合教育的课程调整 ·· 51
  第一节 学前融合教育的课程调整概述 ·· 51
  第二节 学前融合教育的课程调整理论 ·· 54
  第三节 学前融合教育的课程调整实践 ·· 60

第五章 学前融合教育的差异化教学 ··· 71
  第一节 学前融合教育的差异化教学概述 ··· 72
  第二节 学前融合教育的差异化教学策略 ··· 77
  第三节 学前融合教育的差异化教学活动模式与辅助策略 ······················· 86

第六章　学前融合教育的个别化教育计划 …… 99
第一节　学前融合教育的个别化教育计划概述 …… 100
第二节　学前融合教育的个别化教育计划制订和实施 …… 105
第三节　学前融合教育的个别化教育计划实践模式 …… 113

第七章　学前特殊需要儿童的行为管理 …… 120
第一节　学前特殊需要儿童行为管理的理论基础 …… 121
第二节　学前特殊需要儿童行为管理的实践操作 …… 128
第三节　学前特殊需要儿童问题行为的班级管理 …… 137

第八章　学前融合教育的师资建设 …… 143
第一节　学前融合教师的专业素养 …… 144
第二节　学前融合教师的专业职责 …… 150
第三节　学前融合教师的教育合作 …… 154

第九章　学前融合教育的支持服务 …… 158
第一节　学前融合教育的社会支持 …… 158
第二节　学前融合教育的家庭支持 …… 165
第三节　学前融合教育的巡回指导 …… 174

第十章　学前融合教育的发展建议 …… 185
第一节　学前融合教育权利及其法律保障 …… 186
第二节　学前融合教育法律保障的目标和原则 …… 188
第三节　学前融合教育法律保障的政策建议 …… 191

参考文献 …… 197

致　谢 …… 202

导　言

　　融合教育已成为当今社会教育发展的趋势，国际上相关支持性法律政策为融合教育的开展和实施提供了强有力的保障。联合国2006年通过《残疾人权利公约》（以下简称《公约》），我国属最早签署《公约》的缔约国之一，并且于2008年6月26日十一届全国人大常委会第三次会议批准《公约》，同年8月31日《公约》在我国正式生效。《公约》的各条相互配合，共同保障残障群体作为受教育权的享有者平等接受融合教育和终身学习的权利，其中第24条以及2016年联合国残疾人权利委员会《关于包容性教育权的第4号（2016）一般性意见》（以下简称《第4号一般意见》）明确要求缔约国在各级教育系统及终身教育中实施融合教育，使残障群体免受歧视，在与其他人平等的基础上接受融合教育，指出只有融合教育"才能为残疾人提供优质的教育和社会发展，才能保证受教育权的普遍性和不歧视。"《第4号一般性意见》也强调融合教育的核心特征之一就是"整个人"方针，"承认人人具有学习能力，对所有学生，包括残疾学生都抱有高期望值。……这一方针意味着提供支助、合理便利和早期干预，使所有学生都发挥潜力。"

　　学前教育是基础教育的重要组成部分，是终身学习的开端。学前融合教育是预备从学龄到高等教育的各阶段切实的融合教育实践的基础和关键，可以避免因为缺乏早期融合教育所导致的后期的教育陷入不断纠正和弥补前期错误和缺失的境地。从其他国家在相关立法和实践方面的经验教训来看，缺乏及时有效的学前融合教育，便会导致教育系统坐等学生的失败的结局。在推进融合教育时把"纠错"变成"尽早融合"，对国家、社会、家庭和个体的发展具体重大意义。良好的学前融合教育对个体接受后续教育和全面发展事半功倍的效果，已得到各学科研究的验证和支持。国际上的大量研究表明，0到8岁是个体成长发育和学习的关键阶段，不同学习需求、不同特点和天赋的儿童在这一阶段所接受的教育对其终身发展都具有基础性作用。脑科学研究证明"早期的经历关乎一生"，研究发现在特殊需求儿童早期发展阶段为其提供支持性和积极条件能够带来事半功倍的影响；相反，早期不重视问题的解决就会造成问题遗留，而解决遗留问题会让个体、家庭和社会付出更多代价甚至依旧无法挽回。因此，应当尽早、及时地出台相应的政策，识别有特殊需要的儿童，为他们及其家庭提供早期保育、安全保障服务和其他能够帮助特殊需要儿童建立安全环境和稳定关系的支持。

　　基于上述，学前融合教育对于个体和社会发展的基础性战略意义就突显出来。因此，保障所有的学龄前儿童都有权利得到平等的教育，在学校、支持性服务中心或机构接受融合教育，在专业、系统的个性化的支持下获得最佳学习效果和多样性发展，也就成了后期各阶段融合教育顺利开展、达到理想效果的基础性保障。更为重要的是，学前融合教育的开展从初始阶段就在自幼而上的教育系统中天然地预备了欣赏、尊重和保护多样性和个

性化发展的环境氛围、态度观念和条件方法。

在我国,如何落实和推进融合教育的问题一直备受政策制定者、学者、家长、残障群体以及学校管理者和教师们的关注。为保障残障群体的平等受教育的权利,我国通过了诸多相关法律法规政策。1990 年初次颁布,2008 年修订并于同年 7 月 1 日正式实施的《残疾人保障法》第 3 章第 21 条规定"国家保障残疾人享有平等接受教育的权利",从残疾人所接受的学前教育到高等教育均做出详细规定,从法律上规定要"积极开展学前教育"。我国的《义务教育法》和 2017 年的《残疾人教育条例》(以下简称《条例》)为融合教育在我国的发展提供了基本的法律保障,其中《条例》在保障融合教育方面有很大突破——将推进融合教育、杜绝基于残疾的教育歧视作为立法原则,提出零拒绝、对残障群体优先采取普通教育方式即融合教育,保障教育经费的投入、多部门之间的协作,并且文件中还专门设置了有关学前融合教育的内容,明确规定了对有学前特殊需要儿童实施学前教育的机构的责任。目前,我国首部《学前教育法》正在制定的过程中,这部法律将为融合教育从学前这个至关重要的基础阶段就能够开始实施提供另一重重要保障。与此同时,我国还颁布一系列配套政策,对学前融合教育的逐步落实提供具体的指导。2009 年国务院办公厅转发教育部等部门《关于进一步加快特殊教育事业发展的意见》,明确提出要"因地制宜发展残疾儿童学前教育",指出要"发展残疾儿童学前康复教育"并"建立学前教育资助制度,资助家庭经济困难儿童、孤儿和残疾儿童接受普惠性学前教育。"《国家中长期教育改革和发展规划纲要》中再一次重申要"因地制宜发展残疾儿童学前教育"。党的十九大报告将"幼有所育"作为七项民生与社会事业之首,并强调要"不断取得新进展"。党的二十大报告进一步提出"强化学前教育、特殊教育普惠发展"。同时,2018 年 11 月发布的《中共中央国务院关于学前教育深化改革规范发展的若干意见》更是鲜明地提出"学前教育是终身学习的开端,是国民教育体系的重要组成部分,是重要的社会公益事业,"同时在规定"健全经费投入的长效机制"时,特别提到"确保接受普惠性学前教育的家庭经济困难儿童(含建档立卡家庭儿童、低保家庭儿童、特困救助供养儿童等)、孤儿和残疾儿童得到资助。"这一条规定惠及了可能遭受基于残障的多重歧视的学前特殊需要儿童和他们的家庭。以上我国有关融合教育的法律政策方面的新突破,也是我国为践行《公约》而做出的努力。2021 年 12 月发布的《"十四五"特殊教育发展提高行动计划》(以下简称《计划》)指导思想中提出特殊教育"以适宜融合教育为目标",对于厘清特殊教育作为融合教育满足多样性学习需求的专业支持体系作用给了方向性的引导。同时,《计划》郑重指出要"以适宜融合为目标,按照拓展学段服务、推进融合教育、提升支撑能力的基本思路,加快健全特殊教育体系"。

从教育保障生涯发展的进程来看,在过去的几年中,有关高考合理便利的政策的发展,让越来越多的残障学生能够获得参加高考的机会,通过考试获得进入普通高校的资格,并且用自己的才能走向职场、自给自足,享有独立而有尊严的生活,作为社会的平等一分子融入、参与和贡献社会。这些都给残障人及其家庭带来很大的希望和动力,从而使残障儿童父母有愿望为儿童自幼争取更好的教育机会和成果。通过对包括残障儿童在内的特殊需要群体参与融合教育实践的探索、改善和落实,融合观念意识在逐步改变,教师专业能力逐步提升,融合教育综合经验逐步丰富,校园融合氛围的建设也逐步浓厚。

然而,学前融合教育的发展依然面临着很大的挑战。即使总体环境中已经存在对融合教育理念的认同和政策支持,但是从纸面上纲领性、宣导性的规定到现实中学前融合教育具体、高质量的落实和良好可持续的运行发展,显然还需要更多精细的政策配套,以及先进理念指导下的实践探索、责任落实和持续推进。准确地识别和把握学前融合教育所面临的深层次挑战,是保障学前融合教育可持续发展的关键。在此,我们概况性综合阐述学前融合教育普遍存在的几个重大挑战:

第一,残障的错误认识是学前融合教育发展的根本障碍。强调残障的悲剧性、残缺性的认识误导家庭和社会在残障儿童发展的初始阶段主要抱着"消灭残疾才会有希望"的心态和目的。这种错误认识从很大程度上来说成为以下障碍的根源所在。

第二,早期的筛查、鉴别和支持的缺乏使得很多有残障的婴幼儿在早期教育的起步阶段就处于被动的落后境地,无法有准备地衔接到义务教育阶段的学校教育,包括孤独症在内的发展型障碍的儿童所受到的影响更大。

第三,高质量学前融合教育学校或中心专业服务支持的缺乏,使大多数学前残障儿童或被困于家里不能及时接受教育,或被迫进入隔离式的安置场所接受以修复功能损伤为主的医疗康复训练,他们学习和发展的需求被忽视和耽搁。除此之外,提供给学前儿童的服务多注重他们的体能和智能发展,而忽略了学习能力的及时培养,导致他们无法顺利适应后续学段的学习,甚至为后期独立生活埋下隐患。

第四,过度医疗干预使学前特殊需要儿童家庭重医学康复和治疗而轻教育。抛开以治愈残疾为目的的过度理疗和医疗是否具有科学性的问题不谈,这种做法的危害在于,因为一边倒侧重医疗干预,保障残障儿童潜能开发和全面发展所需的各种专业支持得不到重视,严重影响残障儿童的全面发展和支持服务体系的全面建设。

第五,家庭在没有系统支持和政策保护规范的情况下,无法很好地承担教育和支持孩子的责任,行使家长学前融合教育中的重要权利和职能。当儿童在教育中不能进步受益的情况下,家长由于缺乏及时有效的帮助和支持,难以给儿童做出有益的决策,此时家庭便有可能成为阻碍残障儿童发展的主要因素。

以上这些问题的解决与否与残障儿童是否能有权利和机会自始至终接受学前阶段的融合教育密切相关。许多国家已经意识到,学前融合教育意义重大,应当把消除学前融合教育障碍作为国家发展融合教育的重心工作。因此,聚焦学前融合教育的战略重要性,为推动涵盖学前教育的各阶段融合教育体系建设,亟待对以下关乎学前融合教育发展的重大举措予以重视:

(1) 普通教育和特殊教育当在统一的教育体制下共同承担融合教育的责任和目标;

(2) 要在社会各层面有效推广融合教育的原则、理念及其他相关内容;

(3) 要加强融合幼儿园管理层建设,以保证幼儿园自上而下重视和系统推进融合教育;

(4) 要为实现高质量的学前融合教育培养特殊教育教师和其他专业人员,并加强团队建设和合作机制的建设;

（5）要保障特殊需要儿童和家长的自主选择和参与的权利；

（6）要通过提供合理便利和个性化的支持服务及无障碍的发展确保所有有差异的学习者的教育质量和参与等。

综上所述，充满挑战的学前融合教育现状是由多种复杂原因所导致的，学前融合教育在保证特殊需要儿童入学机会的基础上，实施一系列重要措施使得融合教育落到实处，这其中包括尊重差异性学习特性的课程调整和差异化教学、基于科学评估确定的短期和长期成长目标的个别化教育计划、职前和职后持续的融合专业培养、融合校园氛围的创设和家园的联系合作以及多方合作的支持体系的建设等。学前融合教育是从个体发展的最关键的早期阶段开始，消除隔离和偏见，促进人类多样性发展，推动使所有儿童从高质量的融合教育中受益的关键，是促进全面融合教育和解决残障与社会发展问题的突破口，于国家、社会、家庭和个人的意义重大。

第一章　学前融合教育概述

学习目标

1. 掌握学前融合教育的基本概念。
2. 了解学前融合教育的主要研究内容与原则。
3. 理解学前融合教育的意义与作用。
4. 知晓学前融合教育在国际范围内的普遍困境。

情境案例

嘟嘟是个智力超常,思维跳跃且形象思维占主导的孩子。在中规中矩的标准化教学的普通教育环境中,注意力会很快分散,而且对重复的讲解很快就会变得不耐烦。他的优势和天分在没有个性化教育的环境中无法被理解和关注,反而被幼儿园和老师看作是他的问题,他在幼儿园受到的排斥大于欣赏,否定大于肯定和观察了解支持。他开始自我否定,上幼儿园的兴趣越来越低。嘟嘟的家长被迫和幼儿园商量让他半天上学,半天在家接受家教。考虑到嘟嘟的社会交往技能发展的重要性,家长开始为他寻找其他合适的园所。在参访一个幼儿园时,园长介绍该园招收有特殊学习需要的孩子,也配备特教老师,家长也在园里看到了有残障的孩子,认识到这个幼儿园重视融合教育的实践和融合教育专业教师的配备,认为嘟嘟在这里会被接纳,能够获得专业支持,决定让嘟嘟尝试来这里学习。自此,家长开始发现嘟嘟的成长变化,上幼儿园变成了愉悦的事情,嘟嘟变成了主动的学习者,他甚至开始明白每个人都有不同的特点和特长,也学会了用平常心尊重和欣赏不同伙伴的差异。

案例点评

超常儿童接受学前融合教育的成功案例,一方面说明学前融合教育视儿童的多样性和差异性,可以让不同学习特点和需求的儿童都得到很好的欣赏、关注和支持。另一方面也反映出,在缺少融合理念和教育实践的学前教育环境中,教师缺乏融合教育专业素养的问题被转嫁到儿童身上,儿童的差异性学习需求会被当作麻烦来对待,幼儿园或学校变成要求儿童忽略个性化差异的环境,对于培养创新性和多样化人才是极为不利的。

好的公立教育对于所有的学习者来说,应当是一种支持、赋能和防御的机制。对于有残障和特殊需要的学习者来说,还应是一个最大限度减少功能障碍和特殊需要对他们未来发展影响的机制。因为一个公共的教育系统应当是一个自然的融合教育系统,通过融合的系统设计制约和抵御教育不公平,融合教育是实现社会融合的最终目标的基本和重要的过程。本章从学前融合教育发展的国际视野下,介绍和分析学前融合教育的基本理论包括学前融合教育的概念、内容、原则及背后所隐含的理念问题,学前融合教育的意义和作用,学前融合教育普遍面临的主要困境,为之后的具体内容章节做铺垫。本章的各小节以国际上大量相关研究和文献,从基本逻辑上对涵盖的主要内容进行概括和梳理。本章一个突出的特点是,有关残障的理念和影响的揭示贯穿始终,因为学前融合教育应从了解残障儿童开始。

第一节 学前融合教育的概念、内容和原则

明确学前融合教育是对所有学前儿童的教育是本书的出发点,本书侧重残障儿童和特殊学习需要儿童接受融合教育的内容,其中有特殊学习需要的学前儿童也包括超常儿童。本书针对的残障儿童,其分类依据《残疾人残疾分类和分级》国家标准(GB/T 26341—2010)将残疾类别限定于视力残疾、听力残疾、言语残疾、肢体残疾、智力残疾和精神残疾6类残疾。

一、学前融合教育的概念

从理论上来说,学前融合教育的概念可以是丰富的、开放的、发展的和具有地域适应性的。然而一直以来,在国际上融合教育的界定都存在争议,概念确立的困难来自实践层面的挑战,给科学的概念在法律层面上的正式确立造成了制约。目前,在我国大陆地区,主流的理解仍然以"随班就读"为主。在这里需要说明的是,本章中引用的相关国际文献出现的融合教育、全纳教育和包容性教育,都是中文翻译版对英文的 Inclusive Education 的不同翻译,代表不同的历史发展时期专业领域对 Inclusive Education 的理解,本书使用的是融合教育这一概念。

学前融合教育作为从基础到高级阶段的融合教育和终身学习的有机组成部分,其概念内涵与融合教育的概念一脉相承。联合国教科文组织(2005)对融合教育定义为:融合教育是通过增加学习、文化与社区参与,减少教育系统内外的排斥,关注并满足所有学习者多样化需求的过程。融合教育以覆盖所有适龄儿童为共识,以正规系统负责教育所有儿童为信念,它涉及教育内容、教育途径、教育结构与教育战略的变革与调整。在融合教育的环境中,应当对学生的多样化学习需要做出适当的回应。融合教育并不是让部分学生融入主流,而是考察如何改革教育系统和学习环境以适应学习者多样性的一种方法。因此,融合教育是为所有学习者的教育,其目的是使教师和学生都能接纳多样性,并视之为机会和丰富的学习环境,而不是把多样性看成问题。在这个定义中,受教育者是所有具

有多样性和差异性学习需求的个体,他们无论残障与否,都享有平等受教育、获得所需支持、参与学习过程和获得学习成果的保障。

世界卫生组织2010年的《社区康复指南》中认为,教育是一个为所有人提供他们一生中所需要的和想要的知识和技能的过程。教育过程可以概括为学习去认识,学习去动手做,学习一起生活,学习成为想成为的人。

我国积极签署、批准并履行的《公约》中指出:"包容是一个系统的改革过程,包括调整内容、教学方法、教育理念、结构和战略,以克服困难,希望向同年龄段的所有学生提供公平和参与式的学习经历,以及最符合其需要和喜好的环境。"《公约》所提出的包括"全系统","整个教育环境"和"整个人"的融合教育核心特征显然上述概念有着相同的理念。

如前所述,融合教育的概念侧重个体,强调无论儿童残障与否在群体中接受教育的主体性。在我国的法律与政策中,目前主要采用的是"融合教育"这一概念,同时交叉使用的还有历史上一直沿用的"随班就读"概念——指残障学生在普通学校所接受的教育。我国的学者也在21世纪初期提出学前融合教育的概念为,让有特殊教育需求的学前儿童进入普通幼儿园,与一般儿童共同接受保育和教育(周念丽,2006)。这个概念折射出我国融合教育的实践中一直在着重解决包括残障儿童在内的特殊需要儿童进入普通学校学习的机会问题。

随班就读作为普通学校接受残障学生的初级教育实践,自1987年在我国大陆开始实施随班就读试点工作,至今已有30多年的历史,在政策层面上取得了很大成果,普通中小学的随班就读开展工作也取得了一定的成绩,学前随班就读的制度性保障在逐步完善之中。教育部2001年印发的《幼儿园教育指导纲要(试行)》明确指出,幼儿园教育应以游戏为基本活动,保教并重,关注个别差异,促进每个幼儿富有个性地发展。这与《公约》所提倡的融合教育的原则一致。《第二期特殊教育提升计划(2017-2020)》明确提出加快非义务教育阶段特殊教育,指出:"支持普通幼儿园接收残疾儿童。在特殊教育学校和有条件的儿童福利机构、残疾儿童康复机构普遍增加学前部或附设幼儿园。在有条件的地区设置专门招收残疾孩子的特殊幼儿园。鼓励各地整合资源,为残疾儿童提供半日制、小时制、亲子同训等多种形式的早期康复教育服务。为学前教育机构中符合条件的残疾儿童提供功能评估、训练、康复辅助器具等基本康复服务。"这里突出的是残障儿童学前教育的安置形式,既包括随班就读概念下的学前教育,也包括设立"特殊幼儿园"的措施。在融合教育的理念和实践不断丰富和深化的今天,随班就读与融合教育的定义之间的关系成为一个重要的讨论焦点,特殊幼儿园的安置形式与学前融合教育的定义之间的冲突问题也亟待关注。

根据我国的国情与文化,无须完全照搬他国关于学前融合教育的定义,但应当将教师熟悉的传统教育原则与国际先进、科学、有效的融合教育理论和《公约》的要求相融合,通过富有时代意义的解释赋予学前融合教育准确的内涵。同时,《关于残疾人受教育权的专题研究:联合国人权事务高级专员办事处的报告》所强调的原则"平等、参与、不歧视、崇尚多样性和分享良好做法"等也具有很大的指导意义。从具体实施角度讲,学前融合教育不是简单地将"随班就读"模式照搬进幼儿教育中,它是一个集早期筛查、早期干预和早期融

合教育为一体的,需要教育、卫生、残联等部门相互配合及全社会支持的系统工程。这一工程的实现不可能一蹴而就,支持系统的建立是有计划地逐步实现的过程。关键是残障儿童及更多有特殊需要的儿童的平等受教育权实践不能因条件不齐备而有所退让,应始终持守原则和先进理念,以解决问题为导向和策略,因地制宜开发和利用社区和自然资源,逐步突破和推进学前融合教育。

综上所述,本教材提出学前融合教育的定义如下:

学前融合教育是指为所有学前儿童,包括有不同残障程度、类别的儿童,在普通的环境中提供的有平等入学机会、参与式学习过程及学习和潜能发展成效的适当性保育和教育。

二、学前融合教育的内容

学前融合教育的开展让各种残障类别和程度的学前儿童、各种特殊需要儿童与其他儿童在一起参与各种学前教育活动,在过程中通过提供个性化的合理便利支持,竭力加强他们的参与,利用以循证为基础的服务和支持促进他们在智力、语言、社会交往和情绪等方面的发展,使他们保持与同伴的友谊,对集体产生归属感。因此,学前融合教育主要包括安置、目标、无障碍以及服务和支持四个方面,各个方面对所有有差异性学习需求的学前儿童都适用。

(一) 学前融合教育的安置

在安置这一方面,所有接受学前教育的儿童,无论残障与否,都在普通教育环境的同一个课堂上接受学前教育,通过各种途径和方式,最大限度地保障融合的程度和效果。特殊学校、普通幼儿园中的特殊班级等安置方法应当是在尽最大努力尝试了融合教育之后仍无法促进学前特殊需要儿童发展的极为特殊的情况下才慎重使用的,且必须是以融合为目的的安置,随着融合的发展呈削减的趋势。

(二) 学前融合教育的目标

学前融合教育的目标是予以所有儿童高期望,努力提高特殊需要儿童在所有学习和社交活动中的参与度。对残障儿童能力的错误认识导致对他们学习和发展的期望值过低,从而使他们的参与受限、支持缺乏,制约他们的学习和发展。因此,我们需要予以残障儿童合理的、适宜的期望。

(三) 学前融合教育的无障碍

学前融合教育的无障碍,包括以确保平等参与为原则的个别化便利支持和整体学前教育环境的物理、信息、交流和服务障碍消除并进。其中,课程的设置调整和教学的无障碍是关键所在。这里特别要注意的是,科技的便利在教育中的投入不足和不适当的问题,特别是供给与特殊需求儿童或残障儿童的需求和特点不一致两方面的问题,使得残障学生陷入教育障碍重重的境地。因此,我们需要在学前融合教育过程中充分利用合适的科技的便利,为学前特殊需要儿童的教育赋能。

(四) 学前融合教育的服务和支持

学前融合教育的服务和支持是指在科学研究的基础上,以主体参与的保障为条件,使

用以循证为基础的服务和支持,充分保证融合教育的质量。为保障学前融合教育中个性化学习需求的专业服务,在实施的过程中要自始至终以融合为宗旨,避免出现有隔离性质的安置和做法。为保障学前融合教育的服务和支持的专业度,必须在专业队伍的配备和建设上全面考虑各专业人员之间的分工和相互合作。专业队伍的能力提升机制可以包括持续的专业发展,常规性的教师团队相互专业指导和合作以及充分的交流和计划,通过在岗专业提升系统的建立和运行,保证专业队伍能够满足儿童个体的需求。

三、学前融合教育的原则

在国际上,1994年联合国在西班牙召开的世界特殊教育会议上各国达成的《萨拉曼卡宣言》确定了"融合教育"[①]的基本理念和原则,核心思想是每个人都是有差异的,无论思想、兴趣、能力等方面都具有较大差异,教师应根据学生的个体差异和需求采取不同的教育方式,接纳所有层次的学生。融合教育是让所有的儿童都能够有归属感和良好的社会关系,不断发展和进步,以实现他们最佳的潜能和丰富的人生。学前融合教育保护学前教育阶段每个儿童,他们无论能力特点差异,都具有能够在普通的学前教育系统中接受个性化的、适当的和高期望值的教育的权利,教育应为他们提供平等的机会参与广泛的社交互动和教育活动,培养他们作为家庭、社区和社会的成员的综合性和个性化才能。这就是学前融合教育的价值观,也是政策和实践的依据。基于此,学期融合教育的原则应具体分为以下两个方面:

第一,通达性、参与和支持原则。通达(可及)、参与和支持是融合的核心原则,也是识别高质量学前融合教育项目和服务的界定性原则。通达即为了保障所有学前儿童能够在不同的场景中参与广泛的活动而消除物理和结构性的障碍,通过无障碍、合理便利和通用的学习设计促进儿童学习和发展。参与即通过运用一系列的指导方法来促进每个儿童在游戏和学习活动中的互动和产生归属感。而支持则是通过确保系统的建设来保障高质量的融合,系统的建设可以包括专业发展、特别服务的介入和家庭与专业人员的交流合作机会。通达、参与和支持三者在一起,为特殊需要儿童在学前融合教育中的入学、过程参与和学习成效提供了核心保障。

第二,专业支持下的个别化教育原则。与以上密切关联的是专业支持下的个别化教育原则,学前融合教育离不开融合教育专业支持下的个性化教学。个性化教学是指任何以提升个别儿童尤其是特殊需要儿童的学习和发展为目的而设计的支持和教学方法,包括蕴含在日常活动中的、建立在个案儿童的兴趣和活动之上的个别化和强化的步骤和支持。

拓展阅读

上述内容提到的保障平等参与的几个基本条件,即无障碍、合理便利和通用设计。通

---

① 宣言原文中的"Inclusive Education"翻译官方为"全纳教育",本章中统一使用融合教育。

用学习设计是一个框架系统,以人类学习的科学见解为基础,旨在为所有的学习者改善和最大限度地优化教与学。《公约》第二条规定的"合理便利"这一概念指出:"合理便利是指根据具体需要,在不造成过度或不当负担的情况下,进行必要和适当的修改和调整,以确保残疾人在与其他人平等的基础上享有或行使一切人权和基本自由"。"合理便利"概念的引入会确保残障儿童的平等受教育权在无障碍条件不足,需要循序渐进的发展和完善的情况下能够获得个性化的、适当的、灵活的便利措施和支持。这种支持尤其体现在切实地参与教学过程中,同时引导所有利益相关方转变观念,转化视角,不再把个性化学习需求当成问题进而采取回避问题或拒绝的态度,而是把需求视为能够带来教育质量和融合教育专业的发展空间的契机,努力不断地为特殊需要儿童施予评估支持,追求他们的学习成果。

第二节 学前融合教育的意义和作用

概括地说,学前融合教育的意义在于它的前瞻性、科学性、可持续性和战略意义——从教育的初始阶段就杜绝对特殊需要儿童的教育隔离和排斥,通过加强以循证为基础的早期干预支持、识别,帮助特殊需要儿童实现学习成果的最大化,从而为他们今后的发展奠定重要的基础。从学前阶段推行融合教育,有更多灵活的空间,也掌握了最佳的时机。融合教育并不仅是针对特殊需求儿童或残障儿童的特殊照顾,而且是学前融合教育原则实施的必然结果,它会使所有儿童从中受益。

《公约》把残障群体的受教育权等同于接受融合教育的权利,强调只有融合教育才能确保残障者所接受的教育是平等的、参与式的和高质量的。《公约》着重指出,融合教育的优点包括:充分开发人的潜力,培养自尊自重精神,加强对人权、基本自由和人的多样性的尊重;最充分地发展残障人的个性、才华和创造力以及智能和体能;使所有残障人能切实自由地参与社会。因此,学前融合教育的意义非常重大,它是消除隔离式教育的前沿突破口,且以此为目的,从教育的初始开始支持残障儿童及他们的家庭朝着这个目标切实践行融合教育。

而从现实的实践层面看学前融合教育的意义,基于很简单的基本事实:学前融合教育融合既是有益的,也是有效的,表现在以下几个方面:

第一,学前融合教育对学前特殊需要儿童有益。成功的学前融合教育为所有的学前儿童造就高质量的学前教育,所有学前儿童都通过融合教育环境在学习和身心发展两方面都获得很大进步,且社交和沟通技能方面获得提升。研究同样表明,学前儿童的成长和学习与伙伴的技能密切相关,这一点在特殊需要儿童身上体现得尤为突出,对特殊需要儿童来说,融合学习环境中的伙伴互动,能为其带来有益的成长和学习。特殊需要儿童在融合的教育环境中在身心发展和学习方面取得进步,他们中间的相当一部分未来对特别支持的依赖会大大减少,能够减轻家庭和社会的负担。

第二，学前融合教育对普通儿童有益。学前融合教育中的普通教师和融合教师的教学实践给普通儿童带来的益处可以表现在两方面。一方面，当实施学前教育的普通教育教师对个性化的学习有很高的理解和实施能力时，他们可以产生基于专业素养之上的敏锐视角，以此来观察每个儿童的潜能和特点，为每一个班级里的儿童的发展提供专业、适当的帮助，让所有儿童的潜能达到最大限度的滋养。这样的专业敏感度在大一统的非融合环境中很难形成。普通儿童的能力发展和特点也有所不同，他们也具有多样性和差异性学习的特点。另一方面，在高质量的学前融合教育环境中，融合教育教师和其他特别的专业人员，因为有能力及时识别和处理特殊需要儿童某些方面的发展迟缓或差异问题，所以也能够及时地解决普通儿童出现的问题。这样的问题在没有专业人员的教学环境中很容易被忽略或者因缺乏及时的专业支持，导致潜在的问题得不到疏通，不断恶化。如果特殊需要儿童在普通教育中被剔除了，那么包含特殊需求儿童的多元化教育环境给普通儿带来的益处也同样消失。

第三，学前融合教育对教师专业发展有益。学前融合教育的切实推进为教育系统积累支持项目和所需的专业能力，为可持续性地在各阶段的教育中坚持融合教育的实践预备基础条件。教师的融合教育教师专业能力要在专业训练资质的基础上，通过融合教育实践的练习获得提升。个性化的、循证的支持策略的实施是融合教育教师专业能力的一个重要体现。大量研究充分证明，个性化的、循证的支持策略在学前融合教育中得到成功的实施。这证明学前融合教育支持项目的开发和积累对于融合教育教师专业能力的积淀不仅是必备的，而且是切实可行的。

第四，学前融合教育对节省经费和资源投入有益。从教育投入方面来讲，有效使用学前融合教育的经费和其他资源投入能够最大限度地保障所有儿童接受融合教育的权利。在探讨融合教育的经费问题时，保障经费的合理正确使用是一个极为现实和重要的问题。排斥融合教育的观点中比较突出的一个方面是认为投入融合教育要比专门设立特殊教育学校需要更多的经费。然而，大量的研究证明双轨制的教育体系更昂贵，而且长期的隔离教育会带来负面社会效应，导致国家教育资源的浪费和教育发展的失衡。同时，持续投入维持双轨制的学校教育也拖延对隔离教育的纠正，导致发展融合教育过程中的越来越多的困难叠加。因此，学前融合教育给各阶段的融合教育发展提供了契机和更好发展的可能性，随之影响教育经费向融合教育的更好投入。从更长远的眼界来看，高质量的融合教育能够支持特殊需要儿童最大限度地发展他们的潜能和参与社会生活的能力，包括成年阶段更高的创造力，减少从学前阶段对干预的需求乃至后期的发展阶段对公共支持的需求所导致的花费，具有广泛的积极社会效应。

第三节 学前融合教育的主要困境

本节所概述的学前融合教育的困境，是在不同国家和地区普遍存在的情况，对于这些困境的介绍和分析，能够为我国发展学前融合教育带来很好的借鉴意义。学前融合教育

面临多重的困境，主要包括大众态度和观念的谬误、经费及资源的缺乏和错位、专业支持落后和专业队伍缺席、综合的服务项目支持缺乏、各方伙伴关系建立困难和家庭所需信息资源流通不畅等方面，其中观念和态度问题影响是最根本的。以下对这些困境逐一阐述。

一、大众态度和观念的谬误

融合教育在实践的层面困难重重，背后主要原因有各种传统、文化、价值观、美学、偏狭的能力学说等方面的一些糟粕而导致的对残障的污名化、排斥和恐惧，进而通过公众倾向、实操导致制度化的社会隔离。这种隔离制约残障者的发展和能力建设，再反过来加深基于残障的歧视和偏见恶性循环，成为人们根深蒂固的观念意识的一部分。社会对于残障的态度和观念的谬误在过去一直持续地严重影响学前融合教育的发展，学前融合教育的滞后又进一步导致更多的主要相关责任方面对融合教育的抵触基于残障负面态度和错误观念给融合教育带来的障碍有很多，其中主要包括：① 对融合教育的错误认识；② 对有残障和特殊学习需求的儿童因不了解和不接触而造成的恐惧和排斥；③ 受偏狭的能力学说影响的对残障儿童的歧视和偏见；④ 对现行的、有悖于融合教育的实践和机制的改变的抵制；⑤ 从功利主义的立场出发对残障儿童对教育资源和投入的需求的忽视；⑥ 对学前融合教育对所有学前儿童的益处的认识的缺乏。观念的错误导致学前融合教育在实施的过程中受到很多抵制，这些抵制可能来自普通幼儿的家长、普通幼儿园的老师和行政管理人员，甚至是特殊需要儿童的家庭。以教师为例，针对不同国家的研究表明，隔离式教育的顽固存在和融合教育的缺乏与教师对融合教育的成效的悲观态度密切相关。对融合教育持悲观态度的教师更容易把教育特殊学习需求的学生当成一种额外的负担。

观念和态度问题对融合教育各个方面的工作带来制约。这里主要列举两个方面：入学难以及融合与康复的冲突。

（一）入学难问题

3至6岁的特殊需要儿童在这一阶段普遍面临的问题是难以有机会接受适合其特点并符合《公约》第三条"一般原则"中要求的"尊重残疾儿童逐渐发展的能力并尊重残疾儿童保持其身份特性的权利"的学前教育与支持。《公约》中对于儿童的能力及其发展的定义是丰富的。在这里，结合《公约》第二条包含的"交流"和"语言"的定义，对现状中存在的不尊重残障儿童的偏狭能力观点予以阐述。定义指出："'交流'包括语言、字幕、盲文、触觉交流、大字本、无障碍多媒体以及书面语言、听力语言、浅白语言、朗读员和辅助或替代性交流方式、手段和模式，包括无障碍信息和通信技术；'语言'包括口语和手语及其他形式的非语音语言。"按照这两个定义，语言和交流突破了传统中狭窄的含义，传统中有关交流和语言的概念的认知很偏狭，比如交流一定是发声说话。而定义中交流可以是各种方式的交流，语言也包括各种非语音的语言，残障儿童在学前教育中参与的不同交流和语言表达方式应当受到尊重，获得相应的支持。他们不能因为需要不同的交流方式而被排斥，被认为没有学习能力。这为幼儿园教育重新定义残障儿童的学习能力和幼儿园的教育能力提供了方向性的原则和标准。这两个概念的演变性和开放性特点也提醒学校教育要开放性而不是封闭性地定义学生的学习能力。

如果学校不能提供充分的语言发展的支持,残障儿童所拥有的有待发展的非语音语言和交流的能力就会得不到发现和尊重,他们获得学前教育的机会也相应受到影响。这个问题体现在两个基本层面上,其一是以所谓"一定能力"为条件来评判是否给学前残障儿童教育机会,评判既包括教育提供方是否愿意接受,也包括家长是否愿意送儿童上学或选择普通还是特殊幼儿园。幼儿园是否愿意接受主要取决于幼儿园是否认为儿童适合幼儿园的条件,而家长的选择则取决于家长对残障的认识和是否有选择机会。其二是因为儿童有障碍就被更大程度地安置在特殊的教育场所或限制在家里,所以他们的能力得不到充分发展。

以视力障碍儿童入学难的问题为例,如果把"看"只定义为用眼睛看,幼儿园就会在这种狭隘意识和标准下限制对视障儿童入园,其幼儿园课程设置也很难让视力障碍儿童参与其中。而家长也会受到观念的影响,他们对残障儿童的能力定义与入学标准的理解来源于环境、政策以及与幼儿园的互动和有类似经历家长的经验分享。家长的观念不正确,便很难为残障儿童的教育做出正确的选择并坚持正确的选择。

(二)学前融合教育与康复训练冲突问题

观念问题也带来了学前融合教育与康复训练的冲突。随着观念意识的提升,家长逐步意识到,残障儿童在融合的环境中对其发展十分有利,但可能存留的初衷主要是期望孩子能够有一个所谓"正常的生活环境"。同时,家长也想寄希望于让残障儿童接受康复的补救,担心如果错过了黄金期,会耽误治愈或减轻儿童障碍的机会,大量康复训练产业也以此来吸引家长。问题的焦点在于家长主要倾注的是治病含义的康复,是以牺牲儿童综合能力发展为代价的。家长们仍旧普遍偏狭地看待残障儿童的康复,将康复错误地定义为"治愈"儿童的"残疾",使他们尽可能变得所谓的"正常"或达到"用正常的方式去学习与生活"的程度的性质。这种倾倒式的康复投入造成了残障儿童接受学前融合教育与康复训练之间的冲突,导致他们综合学习发展能力受限。有家长会选择推迟让残障儿童入学,先在各类康复机构接受康复,期待当儿童有一天能够达到满意的能力程度,或者不再需要密集的康复,再考虑上学。学前融合教育和康复训练的两难困境折射出三个基本问题:第一,家长对医疗矫治性质的康复给予不当的期望值和投入,学前融合教育的政策支持和教师专业发展不足;第二,康复的项目尚未作为学前教育的有机组成部分,作为学前教育的融合专业支持融进学前融合教育;第三,幼儿园与康复机构之间没有系统联结,无法达到共同完成学前融合教育的目标。

二、经费及资源的缺乏和错位

在错误的观念和态度的影响之下,经费及资源的缺乏和错位也不可避免地会成为把残障儿童抵挡在学前教育之外的另一个大问题。教育经费和资源的分配与社会经济条件和发展水平相关。在这里讨论的是经费和资源配置是否为保障平等的学前融合教育而科学规划、合理分配和使用得当的问题。残障儿童在融合环境中接受学前教育,需要支持和专业师资的配备。如果经费投入到建设特殊学前教育场所方面,投入到融合教育的经费势必会减少。再者,如果经费分配不合理,不能侧重在融合教育的专业发展方面,学前教

育便缺乏给有残障和特殊学习需求的儿童提供优质教育的能力。在融合教育的重要性越来越受到重视的时代中，更多需要重视的是如何保证已有的经费和资源能够用在融合教育方面的问题。

三、专业支持落后和专业队伍缺席

学前教育的专业支持落后和专业队伍缺乏的问题主要体现在三个方面。第一，学前教育的教师和专业人员可能缺乏在融合教育方法、个别化指导等方面相关的知识、经验和能力；第二，缺乏培养高质量的学前融合教育专业队伍的系统举措和专业力量；第三，康复和学前教育的分离使康复服务没有被纳入学前教育阶段成为给残障儿童提供的支持的一部分。家长寄希望于医疗康复有效，再考虑让儿童进入学前融合教育在很大意义上把康复和学前融合教育对立起来，这种对康复的不适当侧重现象，导致了社会、幼儿园和家庭对残障儿童所需其他支持的忽略。

在教学实践中，教师具备融合专业能力，才能使得每个儿童的个性化需求被敏锐察觉，并得到应有的专业支持。有融合教育专业经验的教师应当更能展示较强的专业能力和素养为儿童提供及时和适当的支持，给所有儿童正向的行为引导，促进他们的社会性发展，并通过伙伴互动和游戏提升学习能力；促使学校教育不断开发和科学设置好的支持项目和服务，保证每个学习者的有效参与。

四、综合的服务项目支持缺乏

综合的服务项目是指以学前教育为中心，以各方合作为路径的各种学前儿童所需的服务项目。这里面既包括普通学前教育系统、康复中心和卫生健康中心等机构之间的互动机制所设置和提供的项目，也包括专业的社区康复和支持中心的设立、工作开展和服务提供。目前，各机构之间合作不完善的现状给残障儿童享有全面参与和优质的学前融合教育带来很大障碍。在学前教育还不能纳入义务教育的范畴的阶段中，通过提供综合的服务项目来提升学前融合教育的力度变得尤为重要。

五、各方伙伴关系建立困难

成功的学前融合教育的一个关键部分是各方紧密伙伴关系的建立，这些关系通常包括普通学前教育和康复系统的融合教育专业人员、其他方面专业人员、相关服务的提供方和家庭之间的关系。然而普遍存在的问题是，缺乏相关法律政策来保障在社区层面通过系统的合作关系建立、规划和发展来保证学前融合教育，导致家庭往往在各种断裂的关系中游走甚至迷失，得不到适当和有效的支持来帮助自己的孩子。

六、家庭所需信息获取不畅

家长面临的信息流通不畅问题很普遍。家庭在学前教育阶段关注的信息侧重于是否选择幼儿园，如何选择和调整期待等各个方面。如果家长获取专业信息的渠道不畅通或家长得不到支持获取有效信息，家长们对儿童的康复、融合等方面的认知，对信息的了解，

就会主要依赖其他家长,或者是在康复机构间,靠打听和聊天等任意方式获得,信息渠道过于狭窄、断裂和偏差,不利于家长认知的提升。在资源不足的情况下,会出现愿意接纳残障儿童的幼儿园迅速出现残障儿童扎堆及满员的情况。解决这种信息流通问题,需要幼儿园、康复服务机构、残障机构、医院、家长及其组织等多方参与下的统一整合和管理。针对残障儿童的个案跟踪及管理体系如果能够建立,也会拓宽残障儿童及其家庭获取更多信息的渠道,并提前与幼儿园形成良性互动,获取多方支持。

总之,列举和分析学前融合教育的困境的最终的目的和期望是提高社会对学前融合教育的重要性的认识,在推进融合的实践和系统建设方面准确地定位问题,找到推进学前融合教育发展的有效路径和方法。隔离式的学前教育会给之后各阶段的融合教育带来很多问题和隐患,让初等、中等到高等融合教育陷入一个不断纠正隔离式的学前教育产生的各种问题的消耗过程。没有切实的学前融合教育,学龄融合教育就会困难倍增,成果大大削弱,残障者的能力发展受限,家庭遭遇长期养育和支持残障孩儿童的困难,国家遭受资源浪费。真正意义的学前融合教育惠及包括有残障儿童和特殊需要儿童的在内的所有学前儿童及其家庭和社会。

思考与练习

1. 学前融合教育的内涵是什么?
2. 学前融合教育的内容是什么?
3. 学前融合教育的原则有哪些?

第二章　学期融合教育的基本理论

学习目标

1. 掌握学前融合教育的心理学理论。
2. 了解学前融合教育的教育学基础。

情境案例

教师采用积极行为支持(PBS)策略帮助精细动作不佳的特殊需要儿童。教师采用链锁原理,将教学任务分解成若干个小目标,如在系鞋带时,教师自编一首儿歌"兔子长出大耳朵,绕过树跳进洞,拉拉紧,拉拉紧",带领儿童一边念儿歌,一边学习系鞋带的正确方法,通过多次反复练习,儿童精细动作能力不断提升,可以自己动手独立系鞋带(如图 2-1 所示)。

案例点评

该案例就是教师采用特殊需要儿童行为训练的积极行为支持理论,有效帮助特殊需要儿童提升生活自理能力。

图 2-1　教师指导儿童系鞋带

第二章 学期融合教育的基本理论

第一节 学前融合教育的心理学基础

学前融合教育愈来愈受到广泛关注，涉及的理论有很多，比较直接的有多元智能理论、最近发展区理论和成熟主义学习理论等，至于特殊需要儿童的干预与学习方面，更是有很多理论与方法，很难一一枚举，这里只就一些核心的心理学理论做简要介绍。

一、多元智能理论

多元智能理论（Theory of Multiple Intelligences，MI）由美国教育学家和心理学家，哈佛大学教授加德纳（H Gardner）博士于1983年在其《智能的结构》一书中首先系统提出，并在后来的研究中不断得到发展和完善的人类智能结构理论，他认为人的智力至少可以分为以下八个范畴：

语言智能（linguistic intelligence），是指对语言的听、说、读、写的能力，表现为个人能够顺利而高效地利用语言描述事件、表达思想并与人交流的能力。

音乐智能（musical intelligence），是指感受、辨别、记忆、改变和表达音乐的能力，具体表现为个人对音乐美感反映出的包含节奏、音准、音色和旋律在内的感知度，以及通过作曲、演奏和歌唱等表达音乐的能力。

逻辑数学智能（logical-mathematical intelligence），是指运算和推理的能力，表现为个体对事物间各种关系如类比、对比、因果和逻辑等关系的敏感，以及通过数理运算和逻辑推理等进行思维的能力。

空间智能（spatial intelligence），是指感受、辨别、记忆、改变物体的空间关系并借此表达思想和情感的能力，表现为个体对线条、形状、结构、色彩和空间关系的敏感，以及通过平面图形和立体造型将它们表现出来的能力。

身体—动觉智能（bodily kinesthetic intelligence），是指运用四肢和躯干的能力，表现为个体能够较好地控制自己的身体，对事件能够做出恰当的身体反应，以及善于利用身体语言表达自己的思想和情感的能力。

内省智能（intrapersonal intelligence），是指认识洞察和反省自身的能力，表现为个体能够正确地意识和评价自身的情感、动机、欲望、个性、意志，并在正确的自我意识和自我评价的基础上形成自尊、自律和自制的能力。

人际关系智能（interpersonal intelligence），是指与人相处和交往的能力，表现为个体觉察、体验他人情绪、情感和意图并据此作出适宜反应的能力。

自然智能（natural intelligence），是指认识世界、适应世界的能力，是一种在自然世界里辨别差异的能力，如植物区系、动物区系、地质特征和气候。

每个人都在不同程度上拥有上述八种基本智能，智能之间的不同组合表现出个体间的智力差异。依据多元智能理论，尊重儿童智能组合上的差异，扬长避短，使每个儿童各得其所。

> **知识链接**
>
> **历史上对传统智力测试的批判**
>
> 19世纪80年代,英国生物学家高尔顿(Galton)开创了对智力进行测量的先河。1905年,法国心理学家比奈(Binet)和西蒙(Simon)为了鉴别智力有缺陷的儿童以让他们接受特殊的教育,编制了世界上第一个正规的智力测验量表。从此,智力测试便风靡美国乃至全世界。然而,也正是从智力测试产生之日起,关于智力测试局限性的争论就从未停止过,人们对它的批判主要是针对智力测试的潜在理念即智力是一元的、是一种单一的、整合的能力而提出的。
>
> 对智力单因素论的批判历来就有,加德纳虽不是批判传统智力理论的第一人,但他的批判以及他提出的多元智能理论,使传统智力测试的局限性愈加突显。

特殊需要儿童与普通儿童相比,个体间差异大,该理论可以指导对特殊需要儿童进行差异分析,依据个体差异进行教育,最大限度激发其潜能。特殊需要儿童智能的多样化与差异性,促使教师要采用更为灵活多样的教育教学方式,激发所有儿童的潜能,采用多元化方式,发现每个儿童的优缺点,正确认识特殊需要儿童的特长与不足,因材施教,长善救失。

二、最近发展区理论

维果斯基(Lev Vygotsky)是苏联卓越的心理学家,他主要研究儿童发展与教育心理,着重探讨思维和语言、儿童学习与发展的关系问题,由于他在心理学领域做出的重要贡献而被誉为"心理学中的莫扎特"。

维果斯基认为,儿童具有某种天生的能力,例如感知觉、不随意注意、形象记忆等,这些能力是个体消极适应自然的心理能力,称之为低级心理机能。在儿童与成人或更为成熟的同伴交往中,这些基本的心理机能发展为更为高级的、复杂认知功能,如观察(有目的的感知)、随意注意、词的逻辑记忆、抽象思维等,称之为高级心理机能。他强调社会文化以及社会交往在儿童高级心理机能发展中的重要作用。

维果斯基感兴趣的是儿童发展的潜能,而不是儿童在某一特定点的发展水平,因而,他提出了最近发展区的概念。他把最近发展区(Zone of Proximal Development,ZDP)界定在"儿童现有的独立解决问题的水平"和"通过成人或更有经验的同伴的帮助而能达到的潜在的发展水平"之间的区域。这个"区"的定义就是一个儿童独立的表现和在成人或在更有经验的同伴辅助下的表现之间的差异(以时间为单位表示)。例如,两个儿童接受8岁儿童心理测定标准的测验,在标准化的辅助下,第一个儿童达到9岁儿童的水平,而第二个儿童达到12岁儿童的水平,那么第一个儿童的最近区是1年,而第二个儿童的最近区是4年。

维果斯基认为,教育对儿童的发展能起到主导作用和促进作用,教师应该围绕最近发

展区,通过练习簿、周记、作业本、期末鉴定、书信等载体给儿童写评语,让儿童看到成功的希望,明确努力的目标,获得前进的动力。

特殊需要儿童发展水平相对较低,尽管与普通儿童的发展有很大不同,但是也不能过分地降低学习任务要求,也需要有适当的难度,让儿童通过努力可以达成,这就要求教师通过对儿童的分析找到"最近发展区",制定适切的教学目标与内容。维果斯基反对传统的儿童智力测量,他认为这种测量并不科学,仅依靠儿童能够独立完成测试习题的程度来确定儿童的发展并决定儿童以后的命运,忽视了儿童智力发展的过程,没有关注到儿童潜在的发展能力。因此,一些研究者主张采用动态评估这一根据最近发展区理论提出的新型评估策略。特殊需要儿童个体之间差异也很大,在制定个别化教育计划时,教师不仅要关注特殊需要儿童已有能力,更要看到其潜在能力,努力去发现他们的最近发展区,使其向着更高的程度发展,从而最大限度地促进他们的发展。

拓展阅读

可以说21世纪是神经科学的时代。尽管研究人员早就承认儿童神经学的可塑性和从早期伤害或剥夺中恢复的能力(Gallagher和Ramey,1987),但《从神经元到社区》这一美国国家科学院的报告(Shonkoff和Phillips,2000)更加提高了人们对早期大脑发展的关注。该报告的一个主要建议是更强地整合人类发展的基础科学与早期儿童干预。

道森和罗杰斯(Dawson和Rogers,2012)在参与早期启动丹佛模型的患有孤独症的幼儿及其家庭中检测到的脑电波变化。然而,更常见的情况是项目开发者做出不经证实的说法,即他们的干预项目是有效的或基于证据的,因为它遵循神经科学原理。总之,神经科学时代见证了对大脑发展和早期儿童干预的研究兴趣激增。早期年代的大脑发展的精确绘制为指导干预和教育实践提供了可能性。尽管有一些干预导致了大脑活动的变化,但仍需要更多的工作将神经科学研究成果转化为经过验证的干预程序。

近年来的一些研究为最近发展区理论提供了脑科学的证据。现代研究发现脑在人的一生都会根据学习经验而发生变化。借助先进的脑成像技术(如正电子成像术、功能性核磁共振、脑电图等)能够直接观察"学习过程中大脑内部发生的动态变化"。大脑的物质结构的改变是通过强化、减弱和消除原来的神经连接,产生新的神经连接来实现的。大脑结构的改变程度取决于学习的类型,学习时间越长,结构改变越显著。最新研究表明,突触可塑性是大脑学习和记忆的重要机制。甚至有研究指出,只要学习五天就会改变大脑皮层的厚度与树突的结构,尤其是改变接收信息和形成突出连接的树突棘的数量与形状。脑神经科学家向我们展示了大脑本身就是一个天然的学习系统,他们呼吁要采用与脑兼容(Brain-compatible)而非与脑对抗的(Brain-antagonistic)学习。因为大脑是长期进化的结果,它有自己的运作模式,这种运作模式在发挥大脑巨大潜力时,是自然、自发和有效的。如果强迫它用其他运作模式,它就会不情愿地、缓慢地发挥作用,并伴随着大量错误。与脑兼容的学习需要"理解为了获得最佳的学习潜能大脑需要什么,然后创建相应教学环

境以满足这些需求"。良好的课堂教学要学会科学地利用大脑来加工、存储和提取信息。

三、成熟主义理论

格赛尔(Arnold Gesell)和他的同事们提出了儿童发展的最有影响力的理论之一,他的理论是成熟主义(maturationism)观点的经典代表。他的理论核心观点是,儿童的发展遵循可预测的模式,只要有适当的健康身体和社交经验,儿童就会通过成熟而获得技能。这种成熟是由基因决定的,环境的影响起到较小的作用。

格赛尔的研究对于关注早期发展、"绘制"常态发展序列至关重要,并为确定何时儿童的发展偏离正常轨道提供了标准。

格赛尔的一个主要贡献是为学校制定了"准备标准"。格赛尔和他的同事们通过在特定年龄制定常态行为和技能的期望,来确定儿童是否具备接受公共教育的基础技能。因此,许多学校的准备评估都沿袭了这一做法。从这项工作衍生出的一个教育实践是如果儿童被确定没有具备为学校课程做好准备的技能,就建议父母推迟儿童的入学时间,或者将不符合这些准备标准的儿童分配到过渡期幼儿园或获得特殊教育服务。

此外,格赛尔对儿童发展的精确绘制使得创建早期筛查测试和诊断工具成为现实,目前这些工具已用于识别发育延迟的婴儿和幼儿。格赛尔研究的另一个实际影响是开发了各种标准参照评估,例如和夏威夷早期学习概况。从业者经常使用这些评估来确定儿童是否有特殊学习需求并为其制定相应目标。

综上所述,心理学与教育学相关理论对幼儿园融合教育的启示主要有:

第一,教学应当注重儿童差异发展。尽管很多幼儿园在开展课程游戏化、游戏课程化、综合课程等改革,但是长期以来教学以培养传统的学业智力为中心的做法并没有发生质的变化,特殊需要儿童在幼儿园接受教育的问题更为棘手,"怎么让儿童差异发展"成为重要的研究课题,也是当前融合教育的必然要求。儿童的全面发展是在个体差异基础上的发展,应成为我国当前学前教育课程改革的重要目标之一,也是差异教学追求的目标。

第二,教学应当注重儿童教学的差异。传统的教学观认为教学就是向儿童传授知识的过程,教师按照预定的方案,用有限的时间,在规定的场合,按照一定的流程把知识传递给儿童。在课堂教学中教师和儿童都失去了个性,教学也形成了固定的模式。差异化教学理论认为,儿童都有自己独特的发展过程并使用不同的符号系统,因此,教师的教学方法和手段应根据不同的教学内容而有所不同。同时,同样的教学内容又应该针对不同儿童的特点进行教学,创造适合不同儿童接受能力的教育方法和手段,促进每个儿童得到全面的差异化发展。

第三,教学应当注重差异化评价。各种对幼儿的评价具有很强的导向作用,不同的评价观对儿童教育的发展产生不同的导向。在评价内容方面,不能仅限于普通儿童或偏重传统的学业学习,而应当考虑特殊需要儿童,并且标准具有多维性;注意过程考核与结果考核结合,传统教育中很长时间缺失对特殊需要儿童的考虑,放弃了公平和公正,只有注意评价内容的差异化,才能使评价真正成为促进每个儿童充分发展的有力推手。

第二节 学前融合教育的教育学基础

一、教育目标分类理论

教育目标分类理论(classification of educational objectives)是美国教育心理学家布鲁姆(Benjamin Bloom)借鉴动植物分类学理而首创的。布鲁姆将教育目标划分为认知领域、情感领域和操作领域三个领域,共同构成教育目标体系。

1. 认知领域的教育目标

认知领域的教育目标可以分为从低到高的六个层次:知道(知识)—领会(理解)—应用—分析—综合—评价(如图2-2所示)。

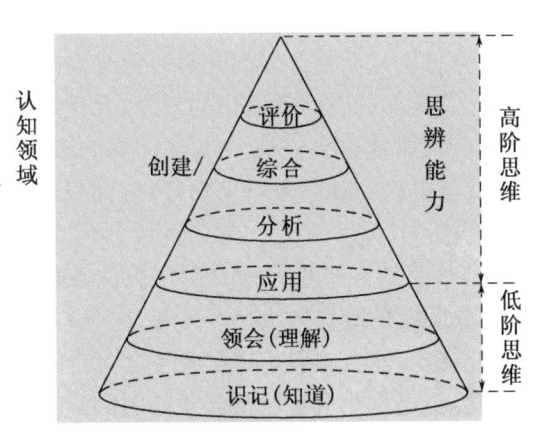

图2-2 认知领域教育目标图

(1) 知道(知识),是指认识并记忆。

(2) 领会,是指对事物的领会,但不要求深刻的领会,而是初步的,可能是肤浅的领会。

(3) 应用,是指对所学习的概念、法则、原理的运用。

(4) 分析,是指把材料分解成它的组成要素部分,从而使各概念间的相互关系更加明确,材料的组织结构更为清晰,详细地阐明基础理论和基本原理。

(5) 综合,是以分析为基础,全面加工已分解的各要素,并再次把它们按要求重新地组合成整体,以便综合地创造性地解决问题。

(6) 评价,是认知领域里教育目标的最高层次。

2. 情感领域的教学目标

(1) 接受或注意,指学习者愿意注意某特定的现象或刺激(选择性注意)。

(2) 反应,指学习者主动参与,积极反应,表示出较高的兴趣。

(3) 评价或价值化,价值评价是指学习者确认某种事物、现象或行为是有价值的,学习

者将外在价值变为他自己的价值标准,形成了某种价值观、信念,并以此来指引他的行为。

(4) 组织,指学习者在遇到多种价值观念呈现的复杂情境时,将价值观组织成一个体系,对各种价值观加以比较,确定它们的相互关系及它们的相对重要性,接受自己认为重要的价值观,形成个人的价值观体系。

(5) 价值与价值体系的性格化,指学习者通过对价值观体系的组织,逐渐形成个人的品性。各种价值被置于一个内在和谐的构架之中,并形成一定的体系。

3. 动作技能领域教学目标

该领域主要有六类:反射动作、基础性基本动作(这两种动作是自然形成的,教学中不设定此目标)、知觉能力、生理能力、技能动作与有意活动。

二、掌握学习教学理论

掌握学习教学理论也是由布鲁姆所提出。"掌握学习"就是在"所有儿童都能学好"的思想指导下,以集体教学(班级授课制)为基础,辅之以经常、及时的反馈,为儿童提供所需的个别化帮助以及额外学习时间,从而使大多数儿童达到课程目标所规定的掌握标准。

布鲁姆认为只要给予儿童足够的时间和适当的教学,几乎所有的儿童对几乎所有的内容都可以达到掌握的程度(通常能达到完成80%~90%的评价项目)儿童学习能力的差异不能决定他能否学习要学的内容和学习效果的好坏,而只能决定他将要花多少时间才能达到该内容的掌握程度。

20世纪70年代初,布鲁姆针对美国现行教育制度只注意培养少数尖子儿童而牺牲大多数儿童的弊端,认为解决问题的最好办法在于改变对学习者及其学习的看法,实施掌握学习教学。布鲁姆的研究证实,能力倾向和学习成绩之间的相关接近于零。他认为,当教学处于最理想状态时,能力不过是儿童学习所需要的时间。他经过对学习的长期观察和研究后指出:"正态曲线并不是什么神圣的东西。它不过是最适合于偶然与随机活动的分布而已。"布鲁姆认为教学是一种有目的、有意识的活动,如果我们的教学富有成效的话,儿童的学习成绩分布应该是与正态分布完全不同的偏态分布。

三、体验学习理论

哈佛大学科尔布(Kolb)博士是体验式学习理论(Experiential Learning Theory,ELT)的代表。科尔布认为学习不是内容的获得与传递,而是通过经验的转换从而创造知识的过程。他认为知识源于"经验获取"与"经验转换"的结合(Combination of Grasping and Transforming Experience)。其中"经验获取"包括具体经验(Concrete Experience,CE)和抽象概括(Abstract Conceptualization,AC);"经验转换"包括反思观察(Reflective Observation,RO)和主动应用(Active Experimentation,AC)。它们最后形成一个经验—观察—概念化—验证的四阶段学习圈(如图2-3所示),可以用学习循环模型来描述体验式学习。科尔布认为,当学习者完整经历这个学习圈的四个阶段:① 获得具体经验;② 对这些经验加以观察和反思;③ 形成抽象概念和结论;④ 在后来情境中应用这些概念和结论来检验假设,形成新的经验,有效学习就会出现。

```
        具体经验
   Concrete Experience
          (CE)
    
   调节    获得  发散
积极实验              反思性观察
Active        改造        Reflective Observation
Experimentation              (RO)
   (AE)   聚合    同化
   
        抽象概念化
  Abstract Conceptualization
           (AC)
```

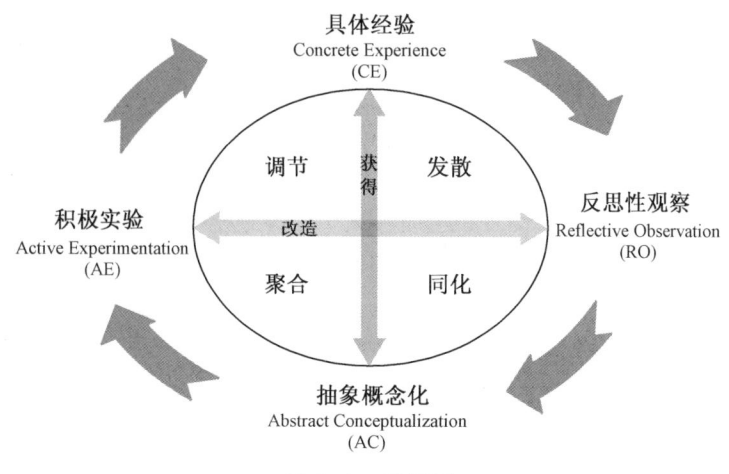

图 2-3 学习圈

体验学习理论的启示：① 体验学习是一种过程，而非结果，体验学习是一个源于体验并在体验下不断修正并获得观念的连续渐进式过程。② 体验学习发生在人与环境（技术的、社会的、物理的）的互动之中，体验学习是学习者适应世界的完整过程，也是学习者与环境相互适应和共变的过程。③ 意识到不同的学习风格是理解儿童差异、帮助儿童发展的重要工具。如果识别出儿童的学习风格，教师就能利用儿童的优势，让教学主动适应他们的学习风格，儿童就会取得更好的学术成绩，改善他们对学习的态度。

四、实施科学模式

虽然学前融合教育目标明确，但实现融合教育的道路仍可能充满了障碍。例如，从资源约束的有形障碍到如抵制变革或关于融合教育的误解的更难以捉摸的障碍。实施科学，凭借其系统方法，有助于识别、理解并克服这些障碍。实施科学是一个探讨如何引入和维持基于科研证据的实践的学科，所以实施科学在实现学前融合教育实践中具有重要作用和深远意义（Odom，2010）。

从历史上看，研究发现与其在教育环境中的应用之间存在断层。实施科学作为连接经验证据与可行策略的桥梁而出现。它努力理解、评估和解决在真实世界环境中整合基于证据的干预的因素（Fixsen，2005）。在融合教育领域，这意味着确保证明的教育策略不仅仅被认识到，而且无缝地整合到日常课堂实践中。

实施科学关注研究学校等组织的特征，这些特征影响创新和有效实践的采用（Aarons、Hurlburt 和 Horowitz，2011；Fixsen、Naoom、Blase、Friedman 和 Wallace，2005）。学者们提出了不同的实施科学模型，但主要模型的一个特点是使用系统方法来识别支持或干扰实施的变量（Odom 等，2010）。Fixsen 及其同事（2013）提出了特殊教育的实施模型，其中主动变量是组织领导、外部培训和辅导支持、系统内的辅导支持以及实施者本身。该模型体现了系统方法的特点是系统各级成员（不仅仅是校长、行政人员、或教师）支持的重要性，以及从探索到全面实施、从认识到实施所需要的时间和持续的支持（即

需要的不仅仅是一个研讨会),以及系统高层、中层管理人员和从业人员之间共享的信息反馈循环实施该计划。将实施科学应用于学前特殊教育的一个主要例子是 Dunst、Trivette 和 Raab(2013)的工作,他们区分了实施和干预实践,并强调专业人员和干预实施者学习的特征,这些特征可能有助于以高保真度实施重要的干预措施。

实施科学,凭借其系统和适应的方法,在学前融合教育中不可或缺。它确保融合实践超越理论理念,成为可持续的,真实实施的干预。它像一座桥跨越了研究与实践之间的鸿沟,它为所有学习者提供了一个真正融合的未来。

知识链接

学前融合教育的金字塔模型

如何在学前融合的情境中为特殊需要儿童提供满足他们需要的系统教学,同时又与普通班级的教学兼容,是摆在融合教育研究者面前的一个挑战。对此,美国有专家学者提出了一个金字塔模型(Pyramid model),认为高品质的融合教育是这样一个从儿童中心教学策略、嵌入学习机会、课程调整,高质量的学前教育计划。越向上,儿童获得的支持越抽离化个别化;越向下,支持最少到最多的四层金字塔结构。这四层从上到下分别是:儿童的支持越普通化正常化。其中最底层的高质量学前教育计划可以认为是高品质的普通教育课程,最上层的儿童中心策略可以认为是抽离的个别化教育计划,融合教育教师专业技能主要体现在中间两层。

图2-4 学前融合教育的金字塔图

思考与练习

1. 学前融合教育的心理学理论有哪些?
2. 请思考最近发展区理论对学前融合教育的启示。

第三章　学前融合教育的环境创设

学习目标

1. 理解学前融合教育环境的概念,掌握学前融合教育环境创设的基本原则。
2. 掌握学前融合教育室内及户外环境创设的特点与思路。
3. 掌握人文学前融合教育环境创设的特点与思路。

情境案例

知知,5岁女孩,中班融合幼儿,行为习惯和规则意识比较差,具有攻击性行为,进入某融合幼儿园前曾被8家普通幼儿园劝退。

吃午饭的时间到了,班里其他小朋友都洗好手安静上桌静坐等待吃饭,只有知知一个人还在娃娃家,手里抱着一个毛绒玩具,嘴巴里一直重复"娃娃哭了笑哈哈"。老师端着饭菜走到她身边耐心地对她说"小朋友们都在吃饭,今天吃的有红烧牛肉……"知知这才在老师的帮助下穿好鞋子离开娃娃家,坐在椅子上用餐。老师刚转身,知知将番茄挑到一旁小朋友的碗里,一旁的小朋友大喊起来,她侧身伸手便给小朋友一巴掌,老师安抚了一旁的小朋友,并告诉知知,这样的行为大家不喜欢,自己不愿吃的可以放在残渣盘里;知知生气地把碗打翻,随即躺在地上翻滚。当老师去拉她起来时,她使劲用脚踢老师,还不时朝老师吐口水。午饭后,其他小朋友都排好队跟随老师去散步,知知用力甩开老师的手,一个人跑到楼道的另一边,小朋友们呼喊"知知,快来排队",知知就像没听到一样,自己打开又关上了门,然后笑个不停。

案例点评

案例中的知知是一个典型的孤独症融合的儿童,集体生活中随心所欲,不愿听指令,喜欢独处,喜欢说重复的语言,同时伴随着诸多情绪行为问题。作为融合幼儿园的班级老师,应该思考如何为知知创设一个环境,帮助她更好地融入集体生活;还要思考,在减少她对同伴影响和伤害的同时,如何通过各种方法获得其他普通幼儿家长的支持和理解。

> **拓展阅读**
>
> ### 国务院办公厅关于转发教育部等部门"十四五"特殊教育发展提升行动计划的通知(节选)
>
> （五）大力发展非义务教育阶段特殊教育。积极发展学前特殊教育，鼓励普通幼儿园接收具有接受普通教育能力的残疾儿童就近入园随班就读，推动特殊教育学校和有条件的儿童福利机构、残疾儿童康复机构普遍增设学前部或附设幼儿园，鼓励设置专门招收残疾儿童的特殊教育幼儿园(班)，尽早为残疾儿童提供适宜的保育、教育、康复、干预服务。
>
> （六）加强普通教育和特殊教育融合。探索适应残疾儿童和普通儿童共同成长的融合教育模式，推动特殊教育学校和普通学校结对帮扶共建，集团化融合办学，创设融合教育环境，推动残疾儿童和普通儿童融合。
>
> 国务院办公厅
2021 年 12 月 31 日

第一节 学前融合教育的环境创设原则

学前融合教育环境，从物质形态上看，可分为学前融合教育中的物理、心理(精神)环境以及最少限制环境。物理环境是指为学前特殊需要儿童创设的限制最少、安全、舒适、可调节、可移动、有效的外在环境，符合学前特殊需要儿童身体、能力的年龄发展特点。心理环境是指学前特殊需要儿童与同伴、教师、家长之间有效互动的内在环境。最少受限制环境是美国《所有残疾儿童教育法》提出的安置残疾儿童教育的一项基本原则，核心是将限制残障儿童接触健全学生与社会生活的环境因素减少到最低程度。因此，残障儿童要尽可能地与普通儿童安排在环境中接受教育；确定教育安置形式和制订个别化教育计划时，均需根据教育对象的生理、心理条件，选择最适合他们受教育并且与外界隔离程度相对最低的教育环境。这就需要为特殊需要儿童创设融合教育环境，以提供促进他们身心发展所必须具备的物质条件和精神条件。学前期(preschool period)，同幼儿期，广义指儿童从出生至入小学的时期，狭义指儿童从三岁至六七岁的时期。鉴于我国目前的实际情况，真正意义上的学前融合教育主要在幼儿园开展，因此本章所谈的学前融合环境的创设，主要指幼儿园融合环境的创设。

幼儿园的环境绝不是一种自然、自发或随意设置的环境，教育者应当根据教育目标，着眼于幼儿身心发展的需要，精心创设适宜的教育条件。特殊需要儿童的认知发展、人格发展和普通儿童一样，也遵循着由简到繁、由低级到高级、由不完善到完善的发展规律，只

是发展的速度不同。因此,幼儿园的环境对特殊需要儿童的发展和学习有着同等重要的作用。

幼儿园的环境构成,从物质形态上看,可以分为物化环境和非物化环境,也即物质环境和心理(精神)环境,或有形环境和无形环境;从环境的组成上讲,可以分为人的环境和物的环境,即教师、幼儿和材料设备;从组成的性质上讲,可以分为硬环境和软环境,硬环境主要是指构成环境的物的成分,而软环境是指环境中包括人以及由于人的因素所形成的气氛或氛围,主要体现为环境中教师与幼儿、幼儿与幼儿以及幼儿与物质材料之间的关系;从活动区域上讲,幼儿园可以分为室内环境和户外环境,它们都是幼儿园教育教学活动可以利用的空间环境。教师要根据幼儿园教育的要求和特殊需要儿童身心发展规律,充分挖掘和利用环境中的教育因素,满足需要,通过环境育人,促进普通儿童和特殊需要儿童身心主动发展。

普遍研究认为,普通幼儿园物质环境创设应遵循安全性原则、适宜性原则、丰富性原则、平衡性原则、效用性原则、动态性原则、主体性原则、启发性原则、挑战性原则和开放性原则。幼儿园精神环境营造则应遵循多关注原则、多尊重原则、多接纳原则、多肯定原则、多信任原则、多赏识原则、多支持原则、多互动原则、多自由原则和多自主原则。党的二十大报告明确提出:"坚持以人民为中心发展教育,加快建设高质量教育体系,发展素质教育,促进教育公平。"为特殊需要儿童提供支持性环境,以促进其良好发展是幼教和特教工作者的使命。接纳特殊需要儿童开展融合教育的幼儿园,在安排环境前,首先要问的是:应提供给特殊需要儿童怎样的学习环境?它是否和为普通幼儿安排的环境一样?答案是普通幼儿及特殊需要儿童的环境应是一样的,只需针对特殊需要儿童的环境需求做调整就好。在融合教室中,由于特殊需要儿童的加入,人体之间的能力水平差异更显得巨大,此时环境的安排就尤为重要。班级团队在安排游戏空间和活动时,应能使特殊需要儿童较自然、容易地参与活动,确保所有的儿童都可以一起玩,一起学习,一起享受快乐。这样才可以促进幼儿之间的真正融合。考虑到幼儿园里有特殊需要儿童,在进行环境创设的时候,特别强调要注意以下原则。

一、安全性原则

幼儿园的环境设计应确保幼儿身心健康,能安全地开展各种活动,这是教师进行空间环境创设的最基本原则《幼儿园教师专业标准》中特别强调,教师要"建立班级秩序与规则,营造良好的班级氛围,让幼儿感到安全、舒适"。幼儿园要确保材料、工具、物品、设施等安排的合理性和使用的安全性,"软包""圆角"是应遵循的通用设计规则,并且必须使用安全的装饰材料和物品,严禁使用含有有害物质或释放有害气味的化学材料。教师要定期对材料和器械进行清洗和消毒,确保它们是无毒的;并进行检查,确保它们没有裂缝,没有碎片,不缺少必需的组件,能正常运转。安全性原则还强调有序性和有组织性。杂乱和无组织对幼儿而言是极不安全的因素,也是培养幼儿独立性及责任感最大的障碍。教师必须帮助幼儿为每一件物品准备一个位置,不用的时候,每一件物品都放回自己的位置,物归其位才能确保班级环境的组织有序;教师要提醒并帮助幼儿将用完的东西放回原处,

培养幼儿的良好习惯。在融合教室里,物归原位尤为重要,教师可以把物品分类后拍成照片,贴在放置盒或放支架上,提示幼儿按图标将物归原位。

幼儿园和班级的规模不宜过大,区角创设要基于幼儿的数量,教师要根据适宜的心理空间距离来安排每一个区域可进入人数,避免因为拥挤造成安全事故,促进幼儿之间的良性互动。组织幼儿活动时,应预先做好保护措施。另外,要培养幼儿注意安全,学会自我保护。

接纳有特殊需要儿童的班级,教师一定要分析针对特殊需要儿童可能存在的安全隐患,例如,一个智力障碍症儿童可能不能意识到刀具对他产生的伤害,也有可能感觉迟钝,受伤而不自知,所以教师要妥善保管好教室内的刀具,不要让特殊需要儿童单独接触和使用具有潜在危险的工具、物品等,严格遵守和执行有关水、火、电、煤气等有关设备器材的安全规定。

二、适宜性原则

幼儿园的一个重要任务是促进幼儿身心发展,适宜性原则强调幼儿园所有物质条件都要从保障与促进幼儿身心顺利和健康发展出发,要与幼儿发展水平、年龄特点、兴趣爱好、个性特征等同步相互匹配、协调,要能满足幼儿全面发展的需要。幼儿园环境设计应能刺激幼儿的好奇心,引起他们的求知欲,启发他们去思考、探索,从而促进他们的发展。这种适宜性对于特殊需要儿童而言尤为重要,不同障碍类型的特殊需要儿童各有其特点,环境创设要充分考虑其特点,以更好地实现育人功能。

【案例 3-1】

喜欢娃娃家的乐乐

孤独症儿童乐乐比较活跃,不容易安静下来,经常在教室里乱跑,但是她对娃娃家特别感兴趣,喜欢别人叫她公主。所以老师制作了一个以蓝色、粉色、黄色为主的娃娃家,每天的区域游戏她都喜欢去娃娃家。老师通过玩娃娃家的游戏,引导她与同伴一起游戏,一起学习,提高她的认知水平和与同伴交往的能力。

为了更好地促进特殊需要儿童的发展,幼儿园有必要设置资源教室,资源教室是集各类康复训练区和最少受限制环境为一体的专门的教室,它具有为特殊需要儿童提供咨询、个案管理、教学心理诊断、教学支持、康复训练,拟定个别训练计划和评估教育效果等多种功能,以满足显著差异儿童的特殊教育需求。常见的康复训练区有感觉统合训练区(如图 3-1 所示)、多感官训练室(如图 3-2 所示)、认知训练区(如图 3-3 所示)、沙盘游戏区(如图 3-4 所示)、生活技能训练馆(如图 3-5 所示)、美工馆(如图 3-6 所示)[①]等。

---

① 本章所有图片由昆明附属幼儿园提供。

图 3-1　感觉统合训练区

图 3-2　多感官训练区

图 3-3　认知训练区

图 3-4　沙盘游戏区

图 3-5　生活技能训练馆

图 3-6　美工馆

三、动态性原则

良好的环境是幼儿园的第三位老师,要能满足幼儿的需求,能与幼儿产生互动。幼儿

园环境创设应遵循动态性原则,第一,物质环境尽量体现"动"的形式,能和幼儿随时随地进行互动;第二,要强调变化性和生成性,在空间、内容、材料、游戏规则方面,允许随时发生变化。有特殊需要儿童的班级,教师要注意针对特殊需要儿童发展的实际情况,及时改变教室的布置、调整教学用具和设备、简化课堂任务的时长和难度以及设计专门性的区域、标记和投放材料,来推动干预的实施。

【案例 3-2】

孤独症儿童峻峻喜欢开关窗、开关门,喜欢待在封闭的空间里,喜欢小猪佩奇,会随处乱跑。经过班级老师讨论,与家长沟通后,家长将峻峻喜欢的小猪佩奇系列书籍带入幼儿园放置在"海洋书吧"区里。另外,在"海洋舞台"区增设两个小厨灶,峻峻很喜欢玩。在"海洋建筑"区有一个纸盒屋,在峻峻喜欢的座位下,贴了一个大点点,这样峻峻就会自己找点点坐下,逐步建立起规则意识。

四、无障碍原则

《萨拉曼卡宣言》声明:"每一个儿童都有受教育的基本权利,每个人都有独特的个性、兴趣、能力和学习需要,学校要接纳全体儿童,并满足他们的特殊教育需要"。特殊需要儿童接受教育常常是衡量人类文明发展水平的标志之一,是衡量社会公正与教育公平的起点与基础。特殊需要儿童与其他儿童一样享有教育权、生存权与发展权,所有适龄的特殊需要儿童不管残疾程度如何,都应当能接受适当的教育,而不是被排除在正常教育之外。

有研究者(PiJi 和 Meijer,1991)指出,融合可以有六个不同的水平:

① 物理空间的融合:特殊需要儿童与普通儿童在共同的物理空间内学习、交流。

② 名称的融合:不再使用具有歧视性的标签,比如残疾儿童。

③ 管理的融合:特殊教育立法、学籍管理、支持与服务不再独立于普通教育。

④ 社会性的融合:特殊需要儿童平等参与学校与社区活动、生活。

⑤ 课程的融合:特殊需要儿童与普通儿童在同一教室使用同样的(并不排除必要的调整)课程,并取得学业上的成功。

⑥ 心理的融合:普通教师与儿童接纳个别差异,认为有不同需要是正常的事情。

这六个水平的融合可以概括为三个层次,即物理空间的融合、社会性的融合以及课程的融合,其中物理空间的融合的最低水平应是无障碍物理环境的建设。

1997 年 12 月 12 日联合国大会通过的第 52/82 号决议中,对无障碍环境这一概念进行了描述,认为无障碍环境不是一种行为或状态,而是指进入、接近、利用一种境遇或与之联系的选择自由。也就是说,个体在该环境中,可以跟其他人一样自由地进入、接近或者利用环境中的各种设施,而不会因为其生理或者其他方面所具有的特征而被拒绝。因此,在评价某个环境是否是一个无障碍的环境时,可以从以下几个角度进行考虑:

① 可得性——你能到达你想去的地方吗?

② 便利性——你能做你想做的事吗?

③ 资源可供性——你的特殊需求能被满足吗?
④ 特殊支持——你能被周围的人所接受吗?
⑤ 平等——你能与其他人一样被平等对待吗?

基于此,融合幼儿园应根据特殊需要儿童情况,进行适当的环境修正,例如为特殊需要儿童提供康复和训练的教室,提供专门化的特殊设备,改造环境以方便行动不便的特殊需要儿童,为他们提供无障碍设施、无障碍厕所、无障碍坡道等设施,帮助特殊需要儿童申请辅具等,在物质上为接纳特殊需要儿童创设条件。表3-1展示了幼儿园依据身心障碍特殊需要儿童个别需求主动调整环境的范例。

表3-1 学前融合班无障碍环境与辅助科技范例

题目	请举例说明
幼儿园动线设计能考量身心障碍幼儿之行动需求	斜坡道电梯,安排肢体不便的特殊需要儿童在离厕所较近的教室
幼儿园无障碍设施(如厕所、楼梯、斜坡道等),符合特殊需要儿童的需求	无障碍厕所、楼梯高低扶手、电梯、无障碍斜坡道
教室空间使用与各类设施能增进特殊需要儿童学习及与同伴互动	感统教室、户外游戏具、角落布置
幼儿园能提供符合特殊需要儿童学习所需的学习设备与资源	申请辅具,如FM调频系统,根据特殊需要儿童需要购置或向特教资源中心借用
幼儿园能提供或协助申请特殊需要儿童所必须之辅助科技(如辅助科技设备之评估、提供、调整等服务)	根据幼儿需要提交申请

物理空间的融合是比较容易达到的一个水平,但是仅仅在物理空间上达到融合是远远不够的。一些研究者(如Cooper,2000)认为,融合性学校应该让学生有这样一种感觉:
① 体会到做人的价值。
② 有归属感和包容感。
③ 个人的满足感和成就感。
④ 个体的价值与集体的价值一致。
⑤ 效能感,感觉自己有能力影响事情往好的方向发展。

要让学生产生上述的感觉,关键是要促进学校内所有学生的学习与参与,尽量避免他们被排斥。对特殊需要儿童的融合环境创设不仅体现在物质环境创设上,还体现在精神环境的创设方面,在幼儿园融合环境创设中应注重营造与家庭氛围相似的宽松、安全温馨的环境,为普特儿童提供令人舒适的生活、学习、游戏的场所。

五、主体性原则

幼儿是活动的主体,因而在幼儿学习的任何环境中,他们必须充当活动的参与者,而非旁观者。主体性不能仅仅理解为参与性,幼儿是环境的主人,对环境有绝对支配权和管理权,环境的创设要以幼儿的需求为主,环境的布置要强调幼儿的主动参与,幼儿与环境

产生充分的互动。幼儿在环境创设活动中应该具有自主性、能动性和创造性,特殊需要儿童也是如此。尤其要注意的是,要避免让特殊需要儿童处于一种被"过度照顾"的环境,这并不利于其身心的发展。环境创设中让特殊需要儿童参与动手,当特殊需要儿童能主动地参与到改变周围环境的工作中时,他们会感觉到自己有控制周围世界的能力,在这样的过程中,他们能获得参与感、归属感和自信心。只有让特殊需要儿童与环境产生互动,融合环境创设才有意义。

六、普特融合共同发展原则

幼儿园环境创设要同时考虑特殊需要儿童和普通幼儿的需求和发展,不能只重视特殊需要儿童的需求,忽视了普通幼儿的发展,让普通幼儿感到被忽视,必须要关注普特幼儿双方的共同发展。普通幼儿与特殊需要儿童的互动,可以提高普通幼儿的学业发展和社会帮助技能。另一方面,对于特殊需要儿童的接纳与认可,意味着普通幼儿早期在人格培养上对于尊重差异、公平、平等等人文精神的接受与理解,从而可以提高幼儿的移情能力,激发幼儿的自我效能感,促进幼儿心理健康发展,为培养幼儿良好道德品行打下坚实基础。开展融合教育要让普通幼儿在融合课程中收获"爱与平等""包容与合作",普特幼儿共赢是目标。

拓展阅读

以下是某融合幼儿园中,家长所列举的融合班对幼儿的影响。

可以更多元地接触普通教学,认识老师、小朋友,在耳濡目染之下会模仿、学习,如睡午觉、折叠棉被、吃点心等团体活动。

班上小朋友游戏时会拉着(特殊)幼儿一起学习,没有负面的语言,而是融入与接纳。

融合班的小朋友十分友善,原本内向怕生的小锋,会亲近并试着加入团体。

我的孩子动作较慢,在融合班老师的耐心教导下,他学会了生活自理。

能让孩子们了解体会特殊需要儿童生活中的困境,试着学习去帮助他们,也懂得感恩,自己较易有同理心,且学校有各种感觉统合教具,让孩子摸索玩玩。

孩子很喜欢去上学,很喜欢每一位老师,也很愉快的和每位同学相处,喜欢上学是家长最大的安慰。

老师们照顾幼儿很周到,细心温柔。

课程安排生动活泼。

家长能主动参与学校活动,使课程形成整体,如一家人气氛。

参与团体生活,学习养成良好的生活习惯,能懂得基本礼仪。

让孩子体会到自己是有能力的,并且可以运用自己的能力去帮助别人,也能接纳每个人的能力不同。

有人被孤立或受欺负时会挺身而出,指出这是不对的,并要欺负人的小朋友不要这么做。

融合班就整体环境而言是一个友善、温馨且积极投入资源的环境,孩子在这样的环境很自然地耳濡目染,很容易发展出积极友善的性格,这不是几本绘本、几堂课或父母不断耳提面命就能要求得来的,这是最棒的环境教育。从孩子每天回家的分享,就能看见他的成长。

整体来说,我的孩子在融合班快乐地学习着,除了老师给予的知识,协助弱势幼儿更让他们开始懂得照顾别人,多替别人着想。我认为,从小在他们的心中种下这些种子,并予以适当灌溉,对他们德育的培养是有正面且强大的影响的,这些在一般学校教育是很难得到的,当然老师们都会教,但没有实际去感受很难体会。我很庆幸我的孩子能在融合班就读,而在这个环境里学习他所获得的比我想象中还多,还要好。

第二节　学前融合教育的室内环境创设

班级是特殊需要儿童每日生活起居、学习游戏的重要场所,幼儿园班级融合环境是学前融合教育环境创设的重要组成部分之一。室内空间环境主要指幼儿园主体建筑物内部的环境,包括门厅、走廊、过道、楼梯等室内公共部分和活动室、生活区、寝室、接待室等专用空间。各班级应根据本班幼儿的年龄特点与兴趣需要进行环境创设。苏霍姆林斯基曾说"一所好的学校,连墙壁也会说话。"在学前融合教育形态下的保教中,环境创设面向的是全体幼儿,所以既要考虑到普通儿童的发展,也要照顾到特殊需要儿童的需求。无论物理环境还是心理环境,精心布置的融合环境可以让特殊需要儿童在潜移默化中得到教育与康复,在幼儿的生活、学习、游戏中起着重要的作用。

一般情况下,幼儿园班级融合环境先由家长、幼儿、教师共同寻找活动材料,教师引导幼儿在教育活动中充分认识与操作,幼儿完成后教师可进行适当艺术加工,通过共同创设形成幼儿所喜爱的并可以互动的环境。幼儿园适宜的物质环境和人文环境要有利于特殊需要儿童与普通幼儿共同成长,创设一个温馨舒适、安全卫生的融合环境,可以塑造特殊需要儿童的"三性",即积极性、互动性和参与性。本节重点阐述幼儿园室内融合环境的创设,主要包括墙面与地面、走廊、区域活动角等物质环境的创设。

一、墙面与地面

幼儿园班级中的墙面环境是幼儿各类学习经验的印记,也是幼儿、教师及家长共同构建班级课程活动的轨迹。墙面环境作为"无声教材",最能体现班级特色,它蕴含着教育信息,是幼儿观察、学习和表达的重要场所。一个有生命力的班级墙面环境,能随着班级课程的不断深入以及幼儿兴趣的变化、能力的增进而产生变化。教师在进行墙面与地面的融合环境创设时,不能单纯为了美观,而应在教育目标的指引下,从特殊需要儿童的发展需要出发,针对特殊需要儿童的身心特点,有目的、有计划地进行环境创设,把教育意图渗透在墙面环境之中,真正为特殊需要儿童的发展服务,要考虑其功能性、教育康复性、安全

美观性。创设内容主要包括活动展示墙、沟通墙、一日常规墙、游戏操作墙、管理性墙面等,要统一规划,每个班级上位墙饰主要设置评价栏、主题介绍、幼儿作品等内容,以欣赏为主;下位墙饰以师幼互动为主,创设探索墙、互助墙、区域墙等,让幼儿操作。

(一) 活动展示墙

活动展示墙(如图3-7所示)一般指幼儿园教室环境中根据班级开展的主题活动内容进行设计和布置的墙面。墙饰和主题活动要紧密联系在一起,并随着主题的推进和幼儿知识经验的增长进行动态调整,使幼儿通过墙饰对主题形成直观的感受,从而激发幼儿参与的积极性。主题式墙面环境创设的重点是从幼儿的年龄特点、发展需求和兴趣爱好以及课程的目标和进展情况等方面综合考虑,寻找结合点和切入点,挖掘潜在的墙饰内容。它是最常见的墙面利用方式,主要为了记录和展示班级各类活动的开展过程,其中包括主题教学活动、游戏活动、节日活动、生活活动等。活动展示墙应体现儿童视角,重点展示儿童的兴趣、问题、探究过程、收获、成果等内容,而非教师设计和教学的内容。例

图3-7 活动展示墙

如,在"团团圆圆过中秋"的墙面环境创设中,随着主题活动的开展,逐渐将相关的活动调查表、主题活动照片统一布置在墙面上,形成有逻辑的、连贯的主题展示,让包括特殊需要儿童在内的所有幼儿一目了然。

【案例3-3】

会"说话"的墙

最近分享完《小金鱼逃走了》绘本故事后,孤独症儿童瑞瑞和发展迟缓儿童佳佳会时不时地说"哎呀,小金鱼逃走了""呀,又逃走了""要逃到哪儿去呢"……为了促进特殊需要儿童语言水平的提高,班级老师将绘本打印、塑封挂在教室里,又邀请家长收集各种各样的小金鱼图片,将搜集来的图片资料张贴在上面。每次经过这里,小朋友们总喜欢停下来摸一摸、看一看、说一说,老师还会与他们讲一讲。在不断坚持推动下,瑞瑞和佳佳每次经过墙面时,就会一页一页地看一看,并与老师讲述其中的内容,语言理解和表达能力得到了很大的提升。

(二) 沟通墙

沟通墙(如图3-8所示)主要为语言障碍的儿童创设,在特殊需要儿童语言能力尚无法满足生活、生理需求的情况下,可以为他们创设一面沟通墙,他们可以通过图片告知老

师想做的事情或者需求。特殊需要儿童每天都会通过墙面这一载体获得大量信息，而利用活动室内外墙面与特殊需要儿童形成互动交流则是融合班级墙面环境创设的重要目的之一。要使互动产生，关键在于要将墙面成为可让特殊需要儿童自主探索、动手动脑思考的环境，从而积极引发和支持特殊需要儿童的游戏以及各种探索活动。例如，在生活技能方面，当有语言障碍的特殊需要儿童不能表达大便时，可以指着墙上的大便图片，告知老师他要去大便。在认知发展方面，可以创设"天气气象"的活动墙

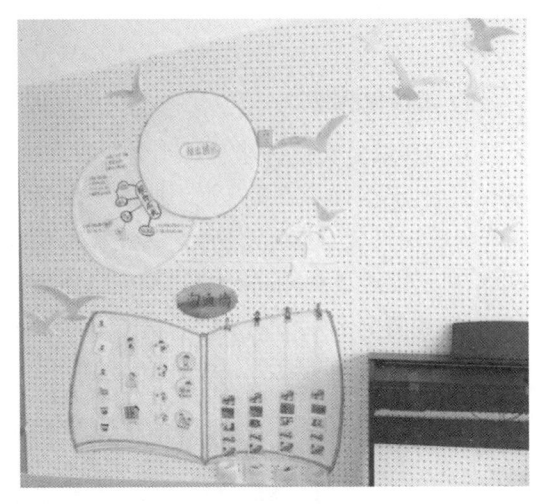

图 3-8 沟通墙

面时，将墙面上的月份牌、日期牌设计成可以灵活替换、移动的形式，并在墙面一角为特殊需要儿童提供记录纸和笔，让特殊需要儿童可以自主记录当日天气包括温度、阴晴等。此外，特殊需要儿童还可以在教师引导下通过利用所提供的可供操作的记录工具，进行收集、记录、统计与分析等操作活动，发现不同季节的天气特征，感受大自然的神奇与美妙。

（三）一日常规墙

一日常规墙（如图 3-9 所示）主要为了支持特殊需要儿童了解班级动态，参与班级常规管理，主要分为常规提示墙（一日活动流程、值日生公示等）和常规记录墙（入园签到、饮水情况等）。一日常规墙的制作需要符合特殊需要儿童的认知与发展水平，可适当渗入发展性经验。

图 3-9 一日流程操作图

【案例 3-4】

我的一天

某融合幼儿园大班有两名孤独症儿童。班级老师根据他们的情况，创设了一面结构化沟通墙，主要内容是班级一日生活作息，帮助他们适应班级生活。具体做法是：以特殊需要儿童参与活动为原型拍摄每个活动环节的照片，塑封好有序粘贴在墙面上，当特殊需要儿童完成一项活动时，就撕下照片。当一天结束后，值日生再将照片贴上去。

活动初期，特殊需要儿童很不愿意去执行，每次活动都需要老师一对一地拉着去撕下作息卡片。中期，老师为每一个特殊需要儿童建立一个小伙伴，由老师发出指令，同伴语言提示或者辅助特殊需要儿童撕下作息卡片。后期，为特殊需要儿童建立一群小伙伴，每一天由不同的小伙伴发出指令提示特殊需要儿童完成。三个月后，有一名特殊需要儿童

可以自主完成并很好地适应班级生活,还收获了一群好朋友。

(四)游戏操作墙

游戏操作墙是支持特殊需要儿童在游戏中学习和发展的墙面类型,由教师选择一定区域的墙面,根据特殊需要儿童不同的兴趣爱好规划设计。创设游戏操作墙时,教师要注意操作材料的投放,材料应具有分层性和可操作性,既有易有难,有多种玩法。这样的设计,不仅可以促进各种障碍类型的儿童愿意与材料互动,而且拓展了儿童游戏的空间。如"兔子家族和萝卜家族"的主题下,墙面可以增加"送小兔子回家""小兔子拔萝卜""小黄兔想拔6个白萝卜"等互动性游戏活动(如图3-10所示)。

图3-10 游戏操作墙

(五)管理性墙面

管理性墙面主要供成人阅读,是展现本班教学理念、教学成果、园所管理理念的载体,内容可包括园所管理制度、管理流程、教学目标、班级园所成果展示,也可以是本班特殊需要儿童或普通幼儿的过敏情况以及其他注意事项等。由于阅读者主要为成人,管理性墙面可以创设在教室中比较高的位置。

有生命力的班级墙面环境应是动态的,在动态生成的环境中,环境的创设应随着课程的开展不断地进行变化,使环境信息随着特殊需要儿童的兴趣、课程内容、季节更替、节日活动及主题活动的发展而不断更新。因此,教师应根据特殊需要儿童的发展需要不断调整,丰富与深化墙面内容,从而不断优化特殊需要儿童的学习经验,使环境真正成为教育康复的载体,成为促进特殊需要儿童发展的有效手段。

（六）地面

"能说话"的学前融合教育环境不仅包括墙面内容墙面环境，地面环境创设得当、规划合理，也能成为一位隐形的"小老师"。地面环境的创设主要以提示为主，与班级环境创设的主色系相匹配。例如，班级里有孤独症儿童，可以根据他们具有视觉优势的特点，用不同标记标识出教室分区；生活区有明显的排队等待线、取杯喝水线；在寝室区地面粘贴小脚印，方便鞋子摆放，可以帮助他们养成良好的常规意识与生活习惯（如图3-11所示）。

图3-11 教室地面标识标签

二、走廊

走廊是家长和幼儿每天经过的地方，应当充分利用，让教师、幼儿与家长从中获取有价值的信息。幼儿园走廊环境是反映园所特色的一个重要方面，也是幼儿园班级环境的重要组成部分。幼儿园走廊环境的创设需要根据幼儿、教师、家长和社会的不同需求来进行，应当考虑幼儿的活动安全，认知、社会化发展，以及园所环境的视觉效果、园所文化的展现等方面。融合幼儿园的走廊环境创设内容要丰富多元，并且应融合共生，分层互动。

（一）内容丰富多元

在走廊环境的创设过程中，应根据特殊需要儿童与普通幼儿的认知水平、学习的兴趣点和内容来设计环境。例如，可以在小班走廊上摆放一些小乐器（如铃鼓、三角铁、串铃等），让幼儿有机会敲打乐器，感受不同乐器的声音；可以在大班走廊上张贴一些科学家的故事和成就（如瓦特发明蒸汽机、爱迪生发明电灯等），拓展幼儿的见识。还可以在走廊墙面上张贴一些小动物的形象，不同动物身上有不同的特性，如有的动物身上有柔软的毛皮，使幼儿通过观察动物的形象特征感知不同动物的区别……针对幼儿的年龄特点和认知水平来创设走廊环境，可以使普通幼儿和特殊需要儿童的认知水平在一定程度上得到提升。

在特殊需要儿童的成长过程中，社会化是一项非常重要的内容。幼儿园是特殊需要儿童正式步入社会的第一个场所，幼儿园阶段是他们社会化发展的重要时期。让特殊需要儿童适应和融入班级集体生活，与他人交流互动，走廊环境可以为特殊需要儿童的社会化发展提供一个很好的平台。特殊需要儿童与家长每天都会经过走廊，了解、分享走廊中所呈现的内容。因此，我们应根据特殊需要儿童社会化发展的特点对走廊环境进行创设。例如，投放一些幼儿的照片，可以是和家人出去旅游的照片或参加幼儿园亲子活动的照片，也可以是幼儿平时在园的一些活动照片，让幼儿能够尝试着向爸爸妈妈介绍照片里自己的活动或平时在幼儿园的生活。还可以装饰一些班级最近进行的主题活动材料，如与主题相关的资料，主题活动中的作品展示等，通过环境呈现引导幼儿向爸爸妈妈讲述自己

的在园表现。

班级走廊具有开放的特点,可以成为展现园所文化的平台。因此,走廊环境的创设还需要考虑幼儿园自身的特色,让他人能够通过环境直观感受到幼儿园所具有的文化内涵。例如,在一所以科学为特色的幼儿园中,走廊环境有关于动物皮毛的内容——用铃鼓制作乌龟的壳、用人造羽毛做成的鸭子、用人造皮毛做成的老虎等,让幼儿通过观看、触摸的方式感受不同动物的皮毛特点;还有火车的演变过程图——从最初的蒸汽式火车到如今的动车,激发幼儿探索科学的兴趣。在融合特色幼儿园的走廊中,可以创设"融合教育角",宣传融合教育知识,展示"融合小明星"等。

(二)融合共生,分层互动

班级外走廊环境创设遵循普特融合原则,其内容可以分为互动栏、家园共育栏、幼儿作品栏、融合共生栏等,在每一个栏目里都可以体现融合的身影。

互动栏是师幼之间、家长与幼儿之间互动的桥梁。我们可以将日期、月份、季节等抽象概念放在此处,又或者是晨间问候,当幼儿入园时,家长或者老师带着特殊需要儿童一起认识并动手调整或粘贴。对于特殊需要儿童来说,重复性的活动能尽快帮助他们认识这些抽象的概念。

幼儿作品栏,主要是呈现幼儿的一些作品,可以是自主完成或者合作完成的作品,也可以是以照片的形式呈现幼儿活动的精彩瞬间。作品展示墙主要为了展示各类活动中所形成的儿童作品,促进儿童间的交流与分享。作品展示墙应注意凸显儿童个性表达,给每一个儿童包括特殊需要儿童以展示作品的机会,也可以根据作品的不同特征,以不同形式进行展示。

融合共生栏(如图 3-12、3-13 所示),主要为其他幼儿科普各类特殊需要儿童的障碍类型及其行为表现,或者他们的生活点滴。如班级特殊需要儿童是盲童,可以增加触摸墙或是提示的抹布标识等;若是自闭症儿童,则增添结构化的内容,例如帮助特殊需要儿童了解一日作息等。

图 3-12 融合宣传栏　　　　图 3-13 融合共生栏

每个班级外的走廊,都应充分利用。走廊宽敞可以创设区域游戏环境,走廊较窄的话可以展示主题活动墙和幼儿作品。教师可以根据本班幼儿的特点,结合科学的教育理念,充分反映班级特色。"是孩子喜欢的,就是我们认为值得的环境创意。"是幼儿园教师进行环境创设时最朴实的话,是"以幼儿为本"的充分体现。

幼儿园走廊环境的创设对促进特殊需要儿童和谐发展起到重要作用,我们应该针对特殊需要儿童的年龄特点,以及幼儿园自身的园所文化特色,创设适宜的走廊环境,让幼儿园走廊环境的创设在安全、美观的基础上得到进一步的提升。

三、区域活动角

特殊需要儿童认知、语言和生活自理能力有限,或感知觉失调,大多数都伴有情绪行为问题。教师除了调整课程环境,还应根据他们的障碍和能力特点以及兴趣爱好,合理利用幼儿园教室和走廊的空间,创设一个区域游戏环境,投放适合的活动材料,让每个空间角落都能成为特殊需要儿童活动和游戏的场地。那么,我们具体应该如何创设一个有效的学前融合教育的区域游戏角,帮助普通幼儿和特殊需要儿童共享资源、共同成长呢?

(一)个别化教育计划嵌入区域活动

区域游戏活动中,特殊需要儿童参与性、互动性并不理想,甚至对活动毫无兴趣,我们需要为特殊需要儿童制定一个有层次的区域活动计划,有针对性地进行区域游戏指导。嵌入式区域游戏活动是将特殊需要儿童个别化教育计划目标中习得不稳定或在一对一个别化康复活动中难以泛化的部分内容,放到区域游戏活动时进行巩固提升。在区域游戏活动时,我们鼓励影子老师巡回指导,鼓励同伴支持,引导特殊需要儿童在巩固提升不稳定知识技能的同时,在游戏活动中提升其社交能力。

【案例3-5】

老师,我要去区域游戏角玩

涵涵,轻度孤独症儿童,本学期刚进入某融合幼儿园中班。康复老师提供的《涵涵综合分析研判报告书》的个别化教育计划结果显示:幼儿的精细活动与分类活动比较差。

开学第一周适应阶段,班级老师们发现涵涵好动,喜欢乱跑,时不时还发出奇怪的叫声。但他特别喜欢去各个区域游戏角,每当涵涵进入区域游戏角时,他愿意听老师的规则,能操作玩具很久,偶尔还会和旁边的小朋友互动。老师们将涵涵的个别化教育计划部分目标加入了区域活动之中,以巩固涵涵能力的稳定。具体如下:

一日生活	个别化教育计划目标	班级策略
区域活动	1. 能配对并分类2~3种形状。 2. 能一页一页翻书并说出封面内容。 3. 能扣好纽扣3~5颗。	益智区的一面墙做成海绵图形操作墙,幼儿找到相同形状与墙面图形进行匹配。 图书区投放硬壳图书,影子老师进区进行指导。 生活区,投放一些娃娃玩偶与衣服,以巩固幼儿扣纽扣的能力。

（二）考虑特殊需要儿童的现有能力

根据普通幼儿与特殊需要儿童发展的不同需求，引导幼儿开展系列区域游戏活动，促进普特幼儿综合素质的发展。我们在材料选择、设置区域时，要尊重多数普通特殊需要儿童身心、年龄特点，同时也可以根据本班特殊需要儿童的实际需求提供个性化的支持。例如，在设置建构区时，教师提供了各种操作材料以及地垫，而班级刚好有一名脑瘫儿童暂时不能到低矮地垫上活动，老师打破规则，在一旁提供桌椅，方便他参与活动。

（三）考虑特殊需要儿童的兴趣爱好

在区域活动中，我们会发现幼儿的已有经验、能力性格方面各有不同，因此会表现出不同的兴趣点，特殊需要儿童同样如此，有的酷爱音乐，有的执着于各类工程车，有的一段时间痴迷于科学区而过一段时间待在美工区就不愿出来……随着特殊需要儿童年龄的增长，他们的兴趣点也在不断转移。根据他们的兴趣，我们可以灵活调整区域游戏内容、形式。

（四）合理安排区域的空间布局

在学前融合教育形态下的保教中，要合理安排空间。可以明确划分大块活动区域、小块安静区域以及各种有针对性的活动区域。在区域中根据训练目的有针对性地放置保教器材、器械等物品。区域的种类要能够满足幼儿兴趣和发展的需要，因此区域的创设要丰富。区域按其性质可以分为两类：一类是学习康复性的区域，这类区域主要指向特殊需要儿童对周围环境、客观现象的认识和理解，帮助特殊需要儿童积累生活经验与认知经验，如生活区、科学区、语言区、美工区、音乐区等；另一类是游戏性的区域，这类区域主要指向促进特殊需要儿童良好情感的发展、社会经验的积累，如建构区、表演区、角色区等。各种活动区域促进特殊需要儿童不同方面的发展，教师应该创设学习、康复和游戏兼具的班级活动区域。

1. 区域的数量

区域的数量主要依据活动空间和幼儿人数而定，另外还要考虑特殊需要儿童目前的发展现状。如果区域数量过少则会造成活动拥挤的现象，必定会影响到特殊需要儿童的安全，例如，娃娃家人数过多容易因角色的分配不均而引起争吵。而区域数量过多则会出现区域内人数过少，普通幼儿和特殊需要儿童之间的交往合作也会受影响；或造成区域活动空间太小，各区域之间易相互干扰，所以一般设置5~7个区域为宜。

2. 区域的划分

在划分区域时，应结合区域活动充分利用材料，使各个区域活动相对独立而又开放。如利用一些矮柜，图书架等作为区域之间的隔墙，使各区域之间既保持通畅又互不干扰。教师还可根据情况，设置多区单一内容或多区多种内容。多区单一内容即围绕一种主题内容设置多个区域活动。多区多种内容是按照多个主题设置不同的区域，可以满足不同障碍特殊需要儿童的探索需要，同时营造一种如家般有间隔的氛围。

3. 区域活动格局

教师应充分利用教室、橱柜、桌面等室内空间和走廊等室外空间，创设有利于特殊需要儿童发展的区域活动格局。教师在创设区域时,动静区域应结合,以满足特殊需要儿童的需要。尽可能将较为安静的活动区角安排在室内,较封闭的区域有益于幼儿安静的活动,因此,阅读区、益智区等可以设置在相对隐蔽的角落。将相对会发出较大声音的安排在靠近教室门口的区域,如娃娃家、建构区等,并根据游戏情况灵活调整。同时,各活动区域之间应设有分隔物,并附上活动区域的名称、图形或文字。另外,各区域之间要留有清楚的走动线,引导特殊需要儿童正常游戏,避免正在进行的游戏被打扰。教师在具体布局班级活动区域时,可以根据幼儿园的实际情况,适当设置几个班级间共享的活动区角,这样既可以节省室内空间,又可以提高活动区角的利用率,还可以为特殊需要儿童创造与更多其他班幼儿交往的机会。

(五) 科学选择与投放活动材料

1. 材料的选择

(1) 围绕特殊需要儿童个别化教育计划目标选择。材料活动材料是实现教育康复目标的工具,是特殊需要儿童获得发展的媒介。教师应首先根据班级特殊需要儿童的实际发展水平设置目标,然后根据教育目标去选择材料,避免材料投放的盲目性。

(2) 安全、经济并重。在材料安全的前提下,依据幼儿园自身经济条件,尽量做到一物多用。教师可以充分利用无污染的废旧材料,如挂历纸、各种包装纸、海报、纸盒、形状特别的塑料瓶等,还可以联系特殊需要儿童家长提供儿童在家使用的一些材料,充分利用身边的一切资源。

2. 材料的投放

特殊需要儿童的发展具有个体差异,投放材料结构的高低,直接影响到特殊需要儿童对材料的选取频率和操作持续时间。特殊需要儿童的障碍不同,兴趣爱好迥异,高低结构的材料都需要投放。低结构材料的特点在于可塑造、可组合,无固定的使用模式,可操作性高,能根据操作者的意图变换出各种不同的操作结果,给特殊需要儿童提供丰富的操作空间。如教师和幼儿在日常生活中搜集的纸盒、牛奶瓶、瓶盖、广告纸、薯片罐、报纸、布片、纽扣、用剩的笔、吸管等废旧材料,还有大自然中的沙、土、石、水、木棍等,摆弄这些自然材料对特殊需要儿童的感知觉具有一定的刺激作用。根据特殊需要儿童的活动需要,教师适时地更新和补充原材料,通过逐步投入和调整材料,递增区角活动的难度,也可以有计划地删减一些与教育康复目标无关的材料。

(六) 明确常见活动区角的功能

教师需要明确区角对于促进幼儿,尤其特殊需要儿童发展的具体功能,从而根据需要设计和调整。生活区(如图 3-14 所示)、娃娃家(如图 3-15 所示)主要帮助特殊需要儿童练习基本的生活自理能力,如穿、扣、拉;练习与家庭生活、家务劳动相关的技能,如洗、切等。在阅读区、表演区、角色区,特殊需要儿童通过基于图书、图片、头饰、手偶等的观察、操作、讲述和表演活动,发展观察能力和语言表达能力。在美工区,通过撕、贴、剪、画、捏、做等美术操作表现活动,发展特殊需要儿童的动手操作能力及欣赏美、表现美和创造美的能力。

图 3-14　生活区　　　　　　　图 3-15　娃娃家

综上所述，教师在进行区角环境创设时，首先，应根据特殊需要儿童的发展水平和教育目标，创设不同的区角；其次，应根据特殊需要儿童的兴趣、爱好、生活经验等选择和投放不同的材料；最后，应和特殊需要儿童一起制定区角游戏规则，并在游戏中给予适时的指导和介入。这样的区角环境中，才能促进特殊需要儿童自主选择活动内容和合作伙伴，主动探索与交往，充分满足特殊需要儿童的康复需要。

第三节　学前融合教育的户外环境创设

学前特殊需要儿童的活动场所不仅仅局限于教室这个封闭的环境中，还有一系列的户外运动环境。幼儿园户外环境为特殊需要儿童提供了一个广阔的开放空间，吸引着特殊需要儿童相互观察、模仿、学习、游戏，彼此交流经验、分享情感。幼儿园户外环境鼓励并支持着特殊需要儿童的合作游戏、协同工作。在这样的合作性游戏氛围中，特殊需要儿童能够获得各种社交技能和社会行为，他们的情感、态度、自制力、分析解决问题的能力等也得到发展。良好的户外环境能极大促进特殊需要儿童和普通幼儿的各种互动，支持普特幼儿共同发展。良好的学前融合教育户外环境需要具备以下五要素。

一、特定的标识标签

游戏材料是户外自主游戏的重要组成部分，是支持和满足特殊需要儿童游戏及学习需要的物质基础，有着独特的教育价值。材料摆放合理、分类分层明显，不仅有利于特殊需要儿童自主取放，还能保障他们取放材料过程的安全。因此，在器械材料收纳区域（如图 3-10），应该做好标识标签。对于大多数孤独症儿童来说，定点定位做好特定的标识、标签可以帮助他们养成物品归位习惯以及情绪的稳定调控。视觉提示对于特殊需要儿童是一种很好的辅助支持，可以在户外材料区域地面画上方格或定位点来提示特殊需要儿童。

二、安全、便捷的物理环境

户外区域设置需要考虑的最重要的因素是安全、便捷。户外不比室内,在安全性、监督观察上来说都需要更多关注,由于空间开阔,许多设施可能具有潜在的危险,所以在环境创设上尤其要注意安全第一。在活动区域内,安置不同高矮的适合特殊需要儿童的扶手,护栏间隔不能小于9厘米或大于22厘米,以免卡住儿童的头、手、脚;器材的边角最好用泡沫或橡胶包裹;清除易绊倒儿童的障碍如石块、树桩及暴露在外的底座等;秋千等器材配置安全带等保护装置,安装到适合的高度;经常检修、保养,更新露天器材;有专职人员监督特殊需要的儿童活动情况,时时确保安全,及时采取措施以避免不必要的伤害。在铺设户外地面时,使用有弹性、有厚度的橡胶保护材料,确保器械的周围有一定面积的延伸保护面。在户外游戏活动中,应考虑特殊需要儿童的特点和需要,创设便捷的活动通道与区域场地。对于很多脑瘫或者走路不稳的特殊需要儿童,通往户外的过道上配备斜坡,以方便轮椅出入。

【案例3-6】

军军,5岁,中班脑瘫儿童。军军之前上幼儿园被老师劝退多次,因为他行动不便,需要老师一对一跟随并保护,并且需要父母一方到园陪同。军军高额的康复费用已让本不富裕的家庭支离破碎,更何况父母不上班去陪同。直到来到某融合幼儿园,一进门就能感受到幼儿园给予的物理支持,大厅的斜坡与楼梯可以方便军军进出,班级的特定座椅可以保障军军不摔跤……看到这些,军军妈妈毫不犹豫地选择了这所幼儿园。

三、开放、自由的空间环境

幼儿园应根据户外场地特点,统一规划布局,最大化合理利用空间,创设适合不同户外运动的环境,支持特殊需要儿童依据兴趣和需求自主选择,自主游戏。具体可以从地貌环境的多样性、区域划分的多样性等方面着手考虑,有地貌的变化:平地、斜面、阶梯、拱洞、坑洼区域等;有按运动类别侧重划分的不同区域:跑跳区、钻爬区、投掷区、球类等。从促进特殊需要儿童健康成长的角度出发,幼儿园应该积极鼓励幼儿和泥土、沙土接触。尤其是在城市中,幼儿园在庭院中堆设自然的土坡、沙池,任由幼儿玩耍,不仅可以增加幼儿与自然接触的机会,而且起伏变化、富有立体感的庭院空间更容易安排多种游戏活动。

结合户外自然环境,创设多样性的户外场地:小山坡、山洞,过"独木桥"(绳索)、野外过家家,沙水池,滚筒等,让特殊需要儿童在开放的游戏中与自然亲密接触,参与活动,培养特殊需要儿童敢于挑战、自信的意志品质。

户外环境设计要充分考虑不同阶段特殊需要儿童的成长需求和生理特点,游戏空间以开放性为主,也可有部分半封闭空间,以便于特殊需要儿童自由活动,同时也能调节特殊需要儿童长时间的室内学习生活的单一性,让特殊需要儿童们在学习的过程中也能得

到体能上的锻炼。

四、丰富的游戏材料

材料的投放是户外游戏成功开展的主要因素,是幼儿户外探究活动的保证。特殊需要儿童在使用材料的过程中发现问题、探究问题、解决问题,从而获得相关的知识和经验。教师在投放材料时,可参照如下两个原则。

(一)根据游戏区域调整材料

户外场地的材料并不是一经投放就一成不变的,要及时进行材料调整。在此过程中,让特殊需要儿童亲自参与——用筐搬、用车运、一起抬,把材料摆放整齐。只有参与调整,特殊需要儿童才能明确什么材料在什么地方,玩时拿取就方便了。材料的摆放并不是固定不变的,根据幼儿游戏中出现的问题,不断对材料进行调整,直到合理为止。在户外游戏时,根据特殊需要儿童的实际情况,分层调整游戏材料,最大程度地帮助特殊需要儿童参与游戏活动。

【案例 3-7】

圆圆与体能大循环

圆圆,融合幼儿园大班孤独症儿童。圆圆相比班级其他幼儿,个头比较小,微胖。在大班体能大循环攀爬活动(如图 3-16 所示)时,其他幼儿轻松爬过,行走在平衡木上,圆圆显得尤为吃力。但是圆圆又很喜欢这类挑战性游戏,他具有孤独症儿童常见的刻板性,每次到这个活动时,一定要参与之后才离开。班级老师需要时时辅助圆圆参与活动,根本无暇顾及其他幼儿,怎么办呢?班级老师在体能教研活动时,将问题提出,教研组经过讨论协商,将活动调整为低中高三组不同难度的攀爬游戏,这样当圆圆到这项活动时,可以选择难度适宜的一组,老师们也能减少辅助。

图 3-16 体能大循环器材

(二)根据需要新增"一低、两可、三多"的游戏材料

随着户外活动的不断深入,需要及时新增材料和调整场地,根据不同的户外活动场地

幼儿游戏所需,增加相应的低结构材料,让每一个特殊需要儿童都有足够的材料可以支持游戏的开展。

1. 一低:低结构材料

低结构材料无规定玩法、无具体形象特征,特殊需要儿童可以根据自己的兴趣和即时想法随意组合,并能够一物多用,低结构材料能够给予幼儿更大的创造空间,探索更多的想象。比如野外过家家,幼儿把树叶、小草当作菜,把树枝做铲子,在石头搭起的炒菜锅里炒菜;用软管、PVC管在沙池里引水修渠等。

2. 两可:可移动、可组合材料

在特殊需要儿童手中,可移动、可组合的材料能够变化出多种不同的玩法。比如,长短不一的梯子、攀爬组合架、高低大小不同的凳子、滚筒,还有安全保护的垫子。每个区域的材料根据需要可以互通着玩,特殊需要儿童根据自身的游戏水平,选择材料;根据情景的需要,对材料进行不同的组合搭配,每天都有新的玩法。

3. 三多:多种类、多数量、多层次材料

不同类别的丰富材料会为幼儿提供多样游戏选择,让特殊需要儿童的潜能得到充分展现。为了避免特殊需要儿童在游戏过程中争抢的行为,让他们专注投入游戏,投入数量充足的材料是前提。每一个特殊需要儿童的年龄不同、游戏水平不同、能力不同,投放长短不同的梯子、高矮不一的凳子、各类不同形状的积木等可以满足不同特殊需要儿童的游戏需要。

"一多、两可、三多"的游戏材料,可以帮助特殊需要儿童根据自己的游戏水平和兴趣需要开展活动,刺激感受器官,同时也能满足普通幼儿的活动需要和促进他们的技能发展。

【案例3-8】

豆豆就要玩这个

豆豆,融合幼儿园大班,孤独症儿童。

新学期伊始,周一户外活动时,老师让班级幼儿将垫子搬过来玩"翻滚吧"的游戏活动。看着其他幼儿去材料超市搬东西,豆豆也连忙跟随去搬,大家玩得不亦乐乎。周二,基于幼儿对"翻滚吧"这一游戏活动的兴趣,以及部分幼儿滚出垫子外的情况,李老师继续让幼儿将垫子搬到活动场地。周三,幼儿刚到操场站好点,老师发现豆豆不见了,一名幼儿嚷嚷道:"豆豆在搬垫子!"保育员张老师连忙过去拉豆豆,豆豆怎么也不听,嘴里一直重复着"豆豆就要玩这个,豆豆就要玩这个……"尽管张老师解释再三,豆豆就是不听,甚至睡在地上打滚。看到此景,李老师临时调整教学活动,还是使用垫子,并引导所有幼儿创造性地一物多玩。除了常规平放垫子,玩出各种垫上动作以外,将垫子垒高叠放,玩出各种翻爬、跳的动作;相叠交叉,形成山坡状,提高垫上运动的难度……不同的玩法发展了幼儿不同的动作和运动能力。豆豆在垫子活动中表现得很出色,甚至还做起了"小老师",他高兴极了。

五、良好的户外师幼互动关系

特殊需要儿童的主动自发活动是有利于其身心和谐发展的重要学习方式,幼儿园教育应尊重儿童天性以游戏为中心展开,因此,教师在户外活动中应扮演如下角色:

(一)弹性的环境创设者

教师应在梳理特殊需要儿童以往活动状况、厘清特殊需要儿童的兴趣与愿望、洞察特殊需要儿童发展途径的基础上,对特殊需要儿童可能展开的活动做出预测,有计划地进行环境创设。但实际情况和教师的预测并非总是一致,因此为了满足特殊需要儿童拓展游戏、自主展开活动的需要,教师要根据特殊需要儿童活动的实际情况及时调整环境,使环境创设既具有计划性,又富有弹性。

(二)重视个体差异的援助者与指导者

教师应站在特殊需要儿童的立场上,通过特殊需要儿童的外在行为把握其内心想法、行动的意义,理解特殊需要儿童独特的感受方式、思考方式、交往方式和表现方式,根据每个特殊需要儿童的发展状况为他们设定各自的发展活动,并根据他们的需要给予适当的援助与指导。

(三)群体活动的促进者

尽管教师不勉强特殊需要儿童加入群体活动,但为了发挥群体的教育影响力,教师应有意识地创设能把每个特殊需要儿童的想法、活动连接起来的环境,帮助形成能促进特殊需要儿童参与群体活动,并在其中发展社会性。

(四)富有童心的游戏伙伴

教师对环境的情感、态度潜移默化地影响着特殊需要儿童。在户外活动中,教师不仅是环境的创设者,幼儿活动的照料者、援助者和指导者,也是幼儿的游戏伙伴。教师应用特殊需要儿童的眼光、充满童趣的心灵去感受、接触环境,和他们一起快乐游戏。

当然,在给特殊需要儿童更多自由空间的同时,应坚持安全第一的原则,重视安全教育。因为在特殊需要儿童的分散活动过程中,老师的视线不可能顾及每个特殊需要儿童,所以有必要对活动前可能出现的不安全因素进行预测,在保证安全的前提下,积极有效地开展户外活动,帮助特殊需要儿童提高运动能力,促进儿童身心的健康发展。

第四节 学前融合教育的人文环境创设

幼儿园融合教育的开展,离不开园所融洽、和谐、平等、健康的人文环境。人文环境又称精神环境,具体指幼儿与教师、教师之间、幼儿之间的人际关系及幼儿园的班风、园风等精神氛围。与幼儿园物质环境相比,精神环境是无形的,是更为复杂与难以把握的。精神环境对幼儿认知、情感与个性品质的形成、发展具有十分重要的作用。幼儿园的物质环境和精神环境二者相辅相成、相得益彰,不可轻视任何一方,否则其功能就会大打折扣。朱家雄、华爱华指出,优化幼儿园精神环境,应充分注意以下问题:教师要能满足幼儿的各种合理需要;教师要能体谅和容忍幼儿的所作所为;教师要能民主、平等地对待幼儿;教师能对幼儿表现出种种支持的行为;教师能以平等的地位参与幼儿的活动;教师能为幼儿提供发挥其创造力的机会;幼儿园的各项活动应能适合幼儿的年龄特征和个体差异;幼儿园应对游戏和教学活动进行优化整合;教师应利用集体活动的机会帮助幼儿建立友好的同伴关系;教师应将正确的教育观念转化为实实在在的教育行为。

在融合幼儿园,构建充满爱的园所文化很有必要。教师的态度和教育方式,团结、和谐的同学关系,充满爱心的家长群体,都有助于形成儿童安全、温馨的心理环境,形成他们健康的人格,这一点对特殊需要儿童而言显得更为重要。良好的学前融合教育人文环境需要具备以下三要素。

一、营造尊重接纳的文化

特殊需要儿童的大多数家长反馈,儿童在非融合幼儿园中无法得到尊重与理解,被劝退或转园。融合幼儿园中,创设一个有温度、彼此接纳和尊重的班级环境能促进所有幼儿的身心发展。

第一,要让教师发自内心地愿意接纳特殊需要儿童。可以组织教师和特殊需要儿童家长的见面会,让老师聆听体会特殊需要儿童家长的不易,激发对融合教育工作的价值认可,发自内心地愿意接受和保教好特殊需要儿童。

第二,要让普通幼儿的家长愿意接纳特殊需要儿童。教师可以利用家长学校、微信平台、主题班会等,面向全园家长和幼儿开展融合教育宣传,让普通幼儿及其家长接受、认可特殊需要儿童进入学校,愿意接受和帮助他们。例如,在新生家长会中,班级教师如实告知特殊需要儿童的情况以及普特融合中普通幼儿的受益之处。当普通幼儿向特殊需要儿童伸出援助之手时,应及时鼓励和表扬普通幼儿;当普特幼儿发生冲突时,教师应及时制止与疏导。除此之外,应当协调好普通幼儿与特殊需要儿童的同伴关系,普通幼儿家长与特殊需要儿童及家庭的包容理解关系。当然,特殊需要儿童的家长也应提前调整好心态,为班级建设添砖加瓦,争取得到他人的理解与支持。

【案例3-9】

心　声[①]

以前从未想过在冬冬3岁的年纪就让他进幼儿园托班,毕竟冬冬情况特殊,各方面发育较慢,加之冬冬是个敏感、慢热、怕生、还不完全能自己大小便的孩子,我们担心他是否能跟小朋友愉快相处,吃饭吃不好怎么办。出乎意料的是,冬冬居然在懵懵的状态下快速适应了班级环境。更幸运的是,带班老师是组织周末亲子活动的超有爱心的媛媛老师,冬冬没有哭闹,没有不安,没有坏情绪,几乎没有分离焦虑。入园后资源教室老师对孩子能

[①] 本案例由昆明学院附属幼儿园孤独症儿童冬冬的妈妈撰写。

力情况进行评估并制定个性化教案,与我们沟通交流。对于冬冬这样有一定学习能力,但能力不足的孩子来说,有专业老师在身边进行辅助——从完全支持到不完全支持,再到他自己独立,通过这样一个渐进式的过程,冬冬可以慢慢融入集体,直至融入社会。

图 3-17　冬冬在幼儿园活动

作为特需儿童家长,特别希望冬冬能多和其他孩子们接触,在专业老师的帮助引导中,模仿他们的行为,养成良好的生活习惯,提升自理能力,建立行为规范。现在入园四个月了,我们惊喜地发现他认识了回家的路,认识了好多小朋友,甚至看着照片会指给我看并叫出其他孩子的名字。入园两周居然彻底摆脱了纸尿裤,能独立吃饭、漱口、喝水、喝牛奶。以前害怕晃动的他现在敢爬高,可以和小朋友一起站在摇摇木上,敢冲坡,玩跷跷板,看着他又蹦又跳的身影,我跟冬爸不得不感慨融合教育同伴影响的魅力。有时候,孩子的能力真的是被大人限制了,他们远比我们想象的能干。我们需要帮助孩子去成长,而不是代替孩子去成长。作为父母,我们需要提供一个适合孩子成长的环境给他们,给他们安全感、爱和信任,让他们自己探索,帮助他们把内在的潜能发挥出来。

图 3-18　资源教师在对冬冬进行个别化训练

我们特需家庭就如雨夜无尽海面漂泊的小船,我们的幼儿园就像一座灯塔,带我们走出生活的困境,给我们专业的养育指导,给我们这样的家庭带来希望。通过培训,我们更懂孩子,我们学会如何更好地养护孩子,增强孩子体质,增进亲子感情,发展孩子社交能力,让他的身心得到全面发展。我们这一生,充满了未知。世间万物一切都在变化中,怎么变一定是取决于努力的方向,坚持的时间。这个过程中,需要有人点醒你,什么是不可改变的,什么是可以改变的。道阻且长,行则将至;行而不辍,未来可期。前方的路会有曲折,但也充满希望!

二、同伴互助关爱与包容

为特殊需要儿童寻找适合的同伴,可以促进彼此的共同进步。如家庭中一样,有兄妹的幼儿可以互相支持与学习。在为特殊需要儿童选择同伴时,注意以下几点:第一,被选者性格温和,能与特殊需要儿童友好相处;第二,被选者和特殊需要儿童都能理解成人的指导;第三,特殊需要儿童愿意与被选者相处;第四,被选者有合作意识,能形成同伴小组,以个人或集体的形式帮助特殊需要儿童。

融合班集体中,一般情况下普通幼儿的认知理解能力比特殊需要儿童好很多,可以利用代币鼓励墙引导普通幼儿关心帮助特殊需要儿童。在选择同伴时,可以鼓励内向的幼儿用语言提示特殊需要儿童"现在需要去做什么",帮助内向的幼儿开展人际互动,同时提升特殊需要儿童对指令的理解和执行能力。

知识链接

代币制,指用代币作为强化物对个体行为进行干预的行为改变系统。通常当个体的目标行为出现时,马上给予代币,当个体的代币累积到一定数量就可以换取各种奖赏(强化物)。代币的形式可以多样化,可以是具体的物品,如小红花、笑脸,也可以是象征性的分数记录,如积分等。不管何种代币形式,其本身不具备强化作用,但代币通过跟一个具有强化作用的强化物联系在一起,便具备了强化作用。

三、提供家长支持服务

特殊需要儿童家庭的支持与日常生活训练对其康复也非常重要。因此,幼儿园要重视和兼顾家庭的需求,建立与家长的合作关系,并提供相关的支持与服务,促进家园共育,可以采取以下措施:

(1)注重与家长的沟通。定期召开家长座谈会,增强家长尤其是特殊需求儿童家长对自己孩子在园情况的了解;平时通过 QQ、微信、面谈、电话、书信等多种形式进行家园联系,尊重家长,积极倾听家长意见。家长的需求会随着儿童的成长而变化,因此教师应保持和家长的有效沟通。

(2)开展特殊需要儿童家长指导。为家长提供家庭康复的知识和技能培训,为家长答疑解惑,指导家长进行家庭干预。

(3)对特殊需要儿童家长开展心理健康咨询和心理辅导。可以采用心理团体辅导、建立家长互助会等方式,鼓励家长相互支持、相互帮助。

(4)在班级幼儿及其家长间开展全国助残日等系列活动,营造关爱特殊需要儿童的集体氛围。

拓展阅读

班级气氛检核表

合作

是　否

☐　☐　教室座位的安排是否有利于同伴之间的合作?

☐　☐　教学安排有没有一起合作的机会?

☐　☐　教师是否鼓励同伴间互相支持与协助?

父母参与

是　否

☐　☐　家长是否为学校团体的一分子?

☐　☐　家长是否为学校计划及决策的一员?

☐　☐　学校是否提供家长资讯?

☐　☐　父母能否有效地与儿童沟通他们的想法?

友谊

是　否

☐　☐　是否使用不同的分组及活动方式,以促进与各种儿童之间的互动及友谊的建立?

☐　☐　是否会因为个人的需求而安排互动课程?

☐　☐　特殊需要儿童是否能参与课外活动及校外的社交活动?

多元化

是　否

☐　☐　是否意识到儿童之间的个别差异,并提出来讨论?

☐　☐　课程内容是否能免除对特殊需要儿童之刻板印象?例如:特殊需要儿童都是需要特别照顾?

☐　☐　教学主题及活动是否会彰显班级的多元化?

☐　☐　对残障的觉知是否纳入课程的一部分?

思考与练习

1. 什么是学前融合教育环境?谈谈你对最小受限制环境的理解。
2. 学前融合教育环境创设应遵循哪些原则?
3. 创设室内融合环境时,怎样充分利用空间来保障普通幼儿与特殊需要儿童的需求与发展?
4. 简述户外融合环境材料的分层使用与科学投放。
5. 假如你所在班级有一名特殊需要儿童,你会从哪些方面为其创设一个适宜的班级人文环境?

第四章 学前融合教育的课程调整

学习目标

1. 掌握学前融合教育的课程调整概念及内容。
2. 了解通用学习设计的内涵、原则、要素,理解其在学前融合教育课程中运用的原则。
3. 掌握课程调整策略并能在学前融合教育中运用。

情境案例

幼儿园集体教学活动中,老师要求每个幼儿要坐在自己固定的位置上,但是宇轩总是跑来跑去。为了让宇轩有效地参与集体活动,老师在宇轩的位置上贴上了可爱的名字贴,还请宇轩的好朋友坐在他边上。

案例点评

幼儿不能有效参与活动,很可能是受到其问题行为的影响,老师通过环境支持、运用幼儿喜好的方式支持了幼儿的学习。

融合教育发展至今,已由抽象理念转变为具体实践。课程是融合教育理念向实践转化的桥梁和渠道,而课程调整则是帮助特殊需要儿童在普通课程中获得进步的重要手段。本章将从学前融合教育课程调整概述、学前融合教育课程调整理论及其实践三个方面全面系统介绍融合教育背景下的幼儿园课程调整理念、原则、策略,进一步促进学前融合教育理论的实践化。

第一节 学前融合教育的课程调整概述

一、学前融合教育课程调整的概念

课程调整是因着融合教育的需求而提出的,是融合教育推动下课程发展的结果。源

自 20 世纪 50 年代美国民权运动的融合教育理念,其核心价值观是平等、尊重差异和多元化,目的是保证特殊需要儿童与普通儿童一样在教育机构接受高质量高效率的教育,最终实现个人尊严与社会公正的目标。课程调整是在普通课程的基础上基于特殊需要儿童具体情况而做出的个性化改变,目的在于促进所有学生参与课堂活动,实现所有学生在班级中的有效融合。课程调整是帮助特殊需要儿童在普通课程中获得进步的重要手段,是融合教育成败的关键。

20 世纪 70 年代,课程调整作为帮助学习困难学生参与普通教育课程的有效工具得到推崇。1982 年,鲍姆加特等人提出用综合方法进行课程调整来帮助重度障碍学生参与普通教育,但这时的课程调整多是出于教师的意愿和研究者的兴趣。1997 年,美国修订《残疾人教育法案》(The Individuals with Disabilities Education Act,IDEA),要求学校考虑特殊学生参与普通教育课程并达到州和地区的评估标准。课程调整正式成为融合教育实施的必要部分。课程调整对于融合教育的重要性逐渐得到国际认同,经过 20 余年的研究,国际上关于课程调整已经积累了一些经验并在一些核心内容方面达成了共识。

学前融合教育课程调整同样是随着学前融合教育的发展提出的,是学前融合教育推动下课程发展的结果。所谓学前融合教育课程调整,指的是在幼儿园现有课程基础上基于特殊需要儿童具体需求而改变教室活动或材料,以最大化促进幼儿在教学活动、人际互动中的参与,实现所有幼儿在班级的有效融合。党的二十大报告指出,要"强化学前教育、特殊教育普惠发展",学前融合教育是学前教育和特殊教育的有机结合,是启蒙教育和奠基教育,其课程调整状态决定着学前融合教育的成败,直接影响着学龄阶段特殊需要儿童融合教育的效果,在一定程度上反映了学前教育、特殊教育普惠发展的程度,意义重大。

二、学前融合教育课程调整的核心内容

学前融合教育课程调整与其他学段课程调整的核心内容在本质上是一致的——以儿童为中心,以课程要素的调整为核心,以"最小调整,最大融合"为原则,以学习通用设计为基础。

(一) 以儿童为中心

随着融合教育的发展,更多特殊需要儿童进入普通学校和教室,教师面对的学生差异不断扩大。特殊需要儿童的需求可能发生在任何形式和范围的课程活动中,可能出现在课程活动的任何环节。在这样一个差异不断扩大的新环境中,学校和教师不得不考虑改变课程,使之适应特殊需要儿童参与课程、学有所得的需要。尽管课程调整的内涵表述众多,但儿童是课程调整的中心已成为研究者的共识。

康福特认为课程调整是基于一个学习者或一群学习者的合理需求而对学校正式课程进行的调整,课程调整涉及课程中的一系列教学元素,如内容知识、教学方法、学习结果;胡佛等人认为,课程调整指的是修正或增补一个或多个课程要素以满足个别学生的特殊需求。两位研究者所认同的课程调整的内容和侧重点截然不同,但都强调了学生的需求这一中心。钮文英提出课程调整应遵循七条原则,分别是:选择最能符合学生需要的调整策略,采取最少干预和最大融合的调整策略,在学生最近发展区内提供支持,了解学生学

习问题的根源,采取适龄的调整策略,考虑学生的想法,选择调整策略时需考虑到对教学的影响。七条原则中每一条都在强调学生及其需求这一中心。

学前融合教育课程教育对象为学龄前儿童,更要关注到学前儿童的兴趣、需要、能力发展水平、个别差异等,做到课程调整的每个环节都要以儿童为中心。

(二)以课程要素的调整为核心

课程调整要"调整什么"是必须回答的一个核心问题。有研究者认为,课程调整就是对课程要素的调整,即在了解学生教育需要的基础上,对课程的目标、内容等进行调整。如张文京认为,课程调整是将普通班的课程目标、内容以及方法等与随班就读学生的教育诊断相比较,找到随班就读学生的学习起点、兴趣、风格、水平,在尊重学生学习特点的基础上进行调整。也有研究者将课程调整理解为对一系列教学要素的调整。维拉等指出,课程调整是旨在提高学生的学业表现与活动参与的积极性而进行的教学环境、方法、材料方面的任何改变,康福特则认为,课程调整涉及课程中的一系列教学元素,如内容知识、教学方法和学习结果。还有研究者未将二者明确区分,如纳里等认为,课程调整是依据不同学生的需要而改变内容、教学方法和学习结果。

可见,研究者对这一问题的回答丰富多样,但依据我国对课程要素的常见划分,即将课程目标、课程内容、课程实施、课程评价作为课程调整的四个要素,构成课程调整的内容,教师可以从特殊需要学生的需求出发,选择调整其中一个要素或多个要素,也可以同时调整四个要素。当对四个要素都进行了调整时,就可能会形成与普通学生完全不同的替代性课程。学前融合教育课程调整同样以幼儿园课程四要素的调整为核心,在理解、尊重特殊需要儿童需求的基础上,针对班级中融合教育儿童的特殊需求,对幼儿园课程目标、内容、实施、评价、环境、学习材料等要素进行分析、编辑、修改、补充、删减、重组等,从而提高特殊需要儿童参与活动的积极性和学习的质量。

(三)遵循"最小调整,最大融合"原则

为实现普特学生的融合,课程调整还要回答"如何调整"的问题,如调整的方法、程度等。与普通学生的课程相比,调整方法主要包括不变、增加、减少、替代四种方法。程度在方法之上有改变多少的区别。教师选择方法和程度,应遵循的重要原则就是"最小调整,最大融合"。对于大多数特殊需要学生,经过很小修改甚至是未经修改的课程即可满足他们的需要。只有极少数学生需要单独设计的、完全不同的替代性课程。应该尽量让所有学生都参加同样的课程与教学活动,并尽量让他们独立完成任务,只有在必要的时候才改变课程内容和教学方法。

在满足特殊需要儿童教育需求的前提下,对某一个或几个课程要素进行调整时,调整程度最小、融合程度最高的策略是首选。因此,课程调整具有层次性,主要体现在三个方面:第一,调整要素具有层次性。通过选择不同的课程要素,如课程目标、内容等,自然形成不同的调整范围,以适应特殊需要儿童的需要。第二,调整方法有层次性。调整包含三种方法:增加和减少——依据具体的课程内容,可以增加难度、深度、广度;减少则可以降低难度、简化要求、减少内容等,教师可根据儿童的能力和需求灵活选择。相比增加和减

少,不变是教师首先要考虑的方法。第三,调整的程度呈现层次性。即使是相同的课程要素,也有从小到大不同的层次,如不变、微调、小变、大变等。以课程内容这一要素为例,将课程内容按照调整的程度从小到大分成四层,依次为同样的课程、多重课程、交叉课程和替代性课程。同样的课程中,特殊需要儿童所学的课程内容与普通儿童完全相同;多重课程中,虽然课程内容相同,但是要求特殊需要儿童掌握的水平有所改变,如语言活动中,降低句子的复杂性;交叉课程中,尽管课程内容和要求儿童掌握的水平都发生改变,但是特殊需要儿童仍然在融合的环境中继续与普通儿童一起参加教学活动;替代性课程则因为课程内容和教学活动全部个别化,特殊需要儿童将无法参与统一的教学活动,被"部分隔离"。然而,这里的隔离依据课程内容及相关教学活动而改变,是有目标、有计划的隔离。

学前融合教育课程调整中所面对的对象基本都是学龄前儿童,这时的特殊需要儿童有很多还未意识到自己与同龄人的差别。此时他们的课程调整虽然要根据本身的特点和需求来进行,但"最小调整"是优先提倡的,用不调整或者经过很小修改的课程满足特殊需要儿童的需要是我们所追求的。这样的课程不会使特殊需要儿童感觉到区别对待,不会提醒他自己与别的儿童不同。在"最小调整"的课程中实现"最大融合"尤其是学前融合教育课程调整的重要原则。

(四) 课程调整以学习通用设计为基础

课程调整以学习通用设计为基础,这一做法得到多数学者的支持,如伊娃和拉什达(Eva,Rashida)主张融合教育应以高质量的学习通用设计课程为基础,在通用课程的基础上,根据对儿童学习结果和儿童自身的评估进行课程调整,同时可设计嵌入式课程在自然情景中实施个别化教学。学前融合教育课程调整作为课程调整的一个分支,同样以学习通用设计为基础。本章第二节将对通用设计理念以及其在融合教育的实践运用做进一步介绍。

第二节 学前融合教育的课程调整理论

一、通用设计的基本理论

学习通用设计(Universal Design Learning,UDL),经常也会翻译为通用设计学习、通用学习设计、全方位设计学习等。学习通用设计是通用设计(Universal Design,UD)延伸到教育领域的一种运用。

通用设计起源于美国,20 世纪 80 年代北卡罗来纳州立大学通用设计研究中心提出通用设计的概念。通用设计发展至今,中文名称有共通性设计、全球性设计、全方位设计、适用性设计等,英文名称有 Universal Design, Inclusive Design, Design for all 等。尽管翻译不同,但其基本含义是一致的,即无须改良或特别设计就能为所有人所使用的产品、环境及通讯,考虑到最大程度的包容性与可用性。它是一种基于人性需要,人人平等,充满爱与关怀体贴的设计概念。

> **拓展阅读**
>
> 通用设计的终极目标是满足所有人的需求，实践目标是在不会给其他人带来困扰和不便的前提下，通过一些补充作用的特殊设计或装备，最大限度地满足所有人的需求。通用设计的原则主要包括公平性、方便性、安全性、愉悦性、实用性以及空间性。公平性是指所有不同能力水平的人都可以在过程中平等地，根据自身情况方便地使用，而且不会给其他人带来不便。方便性是指不论使用者的经验、知识、语言能力及关注程度如何，使用方法都很容易被理解；不论周围环境状况或使用者感官能力如何，都能有效地为使用者传达相关的设计信息。安全性是指设计应将使用过程中发生危险和错误的概率降到最低，尽量降低或避免错误使用带来的危险和负面影响；即使在使用过程中发生错误也要及时提出警告，并保护使用者；对一些容易产生危险的部件应有避免误触的提示设计。愉悦性是指设计应涵盖广泛的个人喜好与审美能力，提供多种使用方法以供具有不同能力的人选择。实用性是指设计必须符合经济性和耐久性的理念，满足中低层消费者的需要。空间性是指不论使用者的身材、姿势或行动能力如何，设计都能够保证适当的体积与使用空间以便于使用者操作。
>
> 可见，通用设计的本质是以人为本，产品或环境在设计之初就要考虑到不同能力人群的差异化需求，以便为不同能力群体提供更周到、更全面、更恰当的服务。

二、通用学习设计的基本理论

通用学习设计是将通用设计运用到课程中的一个框架。20世纪90年代，美国特殊技术应用中心（Center for Applied Special Technology，CAST）将通用设计的理念引入融合教育背景下的中小学课程设计之中，尝试从学习材料的革新和教与学的转化等方面，让每一个学生都能接受平等的、最合适的教育，从而提出通用学习设计理论。该中心认为，通用学习设计是以满足学习者差异性需求为依据的课程设计框架，包括课程目标、方法、材料和评估等。2008年，美国《高等教育机会法案》对通用学习设计给出了更具弹性空间的定义，即用于指导教育实践的、科学有效的指导框架。这个指导框架在信息呈现方式、学生参与方式、知识技能展示方式等环节都具有灵活性，减少了在课程指引方面的障碍，提供了适当的环境、支持条件和适当的学习挑战，所有学生都可能取得优秀的学习成果，包括那些残障学生和英语水平有限的非英语母语学生。

（一）通用学习设计核心原则

通用学习设计以大脑神经科学、最近发展区和多元智能理论相关研究结论为基础。最近发展区理论启示教育者要提供"脚手架"式的支架教学；多元智能理论既扩充了同一发展水平的内容广度与深度，又关注到了学生发展的多样性，在课堂中满足了不同学习者的需要。通用学习设计的提出者梅耶和推动者罗斯等人进一步将不同个体学习需求、方

式和学业成就差异归因为大脑识别系统、策略系统和情感系统三者之间的相互关联,其中识别系统指学习者感知学习内容与材料的能力,策略系统指学习者的学习过程及方法,情感系统指学习者的动机、情感、态度与价值观,这直接构成了通用学习设计的三大核心原则:多元呈现方式、多元表达方式、多元参与方式。

1. 多元呈现方式

多元呈现方式指的是在课程设计时要确保指导、问题、期望和学习机会以不同的形式和不同的复杂性存在,以满足儿童不同的能力水平和需求,即课程设计应根据普通课堂中不同个体感知信息的差异,选择适当的内容,通过适当的方式呈现学习内容,消除感知等方面造成的阻碍。比如呈现数字时可利用电子课件、纸质书、盲文、图片和视频等多种形式。

2. 多元表达方式

多元表达方式指的是教学中学生有各种各样的形式来回应和展示他们所知道的,也有机会通过各种形式来表达自己的想法、感受和喜好。面向所有儿童尤其是班上有特殊教育需要儿童的课程设计,必须要做到在课程设计时考虑到给予儿童多种表达途径与方式,并且这些方式是儿童能够接受与掌握的。比如课程评估可通过视频、语音、报告、纸笔测验等方式了解儿童的学业水平。

3. 多元参与方式

多元参与方式指的是教学中要确保有各种各样的机会来激发儿童的注意力、好奇心和积极性,满足他们广泛的兴趣、偏好和学习方式从而高效参与到课程中来。要将儿童参与与否作为衡量课程设计与教学的重要标准,这要求教师在进行课程设计与教学时,必须考虑如何构建充满学习机会的环境,提供多样的参与选择,比如增加儿童在学习过程中选择与参与的机会。

随着对通用学习设计的深入研究与运用,其核心原则在多元呈现方式、多元表达方式、多元参与方式的基础上,又增加了多元评价方式。多元评价方式指的是教学中要有多种评价方式来评估学习者的学习水平和学习结果。课程设计和教学时,教师在评价的范围、方法、形式等方面可以有多种选择,比如评价的范围可以根据学生实际情况比学生所在年级大或小,评价的方法可以是笔试、口试、书面报告、材料分析等,评价的形式可以根据学生需要或选择提供视觉材料、听觉材料等。

综上所述,通用学习设计在教育目标、教学手段、教学方式、评估方式等方面都不同于传统教育,它致力于减少课程障碍,为每一位学生提供丰富多样的支持,追求在融合教育环境中满足每一位学生的需求,保证每一位学生都能在融合教育中获得平等的学习机会,最大限度获得知识技能并维持学习热情。

(二)通用学习设计要素

罗斯和梅耶(Rose 和 Meyer)在研究中指出,在实践中运用学习通用设计理念进行课程设计时主要渗透课程的四个核心要素:课程目标、达成目标的材料、方法和评估方式。

1. 学习通用设计课程目标的设定

学习通用设计课程的目标是为所有的学生提供适宜的挑战和难度,反映的是所有学生都要努力学习的知识和技能。在目标的陈述上,学习通用设计主张将目标与达成目标的方法相分离,向学生提供多种学习方法,使学生根据个人的学习能力、学习风格和偏好等选择适合自己的方法,而不是限定学生以某一种方法实现课程目标。同时,学习通用设计还主张通过精心的构思和精练的语言,使课程目标的含义与方法的灵活性得到充分体现。例如,教师想让学生掌握长跑过程中所遇到的挑战这样的目标时,传统的方式是写一篇关于长跑过程中所面临的挑战的作文或是查阅相关的文本资料交给教师。如果教师这样表达和要求,就会使学习障碍学生和运动障碍学生难以完成。如果教师换一种方式表达,如"创作一篇关于长跑过程中所面临的挑战"的作品,学生就可以借助于各种方法和技术媒体很好地完成,如一段自制的视频、录音、图画、文字等。

2. 学习通用设计课程目标实现的材料

在学习通用设计课程中,教师以灵活的数字媒体为载体提供课程材料,并且通过媒体以多元化的呈现方式来促进所有学生的学习。课程中的关键内容、事实、概念和原则都必须通过某种媒体来呈现,以便于根据学生不同的身心发展特点进行转换调节,满足学生学习需要。在数字媒体环境下,内容可以与承载它的媒体形式相分离,它可以以多种方式存在,并且可以根据学习者的需要相互转化。例如,文本信息可以在屏幕上以任意大小展示,也可以采用概念图或者盲文的形式,或采用视频、音频的形式满足各种残障儿童的需要。然而,教师必须明确,不存在某种单一的承载课程内容的最佳媒体形式,一切的媒体形式选择应以学生的需要为出发点。

3. 学习通用设计课程目标实现的方法

学习通用设计课程强调使用基于数字技术的教学方法,加强教师教和学生学两方面的灵活性和多样性。在技术的辅助下,教师根据不同任务中学习者解决问题的能力、心理特征、学习风格以及所取得的进步情况选择使用不同的方法来传递和展示教学材料所承载的知识和信息。例如,在讲授知识时,学习通用设计材料能够提供多样化的媒体支持,包括超链接词汇、背景材料和视频演示指导等。在学习通用设计的指导中,学生的学习也是按照个人的需要,与在线资源、学习软件、数字内容和音频资源等数字媒体结合在一起的。通过多种技术辅助,帮助不同能力的学生达到课程目标。例如,当某些有学习障碍的学生无法直接学习印刷文本材料时,他们可以运用数字文本、数字图像和数字多媒体等的优势,以适合自己特点的方式学习知识,展示所学成果。

4. 学习通用设计课程目标的评估

学习通用设计课程目标实现的评估依据三个基本原则,增加其在测验的呈现、内容的表达以及对于评估的参与等三个方面的灵活性,以此来实现评估的准确性和通达性。在测验的呈现方面,教师会考虑残障学生的状况,对测验的格式做一些调整,如放大字体或者采用音频的形式测验听觉障碍的学生。在内容的表达中,学生可以使用多种方式表达自己所学的知识。他们既可以通过书写、演讲和绘画,也可以通过制作卡通画、视频或者

多媒体课件的形式。在学习通用设计中,没有最好的、唯一的表达方式,只有最适合学生本人风格、需要和偏好的表达方式。在测验评估的参与方面,学习通用设计主张采用嵌入式评估和动态评估的方式,即将评估内置于平时学习中,而不是以一种终结性评估的方式。这能减少学生对评估的焦虑和恐惧,促进学生积极参与到评估中去。

三、通用学习设计在学前融合教育背景下的实践运用

随着通用学习设计理念的推广及在实践中的运用,通用学习设计在幼儿园教育也得到研究和应用。作为将融合教育理念落实到实践中的途径和方法,幼儿园的通用学习设计课程追求创造并维持一个健康丰富的环境,确保所有儿童都能融入其中,所有儿童的学习需求都能被尊重和实现,从而促进每一位儿童的成长和发展。

把通用学习设计运用到幼儿园课程中,教师需要设计足够灵活的课程来满足不同能力儿童的各种需求。当下比较得到认可的多层次教学支持模式,将学习通用设计、差异教学、个别化教学相结合(如图4-1所示),以实现对所有儿童的教育。

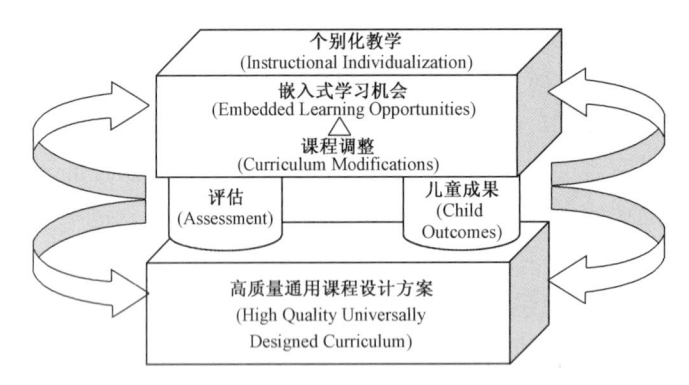

图4-1 多层次教学支持模式图

伊娃和拉什达详细解释了多层次教学支持模式中第一层高质量通用课程方案设计,主要考虑班级环境、学前课程通用设计。

(一)班级环境

环境是儿童发展中的第三位教师,简洁有序的环境对有特殊需要的儿童是非常有帮助的。在学前融合教育方案中,要充分考虑儿童的生活学习经验来对环境加以调整。在学习通用设计中,应考虑教育环境的三个组成部分:物理环境、社会情感环境和教学环境。

1. 物理环境

物理环境方面主要考虑空间是否充足,安排方式是否能使所有儿童都能安全接触活动和材料等问题。具体内容包括教室的物理结构以及其他区域,如走廊和室外空间,游戏设备和家具,存储室和教室、学习材料等。因此,教室整体环境要考虑到班级各种儿童出现的情况的可能性,考虑到坐轮椅的儿童要有宽阔的走道,为方便所有儿童使用,要有低矮的桌子、架子、有标签的垃圾桶;要明确的游戏空间和丰富的不同层次、不同形式的材料。

2. 社会情感环境

社会情感环境方面主要解决儿童归属感这一问题。在评估解决这一问题的课堂和活动的有效性时，早期教育专业人员必须确保课堂或活动参与者包括所有的儿童，并消除任何可能隔离儿童的潜在行为。

3. 教学环境

教育环境方面考虑是否满足各种发展水平儿童的需求。通用学习设计的核心原则有多元呈现方式、多元表达方式、多元参与方式。教师要实现教学内容的多元呈现，儿童要做到对所学内容的多元表达、对教学活动的多元参与，都需要有丰富的教学材料做支撑。因此，教师应该提供多种材料来满足儿童视觉、触觉、听觉等多种感官的需要。例如，美工区除了普通的美工材料外，还要有大型彩色铅笔、画笔、粗蜡笔等，儿童可以使用不同宽度的画笔来绘画；科学区要有近距离观察材料的放大镜和观察远处的双筒望远镜，用于色彩探索的棱镜和色板，装着与儿童的兴趣或主题有关的物品触摸感知袋，各种形状和大小的磁铁，有较大的数字以便于查看的巨大温度计和织物卷尺等；图书区要有具有鼓励探索的纹理、折边或切口的书籍，方便翻页的纸板书，带有声音的书籍等。建构区要有大小、形状、质地、重量不同的积木，儿童可以使用教师修改过的字母积木，通过盲文来堆砌它们，教师还可以使用内部的摇动器或者响铃进一步修改积木来满足听觉障碍儿童的需要。

（二）学前课程通用设计——高质量的通用课程

在"多层次教学支持模式"中，幼儿教师首要任务是设计一套高质量的通用课程以支持所有孩子的成长和发展。该课程是教师提供给儿童的内容和教师想让儿童学习的内容。课程设置应具有目的性，并应保持足够的灵活性以适应学习者之间的差异。方案具有预设性，它的有效性产生在教学活动开始前，活动结束后则需要对这一设计进行反思。

首先，教师根据班级儿童拥有的各项技能和能力，制订目标，设计适合且具有挑战性的方法。其次，将可以通过多种方法实现的目标写下来，制订帮助儿童实现规定目标的具体方法。最后，遵循 UDL 原则，教师设计介绍概念或学习内容的多种方式，为儿童提供多种表达方式以及多种参与学习活动的选择（通过语言的、视觉的、触觉的多感官活动，参与音乐、舞蹈、运动等获取信息）。

高质量的通用课程是针对某一特定学习者群体的"学习课程"，该课程为儿童的学习提供了一个蓝图，也是后续教学中个性化支持的基础。高质量的通用课程主要包括四个维度：发展适宜性实践、学习原则的通用设计、功能性结果、自然主义教学方法。

1. 发展适宜性实践

发展适宜性实践描述了一种课程设置和教学方法，承认儿童在学习中是一个积极的参与者，他们通过与环境中的人和材料的相互作用来构建意义和知识。在融合教育班级中，高质量通用课程目标的制定和内容的选择应该建立在三个信息基础之上：① 儿童发展和学习，② 每个儿童的优势、兴趣和需要，③ 儿童生活的社会和文化环境。例如，语言障碍矫正师设计儿童的治疗目标，要做到确保目标① 与儿童的年龄发展目标相适宜；

② 利用儿童的长处和需求；③ 对儿童及其家庭的文化和社会背景敏感。

2. 学习原则的通用设计

在幼儿课程中纳入学习通用设计的重点是创建学习环境并采用允许所有儿童参与实践的活动。课程采用通用设计，从一开始就进行学习，而不是事后改编，为所有儿童提供多种应对方式、提供多种资源和材料；提供平台展示他们所知道的并表达他们的想法、感受和喜好。在幼儿课程中，要重视通用学习设计三个关键原则的运用：① 多元呈现方式：确保以不同的形式和不同的复杂性水平提供指导、期望和学习机会，满足儿童的各种能力水平和需求；② 多元表达方式：确保儿童具有多种回应方式展示他们所知道的并表达他们的想法、感受和喜好；③ 多元参与方式：确保提供各种机会以激发儿童的注意力、好奇心和积极性，满足他们的兴趣、偏好和个人学习风格。通过提供不同层次的脚手架、重复和适当的挑战来保持儿童的参与性，从而确保成功的学习。

3. 功能性结果

传统上，大多数早期教育工作者都提倡幼儿（包括有特殊需求儿童）的学习成果应该基于对正常发育儿童的期望。在这个预期中，课程内容集中于掌握遵循发展顺序的技能。在高质量通用课程方案中，课程内容的选择应该基于儿童的实际发展选择技能，以使儿童更充分地参与各种社区环境。从功能性结果的角度看，所有针对教学的技能都应立即有用，这些技能适用于各种环境、人员和材料，它们应该成为儿童自然日常环境的一部分。

4. 自然主义教学法

也叫作随机教学、基于活动的教学。自然主义教学法具有以下特点：① 教学环境是儿童自然的社会和非社会学习机会以及儿童的经验，因此，教学是在"情景学习"中进行的；② 教学内容或个性化目标反映了儿童个体需要的技能，以满足自然的、适合其年龄的环境的需求。随着儿童所参与的环境数量的增加，内容也随之增长，环境对能力的要求随着时间的变化而变化；③ 个别化教学情节通常非常简短，干扰最小，并且在数小时或数天的时间内分布或间隔开。也就是说，指导性情节在观察者看来类似于自然发生的事件；④ 教学互动通常是由儿童发起的，或者是由成年人根据儿童的注意力和兴趣而发起的，因此要利用儿童的动机来唤起目标行为；⑤ 教学互动使用自然的结果，例如儿童渴望的材料或事件，以回应儿童的反应。

第三节 学前融合教育的课程调整实践

幼儿园课程调整的核心内容同样是以儿童为中心，以课程要素的调整为核心，以"最小调整，最大融合"为原则，以学习通用设计为基础。随着融合教育课程调整实践研究的深入，研究者归纳出了学前融合教育课程调整的八大策略：环境支持、素材调整、活动简化、特殊需要儿童喜好运用、特殊器材运用、成人支持、同伴支持和隐性支持。

一、环境支持

环境支持是指通过改变环境、支持特殊需要儿童的活动参与和学习,具体的策略有改变物理环境、改变社会环境、改变当时所处的环境。具体做法和案例如下。

(一)改变物理环境

如果特殊需要儿童直接从架子上拿下玩具,就在架子前面玩,阻碍其他幼儿的出入,那么可以这样做:在架子前面用胶带围成一个区域,提醒特殊需要儿童他们必须在胶带区域的外面玩玩具。

如果在个别活动工作或计划时,特殊需要儿童的手会去弄别人的东西,那么可以这样做:用盘子、盒子或餐垫提供幼儿一个个别的工作区。

如果特殊需要儿童对于玩具和用品的放置有困难,那么可以这样做:将图片或符号放在架子和容器上,引导幼儿通过配对游戏进行收拾与整理工作。

(二)改变社会环境

如果特殊需要儿童和同伴一起玩有困难,那么可以这样做:计划一个小组合作的活动,并用素材来激发特殊需要儿童的参与动机,让他参与一个有趣的活动,例如壁画、合作建构积木等等,这样他就可以接近同伴一起玩。

如果特殊需要儿童没有玩伴时,可以这样做:每天在一个计划性活动,如小组或团队时间,安排一个同伴坐在特殊需要儿童的旁边,协助他与同伴建立友谊。

如果特殊需要儿童走路不稳定,可以这样做:在转换活动时,安排特殊需要儿童握住伙伴的手。让伙伴站在特殊需要儿童的一边或两边,将使他行走更稳定。

(三)改变当时所处环境

如果特殊需要儿童在自由活动时间不参与学习区角,那么可以这样做:为特殊需要儿童创立一个图像作息,这个图像作息有图片或符号代表不同的学习区角,并将它组成一个确定的顺序(如第一个是美工区,第二个是表演区,第三个是建构区)。教导特殊需要儿童参照自己每一时间的流程,让特殊需要儿童知道他必须先在一个学习区角完成一个活动或游戏,他才能得到他想要的。

如果特殊需要儿童在转换活动时有困难,那么可以这样做:在转换活动之前,提供特殊需要儿童一个代表该学习角或活动的图片或物品,这样特殊需要儿童就可以衔接到下一个活动。特殊需要儿童甚至可以带着图片或物品至下一个学习区角。

如果特殊需要儿童很快吃完点心,但是无法在点心桌等待下一个活动,那么可以这样做:在点心时间后开放一个或两个安静的学习区角(如图书角)。当特殊需要儿童吃完点心后就可以离开点心桌。

二、素材调整

素材调整指的是调整或改变素材,使特殊需要儿童能够在最大条件独立下参与活动。具体的策略包括:将素材或设备置于最佳位置、改变素材尺寸、调整反应方式、将素材放大

或使其更鲜明。

（一）将素材或设备置于最佳位置

如果吃完点心,特殊需要儿童必须把手伸高将碟子和器具放到厨房的台面上,那么可以这样做：在特殊需要儿童的椅子或凳子上摆放塑料洗涤盘,让特殊需要儿童可以收拾整理。

如果特殊需要儿童站立有困难,因此使用书架会有问题,那么可以这样做：降低书架的高度或是购买或制作一个桌上型的书架。

如果特殊需要儿童的脚无法踩到三轮车或是大轮子的踩踏板,那么可以这样做：用胶带将木头积木贴到踩踏板上。

（二）改变素材尺寸

如果特殊需要儿童移动手臂,就会把图画纸滑到桌子外面,那么可以用胶带将纸张贴在桌子上。

如果特殊需要儿童用双手抓拿玩具有困难,当他们试着操作玩具时,玩具(例如玩偶箱等)常常会倒下来,那么可以将螺丝或魔术贴固定在玩具坚硬的表面。

如果在教室中特殊需要儿童常常从木头椅子上滑下来,那么可以在座位上固定一段脚踏垫或止滑垫。

（三）调整反应方式

如果使用玩具所需要的技能或反应要求对特殊需要儿童而言太难了,那么就要调整素材的操作方式。具体如下：

如果特殊需要儿童翻页时有困难,那么可以粘贴一小片泡棉胶在每一页的书角,这样可以使每一页容易区分,而且也比较容易翻页。

如果特殊需要儿童不愿选择到美工区,因为粘贴的动作对他们来说太难了,那么可以在撕贴作品或彩色纸贴上双面胶带,让特殊需要儿童将东西粘贴在纸上。

如果特殊需要儿童很难抓握马克笔或水彩笔,可以用泡棉胶包在马克笔和水彩笔上,可以让它们更容易握拿。

（四）将素材放大或使其更鲜明

如果对于美工活动的拼贴画或是其他要用到纸的活动,特殊需要儿童都没什么兴趣,可以在拼贴盒上用一些特别的纸或亮晶晶、有光泽的纸来吸引特殊需要儿童的注意。

如果在图书区,特殊需要儿童对于故事书没有什么兴趣,可以使用大书本或大插图来吸引幼儿的注意。

如果特殊需要儿童有视觉障碍,对于物品或图片的注视有困难,可以使用放大的、不凌乱的图片和书本,在视觉图像上使用对比鲜明的色彩。

三、活动简化

活动简化指的是将复杂的工作分为小部分或减少工作的步骤。具体包括步骤简化、减少步骤和降低成功标准三种策略。

(一) 步骤简化

步骤简化即将工作或活动分为更小、更多容易处理的部分。如果在操作玩具（例如拼图、串珠）时，特殊需要儿童很容易被一片片的玩具分心，并常会拿来敲打，或是把它们撒落，而不是将它们拼串在一起，那么可以拿给特殊需要儿童一片或一次一个，再逐渐增加玩具的片数。

如果特殊需要儿童感到一些烹饪、雕塑活动以及桌上游戏有困难，而且在这些活动中他们很少能成功，那么可以将活动细分成几个步骤，清楚描述每个活动步骤，或用图画呈现，让活动步骤更加清楚。

如果特殊需要儿童入园时，从汽车或校车上下来要走很长一段路到教室，因此常常慢吞吞或抱怨不要上学，有时还会停下来不走或跌倒在地上，那么可以这样做：在特殊需要儿童经过的路上摆放照片、海报，或是一些特殊需要儿童有兴趣的东西，让他们可以边看边往前走。鼓励特殊需要儿童往前走到下一个地点，并奖励他们。

(二) 减少步骤

如果特殊需要儿童对于需要多种步骤的雕塑活动有困难，那么在心中先预设个别儿童在雕塑活动中可以完成的步骤，有些特殊需要儿童可以完成全部工作，有些则需要先帮他们完成开始的工作，然而让他们自己完成其中一些步骤。

如果特殊需要儿童在娃娃家总是玩重复性高的东西，很少参与多种步骤的扮演，那么可以这样做：将扮演的情境整理成三到四个步骤，做成图片（例如将锅放在炉子上搅拌，然后放到桌上）。用图片让特殊需要儿童跟着步骤完成活动，以帮助特殊需要儿童延长他们玩的过程。

(三) 降低成功标准

降低成功标准即把复杂的工作分解成几个部分，特殊需要儿童只要完成其中一部分即成功。如果特殊需要儿童对于洗手和擦干手有困难，可以帮助特殊需要儿童完成每一步，直到最后一个步骤为止。再让特殊需要儿童从完成工作分析的最后一个步骤开始做，让幼儿了解工作的完成。然后一步一步增加步骤，让特殊需要儿童独自完成。

如果特殊需要儿童骑三轮车有困难，可以帮助特殊需要儿童把他们的脚放在踩踏板上，并帮他们不用出力踩下第一步，再让特殊需要儿童自己完成踩到底的最后一步。

四、特殊需要儿童喜好运用

特殊需要儿童喜好运用指的是如果特殊需要儿童不能参与活动，将他们喜欢的物品融入活动中。具体策略包括：运用喜欢的玩具、运用喜欢的活动、运用喜欢的人。

(一) 运用喜欢的玩具

如果特殊需要儿童会急躁不安并试图离开集体活动时，可以这样做：让特殊需要儿童在集体活动开始的时候抱一个他喜欢的玩具（例如小熊）。

如果特殊需要儿童从一个学习区域或活动转换到下一个有困难时，可以允许特殊需要儿童带一个喜欢的玩具从一个活动转换到下一个活动。

如果午睡时间,特殊需要儿童不愿意留在自己的床上睡觉,可以让特殊需要儿童抱一个他喜欢的玩具或是一本喜欢的书。

(二) 运用喜欢的活动

如果特殊需要儿童没有准备好要进入集体活动或另一个活动,可以在集体活动开始时,安排一个特殊需要儿童喜欢的活动,例如吹泡泡或听、唱特殊需要儿童喜欢的儿歌。

如果特殊需要儿童很难专注于阅读图书、图画或在桌面上进行的活动,可以将特殊需要儿童喜欢的东西融入设计成合适的活动。例如,如果特殊需要儿童喜欢洋娃娃,就将产品目录上洋娃娃的图片剪下来做成数字牌游戏。

如果特殊需要儿童在参与新的活动、学习区有困难,或者坚持固定在一个活动中玩(例如,一再重复玩相同活动),那么可以结合特殊需要儿童喜欢的玩具放到学习区域或活动里。例如,如果特殊需要喜欢火车,而且从未去表演区玩过,那么就在表演区建构一个火车站,或建构一个速食餐厅,并用玩具火车当成来做乘客或顾客的奖品。

(三) 运用喜欢的人

如果特殊需要儿童不喜欢参与教室某个区角,那么可以指派一个特殊需要儿童喜欢的人到这个区角中来。

如果户外活动结束了,特殊需要儿童不愿意回教室,那么可以在户外活动结束时,让特殊需要儿童喜欢的人告诉他,请他回到教室,并告诉特殊需要儿童将在教室再次看到他喜欢的人。

如果特殊需要儿童不喜欢待在集体活动中,请特殊需要儿童喜欢的人来带领他参与集体互动,并请他喜欢的人来介绍这个活动,让特殊需要儿童能专注于活动。

五、特殊器材运用

我们还可以通过运用特殊器材或辅具来增进特殊需要儿童参与活动的程度。特殊器材包括和商业所使用的治疗器材一样的自制器材或辅具在内。具体策略包括:运用特殊器材以增加使用的方便性、运用特殊器材以增加参与程度。

(一) 运用特殊器材增加其使用的方便性

如果从教室到户外游戏场需要走一段路,而特殊需要儿童尚无法用助行器行走这么长距离到户外游戏场,那么可以这样做:让特殊需要儿童坐在大的手推车里,让别人带他到游戏场(确认特殊需要儿童在一天中其他时间有充分练习独自行走的机会)。

如果特殊需要儿童使用轮椅或助行器,没有足够的空间参与区角桌面活动,可以这样做:如果区角桌面够坚固,可以让特殊需要儿童坐在桌上玩;如果桌脚可以拆掉,就把拆掉桌脚的桌子放在地板上,让特殊需要儿童坐在地板上可以更接近桌子参与活动。也可以考虑给特殊需要儿童一张由塑料制成的个别桌面,它能够放在特殊需要儿童的腿上、桌上或地板上。

(二) 运用特殊器材以增加活动的参与程度

如果特殊需要儿童手部小,力量不能使用剪刀,可以运用母子剪刀或辅具剪刀,让特殊需要儿童在使用手时不用那么费力。

如果特殊需要儿童的坐姿不平衡没办法全神贯注参与活动,坐在椅子上时往往要花很多的力气和精神来维持坐姿,只能用一点点精力来玩玩具,那么要确保特殊需要儿童的椅子两边有扶手。如果特殊需要儿童的脚无法放在地板上,可以用纸箱或积木做成脚垫,让特殊需要儿童的脚放在上面。

如果地板活动时,特殊需要儿童坐在辅助椅或轮椅上的水平高度无法和其他幼儿一样,可以让特殊需要儿童坐在懒骨头椅或高度较低的立方椅上,这样他们就可以在地板上和其他幼儿一起活动。

六、成人支持

成人支持是指以成人介入的方法支持特殊需要儿童的参与和学习。具体策略包括:示范、加入特殊需要儿童的游戏、运用赞美和鼓励。

(一) 示范

如果特殊需要儿童一再重复玩同样的东西而不改变,例如坐在沙桌上,只是不断地将沙倒出来再装进去,不去注意观察游戏的因果关系,那么可以这样做:老师在旁边示范倒沙和装沙的玩法,但这种方法应只是将特殊需要儿童当时的玩法做少许改变。例如,拿一个容器将沙从高处倒下来,或是将沙透过漏斗或短筒倒出来。

如果在积木建构游戏中,老师提供了道具、线索,但特殊需要儿童都不参与老师所提供的活动,那么可以将这些由积木组成的道具、线索拍成照片,再将这些照片放在积木建构区,偶尔可以吸引特殊需要儿童去关注它们。

如果在玩黏土时,特殊需要儿童只会拍打和刺戳,而不使用任何工具,那么可以拿一个像浪筒积木的简单工具,用它们来示范拍打和刺戳的方法。

(二) 加入特殊需要儿童的游戏

如果特殊需要儿童在表演区只在一边看别的幼儿玩,但不做其他的事,教师可以到表演区先观察是什么东西吸引特殊需要儿童的注意,再用那样东西吸引他的加入。如果是帽子,就试着戴上帽子;如果是洋娃娃,就抱一个洋娃娃走幼儿。

如果特殊需要儿童积极参与但经常失去控制,那么可以和这个幼儿到同一个游戏区,示范要如何玩才是适当的和正确的。

(三) 运用赞美和鼓励

如果特殊需要儿童在拿着书乱翻而没有看书,一下子又拿着另一本书到图书区的角落,并且一再反复这样做,那么可以先肯定特殊需要儿童到图书区这一行为,再问特殊需要儿童是否可以展示使用这本书的另一种方式,或是教师示范另一种阅读方式,让特殊需要儿童一起仿做。

如果特殊需要儿童经常逃避收拾整理材料的工作,活动结束后马上跑到下一个活动,那么教师可以在快要准备收拾时靠近特殊需要儿童,然后叫他的名字,并唱收拾的歌和他一起收拾。

如果特殊需要儿童不主动参与唱歌或者其他音乐活动,那么教师可以给特殊需要儿童一个温柔又期待的眼神,无论特殊需要儿童表演动作还是唱歌,都要给特殊需要儿童肯定的眼神与微笑。

七、同伴支持

同伴支持是指利用同伴来帮助特殊需要儿童达成学习目标。具体策略包括:示范、协助、赞美和鼓励。

(一)示范

如果在点心时间,要通过点心歌学习吃点心,可以让特殊需要儿童坐在点心桌,并让能够唱完点心歌的同伴和特殊需要儿童坐在一起。

如果特殊需要儿童看到两个幼儿正在玩新的玩具,而特殊需要儿童对这个玩具很有兴趣,也很想和这两个幼儿一起玩,那么可以让这两个幼儿邀请特殊需要儿童加入他们的游戏,并展示给特殊需要儿童看如何玩这个玩具。

(二)协助

如果在转换活动要到户外游戏场时,特殊需要儿童不知道要去哪里排队,可以让较熟悉活动流程并遵从指示的同伴和特殊需要儿童在一组。当要排队时,让这些同伴去找出他们的伙伴(即特殊需要儿童),并牵着伙伴的手。

如果在游戏区角收拾时,特殊需要儿童对于将盒子拿起来放回去有困难,可以请其他同伴帮忙,让收拾成为一种合作性的工作。

如果特殊需要儿童对于将颜料涂在海绵上压印有困难,可以请其他同伴帮忙将颜料涂在海绵上,然后再让特殊需要儿童将它压印在纸上。

(三)赞美和鼓励

如果特殊需要儿童对于桌面游戏感到困难(如拼图),而且很容易放弃,那么请特殊需要儿童和另一个乐于合作、热情开朗的同伴在一组,给他们一组配对的玩具,让他们在一起玩。

如果在游戏场特殊需要儿童总是一个人玩,那么可以找一个同伴成为特殊需要儿童的玩伴;或让这个特殊需要儿童和其他幼儿玩"跟随领袖"的游戏,那么他们就可以轮流当领袖。

八、隐形支持

隐形支持是指在活动中刻意安排自然发生的事件。具体策略包括:依序轮流、在课程中依序安排活动。

(一)依序轮流

如果在烹饪活动时,特殊需要儿童没力气搅拌或一匙一匙挖,可以让特殊需要儿童排在其他已经搅拌一些的同伴后面,或是排在已经加入液体搅拌的同伴后面。如果特殊需要儿童会把冰激凌挖到外面,就等冰激凌已经融化一些再让特殊需要儿童轮流去挖舀。

如果在集体活动中,特殊需要儿童不愿意发言,可以请特殊需要儿童跟在一个善于表达的同伴后面,这样可以给特殊需要儿童一些启发。

如果特殊需要儿童正在学习从水壶倒水,可以让其他同伴先倒水,这样水壶的水就不会太多,再轮到特殊需要儿童去倒水,更容易更安全。

(二) 在课程中依序安排活动

如果特殊需要儿童在粗大动作技能方面需要更多的练习,例如在平衡木上行走,那么可以结合这个动作技能让特殊需要儿童在有障碍物的路面上练习行走。特殊需要儿童完成较困难的动作技能之后,放一个受特殊需要儿童欢迎又有趣的有声音东西,例如,当他们沿着平衡木走完之后,特殊需要儿童可以敲一下铜锣。

如果特殊需要儿童正在做配对,那么在进行撕贴画的美工活动中,可以给特殊需要儿童一些纸张进行配对,当他完成配对项目后,他就可以做撕贴画。

如果特殊需要儿童需要学习留在集体讨论活动中,那么在集体讨论时间,安排动态活动(例如唱游动作)和静态活动(例如听故事)两种活动交替进行,以增加活动的吸引力。

幼儿园课程调整状态及质量直接影响着学前阶段特殊需要儿童融合教育的效果。幼儿园融合教育中,教师需要在高质量学习通用设计课程方案基础上,合理运用环境支持、素材调整、活动简化、儿童喜好运用、特殊器材、成人支持、同伴支持和隐性支持等幼儿园融合教育课程调整策略,才能保障融合教育质量,促进每一位儿童在融合教育中获得发展。

课程调整案例:集体活动课程调整

《一起来灭火!》(中班)

【集体活动原始教案】

活动目标:

1. 能够在灭火游戏中感受同伴合作游戏的愉快。
2. 初步了解消防知识,增强安全意识。
3. 掌握基础的消防知识并能作用在实际情况中。

活动准备:

消防员服装、头盔、玩具消防车若干

活动过程:

1. 创设情境,激发幼儿兴趣

教师:小朋友们,大家好,最近老师听说旁边的公园发生了一场小火灾,那真的是太可怕了。今天我们就来玩一玩救火的游戏,了解一些消防知识。

2. 教学过程

(1) 组织幼儿进行分发材料

教师:那我们现在请天天发材料,大家需要什么材料装备就去天天那里拿。

(2) 消防车分组

教师:小朋友们,我们现在有3辆消防车,因为消防员们都是一起合作进行工作的,所

以我们也要合作进行游戏。那我们3个人一组,用一辆消防车。

(3) 到达救火地方进行灭火。

幼儿询问店主着火原因,里面有无人员等基本情况信息,与店主展开交谈。

(4) 教师普及消防知识。

3. 活动延伸

回家后把灭火的知识讲给爸爸妈妈听。

【特殊需要儿童基本情况描述】

天天,5岁9个月,诊断为孤独症,在一所融合幼儿园的中班接受融合,每天下午有两个小时的抽离个别化训练。在班级中天天能够跟随班级活动,能够跟随同伴看视频模仿跳舞动作,在班级中天天偶尔有流口水的情况,在听到哭声或者一些音乐的时候会有捂耳朵的情况,但不是所有音乐都会出现,有些喜欢的还会跟随进行舞蹈。睡时需要妈妈陪伴,暂时不能独立入睡。在班级中和同伴玩积木时,会看向同伴。递给天天不同颜色的积木,天天会根据不同颜色的积木加入假象式命名。如:给天天黄色积木会说香蕉,给蓝色积木时说蓝莓。

在对天天进行抽离的测评时,天天可以很好地与老师建立合作关系,当听到其他孩子哭,天天会捂住自己的耳朵,同时还想转头看。在活动中天天可以听从指令完成相关活动,偶尔会有流口水的情况。自己说自己喜欢玩消防车,爱吃巧克力,喜欢小猪佩奇等,表述很好。

【特殊需要儿童优势分析】

1. 参照模仿意识较好,有一定听从指令和动作模仿的能力,可以很快和老师建立合作行为,完成相关活动。能遵从规则,响应同伴。能够根据老师搭出来的模型,通过观察和记忆仿搭出来。

2. 在数学、视知觉配对以及听觉技能方面有相对明显的优势。能够通过观察,将折纸简单地折一到两次,和演示地呈现出一样的放置在桌上;控笔较好,能够进行两点连线活动,能在规定范围内涂色而不出线;有一定的文具使用意识,能够自己使用铅笔,用剪刀一刀一刀地沿线前进。

3. 没有情绪行为问题。

4. 双腿和手臂具有一定的协调能力。

5. 天天具有实物操作的基础。如:扔、抓、拍的技能,在老师引导下天天操作性较好,可以跟随老师指令进行活动。

【特殊需要儿童发展劣势分析】

1. 注意力易分散(眼神斜着看前上方)、对玩具活动和游戏活动兴趣不大,大多是在同伴带领下被动参与。

2. 在命名代名词方面时而正确时而错误,对形容词、副词、代词的认识和使用存在混淆情况。

3. 在提要求、游戏、社交、交互式语言和语言结构方面能力不足。

4. 感觉防御较高,惧怕电机的声音,例如由于公共洗手间里有烘干机的声音,而不敢上公共洗手间。在熟悉的公共场所,会自己去找东西,不和大人在一起时,容易走失。

5. 身体敏捷性、空间概念、运动表达能力和听从多项指令的能力仍需加强。

【课程调整】

(一)调整学习环境

1. 环境支持

在教室一角设置一个公园的着火点,放置生活中易燃的物品,用代替烟雾和火苗的安全道具模拟着火发生时的真实情景。让天天在日常生活中能够保持警惕,通过此次活动了解哪些东西是易燃易爆的,初步学会保护自己。

在玩教具角落放置消防员服饰,天天可以分发消防员服饰,鼓励天天和其他幼儿进行交流,询问他们需要什么,也可以让其他语言和社交能力较强的同伴和天天进行对话,为天天创造更多参与作交流的机会。

通过在玩教具角落放置消防车模型让天天知道这里是消防局,并在门口贴上火警电话119,方便后续天天的报警行为。

2. 素材调整

(1)多准备一些消防贴画或者天天喜欢的颜色,让天天能够集中注意参与游戏。

(2)要注意活动中的材料是否会发出让天天感到不适的声音,及时调整。

(二)调整学习内容

1. 特殊需要儿童喜好的运用

(1)运用喜欢的玩具:天天喜欢消防车,日常观察到天天能按照老师的指令控制消防车行驶的速度和方向。但是这些行为都是被动的,教师应该启发天天主动开发对玩教具的使用,在"一起来灭火"的活动中,让天天主动承担驾驶消防车的任务,并用清晰的流程指导其他小消防员来灭火。

(2)运用喜欢的活动:在过渡到下一个环节的时候,可以播放一些天天感兴趣的歌曲,或者小消防员的儿歌,来吸引天天的注意力,引发其更深的兴趣。如果天天没有准备好要进入团体时间或另一个活动,在大团体活动开始时,安排一个他喜欢的活动,比如让他来检查一下小朋友们的消防员装备是否都已经完整了。

(3)运用喜欢的人:安排天天喜欢的同伴到一个特定的区域活动,带着天天一起玩。户外活动结束他不愿回到教室时,可以让他喜欢的同伴告诉天天要回教室,或者带着天天回教室。在教室里老师是天天接触最多的人,从天天的反应来看,他对老师是相信且喜欢的,在这个活动里面老师主动要求与天天一组,既能促进天天参与活动,也有助于建立良好的师生关系,打开天天的心扉。

通过上述识别特殊需要儿童的喜好和选择,并将其整合到活动设计中,可以提高天天的参与程度。

2. 活动简化

(1)步骤分解

根据实际情况,分发工具材料、分组灭火、普及消防知识这些任务可以细分成更小的任务。

（2）减少步骤

要求天天完成安排给他的一部分适合他的能力水平活动,比如分发材料,他完成的是分发这一步骤,所以提前的物品准备可以由老师来完成。

（三）调整学习过程

1. 组织幼儿进行分发材料

教师:那我们现在请天天发材料,大家需要什么材料装备就去天天那里拿。

- 老师提醒天天开口与他幼儿交流:你需要什么东西?这个给你。
- 其他幼儿和天天要头盔、衣服等道具,与天天有对话交流。可让平时与天天关系亲近的幼儿多与天天互动交流,激发天天交流的主动性。

2. 消防车分组

教师:小朋友们,我们现在有3辆消防车,因为消防员们都是合作工作的,所以我们也要合作进行游戏。那我们3个人一组,用一辆消防车。

- 可以让两个能力比较好的幼儿跟天天一组,为天天提供同伴示范;当同伴的支持有困难时,教师可以介入给予同伴帮助,或提供成人示范。
- 教师可加入幼儿游戏。在游戏中对天天进行指导干预。如:在天天走神、沉默不参与同伴游戏的时候教师以游戏者的身份进行指导。

3. 到达救火地方进行灭火。

幼儿询问店主着火原因,里面有无人员等基本情况信息,与店主展开交谈。

- 教师可以充当店主角色,询问天天应该怎么办,引导天天主动说出用消防车灭火,并给予幼儿赞美和鼓励,增进幼儿的主动持续度和参与度。

4. 教师普及消防知识。

多询问天天今天学到了哪些知识,最后给予幼儿赞美和鼓励。

思考与练习

1. 学前融合教育课程调整的概念与内容是什么?
2. 通用学习设计的三大核心原则是什么?
3. 在学前融合课程中如何运用通用学习设计的三个关键原则?
4. 学前融合课程调整核心内容有哪些?
5. 开展学前融合教育实践中如何理解与运用课程调整的八大策略?

第五章　学前融合教育的差异化教学

学习目标

1. 掌握学前融合教育差异化教学的内涵与核心特征。
2. 理解学前融合教育差异化教学的主要策略。
3. 能运用学前融合教育差异教学的主要活动模式。
4. 了解学前融合教育差异化教学活动的辅助策略。

情境案例

"因材施教"出自孔子《论语·雍也》:"圣人之道,粗精虽无二致,但其施教,则必因其材而笃焉。"朱熹在《四书集注》中称"孔子施教,各因其材","圣贤施教,各因其材,小以小成,大以大成,无弃人也"。

图 5-1　孔子施教各因其材

案例点评

依据受教育者的不同资质,而给予不同的教导。清朝郑观应在《女教》中说:"别类分门,因材施教"。这句话在学前融合教育中,就是要针对不同障碍类型的儿童,不同需求的儿童提供合适和有质量的教育和指导,先对特殊需要儿童进行科学评估,再为每一个体量身定制个性化教育计划。

第一节 学前融合教育的差异化教学概述

一般认为"差异化教学"(differentiated teaching)始于"分层教学",19世纪后半叶到20世纪40年代初,为分层教学初步发展时期,现今分层教学的内涵不断拓展,最终形成差异教学的概念,前景更为广阔,研究呈现多元化姿态。

差异化教学是在教育体系中,根据儿童兴趣以及天赋的不同所组织的人才培养教学活动。通过这种活动,教师有目的、有计划、有组织地引导儿童积极自觉地学习,促进儿童特殊才能迅速提高,使他们成为社会所需要的专业人才。融合教育是来自不同背景、具备不同能力的儿童一起学习,正迅速成为现代学前教育课堂的常态。在这种情况下,教师面临着满足每个儿童不同需求的挑战,在这种背景下差异化教学成为一种关键策略。差异化教学涉及调整教学方法、资源、学习活动和评估策略,以适应儿童的多样化学习需求。

美国著名的差异化教学学者汤姆林森指出:差异化教学是一种教师调整课程和教学以最大限度地提高所有儿童(包括普通儿童、学习困难儿童、有学习障碍的儿童以及天才儿童)学习能力的方法。差异化教学不是单一的策略,而是教师可以用来实施各种策略的框架,其中许多策略都是基于实证研究的证据。差异化教学是有效应对学前融合教育环境中儿童多样化需求的重要策略。通过了解每个儿童的需求、采用灵活分组、修改学习环境、使用多种教学策略、调整教学速度和水平、进行持续评估和反思、与其他专业人士合作以及培养积极的课堂文化,教师可以创建一个所有儿童都能茁壮成长的环境。

从目前我国幼儿园教学实际来讲,差异化教学的开展还不是很普遍,依据因材施教的教学原则,幼儿园教师需要在教学初始充分了解每个儿童的个体差异,并根据这些差异去为每个儿童设计多领域的、有挑战的和愉快的教育内容。

一、学前融合教育差异化教学的内涵

顾明远主编的《教育大辞典》中对于"差异"的解释为:"(差异)亦称个性差异或人格差异,指不同个体之间在身心特征上相对稳定的不相似性。"一般认为个体差异,主要体现在个体的学习风格、学习兴趣和学习能力等方面,对于特殊需要儿童而言,尤其是残障儿童,主要反映在身心缺陷所带来的差异。

至于差异化教学内涵,国内外有很多学者都作了界定,华国栋在其所著《差异教学论》

一书中认为,差异教学是指在班集体教学中立足于儿童个性的差异,满足儿童个别学习的需要,以促进每个儿童在原有基础上得到充分发展的教学。姜智认为,差异教学是在班级教学中,有效利用和照顾儿童差异,在教学指导思想、目标、内容、方法策略、过程和评价等全方位实施有差异的教学,满足儿童的不同学习需求,促进儿童在原有基础上得到充分发展。曾继耘在《差异发展教学研究》中对差异教学的定义为:差异教学是指在课堂教学活动中,从尊重儿童的个体差异出发,开展差异性教学活动,以促进每个儿童主体性的个性化发展。美国学者黛安·荷克丝在其著作《差异教学——帮助每个学生获得成功》中认为,差异教学是指教师为适应儿童的需要、学习风格或兴趣,改变教学的进度、水平或类型,促使儿童成为成功的学习者。汤姆林森在其所著《多元能力课堂中的差异教学》一书中认为,差异教学的核心思想是,将儿童个别差异视为教学的组成要素,教学从儿童不同的准备水平、兴趣和风格出发来设计差异化的教学内容、过程与结果,最终促进所有儿童在原有水平上得到应有发展。

因此,可以认为学前融合教育差异化教学是指在幼儿园教学活动中尊重普特幼儿的差异,提供适宜的具有差异性的教学,促进所有幼儿在原有基础上得到充分发展的教学。

二、学前融合教育差异化教学的特征

(一) 学前融合教育差异化教学的核心特征

一般认为学前融合教育差异化教学的核心特征主要有以下几个方面:

1. 儿童中心

儿童是知识的建构者、应用者和创造者,差异化教学要求儿童作为学习者要为他们的学习和发展承担起更多责任,如反思、自我评估和决策,努力实现新手—胜任者—精熟者(from Novice to Competent to Proficient)的身份转变。因此,在差异化教学过程中,儿童始终处于"心脏"般的重要地位,传统教师的角色要随之发生变化。教师要引导儿童以适合自己的方式去思考、承担起学习的重要责任、培养学习的自豪感。差异化教学还特别强调要尊重儿童先前知识经验,因为儿童始终会基于先前经验来建构对新的知识和技能的理解。一般认为差异化教学要求教师"为了儿童调整课程,而不是为了课程调整儿童"。

2. 尊重差异

差异化教学非常重视因材施教,要求教师十分尊重儿童的个体差异,并且在充分了解儿童个人能力、性格特点等因素的基础之上,让每一名儿童在学习过程中都能够有所收获,有所感悟;差异化教学重视"从儿童差异出发"(基础性差异)、"为了差异化发展"(目标性差异)而"开展有差异的教学"(活动性差异)。儿童的差异可以表现为知识基础、学习能力、兴趣、学习风格、语言等多个方面。美国学者卡茨认为教师试图在同一时间向所有儿童教授相同内容的时候,常见的情况是:1/3 的儿童已经知晓这些内容,1/3 将快要知晓,只有 1/3 根本不知道,因此可能 2/3 的儿童正在浪费学习时间。对于普通儿童来说,学习一个具体概念可能只需要几分钟,而特殊需要儿童则可能需要几天,因此,这就需要教师采用差异化教学。

"存在就是差异",相同是相对的,差异是绝对的。一般认为有三种教学差异观,一是调适观,假设儿童在学习起点上、在一般能力和特殊才能上都有很大差异,主张采用分流教学、能力分班等调适性措施来减少班级内差异,以便施以相应的教学;二是发展观,假设儿童间的差异起因于不同的学习方法和个性特征,主张运用异步学习等策略使儿童在"自我比较"中完成有差异的发展;三是调适—发展观,它同发展观一样强调所有儿童都在"最近发展区"内获得最大限度的发展,同时考虑到班级教学的实际情况,主张在同一班级内划分层次教学。差异化教学主张对差异采取积极的态度:一方面积极利用差异资源,另一方面对个体差异采取各种形式进行调整,力求在消除个别差异与发展个别差异之间保持一个适度的张力。要达到这一目标就需要教师尊重差异,追求民主、和谐的教学环境,通过与儿童的交往与对话、相互配合与磨合,采用各种教学策略照顾与调整个体差异,从而使儿童得到适宜的发展。

3. 课程调整

差异化教学要求教师对课程进行调整,对内容、过程和成果进行差异化,以适应儿童的准备程度、学习风格和爱好兴趣。教师可以兼顾儿童的兴趣来精心设计每一节课;可以通过切换儿童的学习方式,如个人方式、合作方式或协作方式、听觉模式或视觉模式、实践方式或者创新方式等,不断丰富儿童获得成功的经验;教学内容的选择既要体现其选择传递文化的功能,更要体现其培养人的价值,还强调要重视教学内容与儿童的生活经验相联系。在差异化教学中,教师要注意多种版本教材的使用,不同的教材对同一问题可能从不同的视角去看,甚至有不同的看法、意见、体例、风格、难度,等等,儿童可以在比较中去领会,从而真正将教材作为学习资源。教学内容资源的开发也是差异化教学需要考虑的内容,教材只是教学资源的一部分,社区资源、园所资源与网络资源等都应被纳入差异化教学的内容之中,并要尽可能让所有儿童都有机会接触多样化的教学资源,在尊重儿童的自主选择的前提下,有针对性地为儿童的选择提出建议,并且在教学资源的形式上、难度梯度上为儿童做出适当的加工和变化,以求教学资源对儿童学习有更好的适应性。

4. 积极参与

儿童需要积极参与到差异化教学中,教师与儿童一起去提炼教学内容,要抓住知识核心与基本构架,促使儿童形成正确的认知网络,用荷克斯的话就是说要注意知识的"关联性"特征,差异化教学要基于儿童原有知识经验,帮助儿童围绕大观点和核心概念组织知识网络,为知识网络添加和修改"境脉"线索,从而进行有意义的深层次学习。儿童可以按照自己的知识准备水平、学习风格等选择与他人不同的学习方式,选择完成不同的学习任务,教师为此创造有利于儿童学习的物质上和心理上的条件,例如座位的安排、教室区域的划分、与儿童轻松的谈话等。一些学者认为儿童积极参与是预测学习和个人发展的重要指标之一,麦卡蒂甚至将儿童主动参与作为差异化教学的首要目标。差异化教学允许学习者根据自己的能力、风格和兴趣,灵活地选择学习内容、学习步调和展示方式,这就为学习参与赋予更大的自由度和更丰富的个性色彩。在差异化教学中学习成果具有多样性特征,儿童可以进行自主选择成果的表现形式、完成时间和难度水平,这也是差异化教学

关注儿童自主选择的重要体现。总结、说故事、设计试验、图解、剪贴簿、文学或绘画作品等都可以作为供儿童选择的成果表现形式,当然教师可以依据不同的学习任务规定必选形式和任选形式。教师既鼓励儿童采用自己的优势智能去展示自己的学习成果,也适时地引导儿童去锻炼自己的弱势智能。

另外,差异化教学要真正发挥作用,还需要得到适配的差异化教学策略体系的支持,以便从内容、过程、方法、评估以及组织形式等方面适配到每一位儿童的差异化需要。

除上述四个特征之外,还有一些学者如荷克斯认为差异化教学的核心特征如下:① 复杂性(Complex):挑战儿童的思维,让他们主动参与具有广度和深度的内容;② 严谨性(Rigorous):识别个体差异并基于这种差异来设定学习目标,目标设定要始终激励并推动儿童进步而不是让儿童感到没有挑战或屡屡失败;③ 关联性(Relevant):聚焦于对核心观点的学习和有意义学习(形成知识网络),而不是对孤立观点的学习和肤浅学习;④ 灵活性(Flexible and varied):在适当条件下,儿童可以选择如何学习、如何展示学习成果。

(二)差异化教学与传统教学的不同特征

差异化教学提倡以儿童的差异性和多样性为基础,为儿童提供不同的教学策略。同时差异化教学追求高质量的教学效果,教学方法因人而异,促进儿童在个体差异上获得最佳发展。差异化教学努力做到平等地对待各类儿童,教学环境包容,满足个性需要,差异化教学与传统教学相比的不同特征主要体现在如下几个方面:

1. 重视差异,教育公平

差异化教学非常尊重儿童之间的差异,传统教学在这方面做得不尽如人意——当儿童出现问题时才会受到关注或重视,差异化教学则根据个体差异制定教学计划和教学方法,提倡多元智能,多重智力的差异化发展。差异化教学重视个体兴趣的培养,传统教学中儿童处于被动接受状态,个人兴趣较难得到开发和培养;差异化教学中儿童处于主动选择状态,可以根据自身兴趣挑选课程,之后加以培养。差异化教学要求公平对待儿童,不以成绩定优劣,而是基于儿童的原有水平,判断其进步程度来定义是否"优秀"。

2. 教学灵活,因材施教

差异化教学中针对儿童差异,师生与家长参与,共同制定适用于班级或个体的学习目标,不搞"一刀切",摒弃传统教学中的统一学习目标。在传统教学中教师主要根据教材及课程大纲准备教学内容,差异化教学中教师则根据儿童的能力、水平、兴趣和目标作教学准备。差异化教学中教学材料不拘泥于课本,可使用不同的教学材料引导儿童,而传统教学中教师通常只使用教材或课本。差异化教学中作业更有层次感,对不同差异的儿童布置不同的作业,传统教学中教师布置的作业都是统一的。

3. 形式灵活,弹性时间

差异化教学中根据儿童差异来组成"教学班",其形式更加灵活有效,以"教学班"取代传统教学中"行政班"。差异化教学中的儿童可以按照能力、兴趣与学习目标自由分配学习时间,可以把更多的时间精力用在自己选择的学习任务上,而传统教学中的学习时间相

对固定、规定的时间内学习规定的内容。

4. 道而弗牵，合作学习

差异化教学中教师通过积极引导儿童，发挥儿童的主观能动性，使儿童成为更独立自主的学习者，而传统教学中教师主要以直接指导的方式来开展教学活动；差异化教学中师生合作，共通解决问题，强调互动性、合作性、平等性，而传统教学中一般主要以教师解决问题为主。

5. 动态评估，方法多样

差异化教学的评估可以在学习过程的各个阶段进行，依据评估及时调整教学来适应儿童，传统教学的评估一般在整个学习过程结束后进行；差异化教学中根据多元智能理论和课程的不同，使用多种评价方法来评估儿童的学习，传统教学中评估形式则以考试为主。

尽管差异化教学能够为高能力儿童和有障碍的儿童提供有效的教学，但也不可避免地存在一些不足，如需要教师花费更多的时间来准备课程，幼儿园或学校可能需要投入更多的资源才能实施，特别是对教师的能力要求，也提出了很大的挑战，需要对教师进行专业的培训。

三、差异化教学的新研究

随着时代的发展，差异化教学有了以下新研究成果。作为差异化教学研究的知名学者，汤姆林森及其同事已经在该领域开展较多创造性探索，在其著作《以差异化教学回应全体学生的需求》当中，她指出教师实施差异化教学的四个领域：内容（Content）、过程（Process）、成果（Product）和学习环境（Learning Environment）。内容是指儿童需要知道的信息，这些信息要与国家课程标准保持一致。过程包括活动、作业以及儿童要练习的策略，旨在掌握教学内容。成果指的是儿童展示在学习完某单元后的输出。最后，学习环境包括课堂的物理设施以及课堂气氛。汤姆林森在《如何在混合能力班级中开展差异化教学》一书中提出了差异化教学的5条基本原理：第一，"人是如何学习的"是驱动差异化教学的引擎；第二，要以多种视角审视课堂；第三，理解学习省力的儿童（Advanced Learner）的需求；第四，理解学习费力的儿童（Struggling Learner）的需求；第五，通过对学习经验的差异化来满足学术多样性问题。

另一位令人尊敬的差异化教学研究学者是科伊尔。她撰写了旨在帮助教师在课堂中应用差异化教学的多本著作。在《差异化课堂中的成功教学》一书中，科伊尔提出了两个关于差异化教学的本质问题：什么是公平的？公平总意味着相同吗？随后，她通过严密的论述，直接做出的回答是：公平意味着每位儿童正在参与最适合其学习的活动，而并不意味着他们正在做相同的活动。她强调，差异化教学能否取得成功，依赖于教师对"公平"概念的理解和信仰。黛安·荷克丝在《在日常课堂中的差异化教学》一书中为教师提供差异化教学的相关建议。他指出，差异化教学的最重要的部分是儿童的相关知识以及他们的学习需求。教师必须知晓儿童的学术历史（Academic History）、偏好的学习方式、优势和兴趣,利用这些关于儿童的背景知识,教师才能设计出按儿童需求而定制的课(Lesson)与活动。按需定制的课与活动是差异化教学的关键。

卡罗兰(Carolan)等人的研究指出,教师在课堂中有机会通过差异化最大限度地开发学习者的潜能。他们的研究表明,优秀的差异化教学具有如下共同特征:为学习者个体提供支架(Scaffold);学习工具具有满足坚实学习成果的灵活性;全面学科知识专长;营造重视差异的积极课堂氛围。卡罗兰认为,教师应当把儿童差异视作一种机会,而不是一种负担。

对实施差异化教学尚存犹豫的教师最常见的一个担心是,儿童没有为标准化测验做好准备。一些校长也担忧如果教师在课堂上开展差异化教学,在接受并未体现差异化的国家标准化评价时,儿童将会变得无能为力。沃尔梅利(Wormeli)在《打破差异化教学的神话》一文中解释说,差异化教学与标准化测验并不矛盾。在标准化评价中表现优秀的是那些对学习内容理解优秀的儿童。差异化教学的目标是根据儿童学得最好的方式来教学,以便让他们掌握教学内容。因此,当儿童以最适合他的学习模式、学习环境来理解教学内容,他们自然会在标准化评价中表现优秀。

21世纪差异化教学理论在追求"个人主义""个性发展"的推动下,产生了很多理论著作,主要有黛安·荷克丝的《差异教学——帮助每个学生获得成功》、格利·格雷戈里等学者合作撰写的《差异化教学》、卡罗琳·查普曼与瑞塔·金合著的《差异教学评估:不一样的儿童,不一样的评估》等。值得提出的是,莱斯莉·劳德在《差异化教学探究:文学、数学和科学》一书中通过丰富的教学实例与教学建议,对文学、数学与科学三个课程领域的差异化教学进行了梳理与总结。

第二节 学前融合教育的差异化教学策略

随着《学前教育法》的出台,特殊需要儿童接受融合教育会愈来愈得到人们的关注,这就需要幼儿教师掌握必要的差异教学策略,根据儿童的学习与发展差异设计多样化的教育目标和内容,由于每个儿童之间都存在着个体差异,这要求教师必须根据每个儿童的学习与发展差异,去设计多样化的教育目标和内容,以满足每个儿童的发展需求。例如,英国《学前教育教师标准》在教育目标中便强调要了解每个儿童的发展水平,并为其设置具有挑战性的目标;掌握正确的差异化教学策略,可以根据特殊需要儿童的发展水平、兴趣需求和学习风格去设计和组织涵盖各个领域且富有挑战和愉快的教育内容。

一、分析儿童差异

(一) 学习差异分析

每个儿童的智商、学习能力、非智力因素等存在诸多差异,这就导致学习过程与效果不一而足,差异化教学不但要重视基于儿童不同认知水平的差异化需求,同时为了促进儿童的发展,也不能迁就儿童的现有认知水平,学习的目标、内容、进度等还应关注儿童的最

近发展区。

每个个体都有不同的学习风格,邓恩夫妇认为:仅有30%的儿童记得他们在标准的课堂时间所听到的东西的75%;40%的儿童记得他们谈到或看到的东西,其中一些儿童以词语的形式处理信息,而另一些人以图表或图片的形式保留他们所看到的东西;15%的儿童通过触觉学习得最好,他们需要触摸物体、写、画来参与学习;15%的儿童通过身体学习得最好。

邓恩夫妇(1987)提出的五种类型学习风格模型,具有很高的认同性,见表5-1。

表5-1 五种学习风格

学习风格	描述
听觉型学习者	听觉型儿童通过听可以获得最佳的学习效果。他们喜欢听讲或听书来接收信息。他们喜欢参与讨论,这样他们就能谈论和聆听其他同学的想法和意见。此外,他们可以通过表达策略(如音调、语调、速度和手势)搜集到很多信息。为了适应听觉型学习者的学习风格,教师可以使用录音机,可以让这些儿童大声朗读课文。
视觉型学习者	视觉型学习者通过看学得最好。这意味着当教师正在读的时候他们喜欢一起读,或者需要通过笔记,形成图形组织者从视觉上呈现他们所听到的信息。教师可以通过确保所呈现的信息以幻灯片、实物投影、印刷品、图片或视频的形式展示出来以鼓励学习者,以使学习者更好地接收信息。当某个人出现时,重要的是让这些儿童能够看到讲话人的面部线索和身体语言。因此,让儿童看得很清楚或讲话的人有特点是很重要的。
触觉型学习者	触觉型学习者喜欢用手工作。他们通过触摸学得最好。因此给他们提供数学操作设备、科学仪器或其他材料,使他们能够通过动手来学习。
动觉型学习者	动觉型学习者在学习过程中通过身体的活动学得最好。他们喜欢做和走动,这样他们能够将呈现的信息是吸收并联系起来,使这些信息对其有意义。让这些儿童坐着不动是困难的,他们宁愿在教室里四处走动。
触觉/动觉型学习者	触觉/动觉型学习者通过走动、做以及触摸学得最好。这些儿童喜欢以动手的方式让身体参与进来,因为他们需要活动和探索,所以他们不能安静地坐很长时间。对这些儿童来说,刺激和角色扮演是适宜的策略。

还有很多专家也提出一些观点,其中,加德纳依据他提出的多元智能理论,提出了针对不同智能的差异化学习策略,见表5-2。

表5-2 加德纳的差异化学习策略

多元智能	每种智能总结	差异化课程建议
言语/语言	读、写、听、说	• 利用讲故事来做…… • 撰写诗歌、神话、传说、短剧或关于……的新闻文章 • 开展有关……的课堂谈论 • 创作有关……的收音机节目 • 为……设计口号 • 进行有关……的访谈

(续表)

多元智能	每种智能总结	差异化课程建议
逻辑/数学	对数字和抽象模式的操作	• 编关于……的故事性问题 • 把……转换成……的公式 • 创造……的大事年表 • 发明……方面的游戏策略 • 进行类比来解释……
视觉/空间	对图像、心理映射、视觉化、绘画的操作	• 图表、地图、簇或图表 • 制作……的幻灯片、录像带或相册 • 设计……的海报、公告牌或壁画 • 为……创作广告 • 改变……的大小和形状 • 为……的过程编色码
音乐/节奏	使用节奏、旋律、模仿的声音、歌曲、拍子、舞蹈	• 表演关于……的音乐伴奏 • 唱一首解释……的说唱歌曲 • 说明……中的节奏模式 • 解释一段音乐与……如何相似 • 利用音乐来促进学习 • 创作一个音乐大杂烩来描述……
身体/动觉	通过触摸、运动、戏剧来加工信息	• 角色扮演或模仿 • 设计……的舞蹈动作 • 设计……的舞台或室内场地游戏 • 建筑或构造一个…… • 为……设计一个结果
人际	分享、合作、访谈、建立关系	• 举行……的会议 • 将关于……的不同观点付诸行动 • 有意使用……的社交技能来学习…… • 教某人有关… • 共同计划……的规划和程序 • 给出和接受关于……的反馈
内省	单独工作、自定步调的教育、个人化的方案	• 设定和追求……的目标 • 描述对……的感受 • 描述对于……的个人价值 • 书写关于……的日志项目 • 做关于……的选择方案 • 自我评价在……的工作
自然主义	在户外花费时间、整理、分类、留意标本	• 收集并对有关……的资料加以分类 • 持续做关于……的观察日志 • 解释一种植物或动物与……的相似之处 • 进行……的分类 • 说明……的特征 • 参加……的户外田野旅行

(二) 学习障碍分析

学习障碍（Learning disabilities，LD）在儿童中的发生率占约6%左右，这类儿童在幼儿期不同程度存在语言发育问题，存在说话偏迟、揪头发、啃咬指甲、扔东西、哭闹、攻击倾向、动作缺乏目的性、对刺激过激反应、伙伴交往不良、语言理解和表达缺欠等问题。此类儿童受到很多学者的关注，称呼不一，主要有学习不良儿童、学业不良儿童、学困生、后进生、落后生、差生等。目前，学习障碍主要有：语言理解困难，语言理解和语言表达不良，有的即使能说出少许单词，但构音明显困难；语言表达障碍，会说话较迟，开始说话常省略辅音，语句里少用关系词；阅读障碍，读字遗漏或增字，阅读时出现"语塞"或太急，字节顺序混乱，阅读和书写时视觉倒翻、不能逐字阅读，计算时位数混乱和颠倒等；视空间障碍，特征是手指触觉辨别困难，精细协调动作困难，顺序和左右认知有障碍，计算和书写有障碍；书写困难，缺乏主动书写，手技巧笨拙（如不会使用筷子、穿衣系扣子笨拙、握持笔困难、绘画不良），写字丢偏旁部首或张冠李戴，写字潦草难看、涂抹过多、错别字多；情绪和行为障碍，多伴有多动、冲动、注意集中困难、继发性情绪问题，学习动机不良，焦虑或强迫行为动作（啃咬指甲多见），课堂上骚扰他人，攻击或恶作剧，社会适应和人际关系不良，有品行问题等。教师要注意观察这些儿童的学习过程，了解他们的不同学习需要并科学分析，寻找形成特殊需要的原因，找出儿童发展中的主要矛盾，精心设计教学方法。

图 5-2 儿童学习障碍

对于智障儿童要特别关注他们在认知上的差异，教师要在学习内容、学习要求、学习方法上，寻求适合该类儿童的策略，进行必要的课程调整，降低难度，多采用直观教学，增加实践性与操作性，节奏放得慢一点，及时增加个别辅导等；布置不同的作业，使他们能够感受到学习成功的乐趣，注意对他们进行智力训练。同时，要注意智障儿童的适应性行为以及不少行为方面的问题，既要矫正不良行为，又要培养良好的行为习惯，提高社会适应

能力。

对于听障儿童而言,有残余听力的儿童佩戴助听器并进行良好的言语康复训练,与普通儿童的学习差异不大;那些完全丧失听力的儿童即使植入了人工耳蜗并做了言语训练,在融合班级中仍然要有教师的足够重视。当听障儿童接受现实刺激时,对词物配对存在障碍,理解词义就不免存在困难,教师要注意听障儿童的差异,多提供玩教具、实物、模型、图片和视频资料等,想办法丰富他们的视觉,并与听觉相匹配,针对性地运用直观手段,帮助听障儿童逐步发展语言的理解和表达能力,要注意多与他们说话,巩固言训练的功效,手语要与有声语言结合,使他们习惯于开口说话。

视觉障碍儿童的智商与普通儿童没有什么差别,但他们的学业成绩一般还是低于同龄明眼儿童。由于视觉障碍,在与其他儿童或成人交流过程中,很难形成共同关注,这就需要教师充分理解、尊重这些儿童,根据此类的儿童的特点及时提供必要的帮助,千万不可以贬低、嘲笑或歧视,免得他们受到伤害。一般儿童很容易认识的事物,很容易学会的生活自理行为,他们学习起来却很艰难,不免会产生挫折感、自卑感,生活能力的不足必然影响他们的认知、学习能力和社会交往能力。

孤独症谱系障碍(ASD)儿童数量增长很快,他们的融合教育受到社会的广泛关注,在融合班级里,由于该类儿童在幼儿园环境适应、游戏活动、同伴交往等方面有困难,并有攻击性与刻板行为,教师要十分关注孤独症儿童,当然,这些儿童很多都伴有影子老师。此类儿童在参加幼儿园的各项活动时,教师需要辅助其学习相关知识与技能,训练指导如何恰当运用社交规则,使他们掌握未来融入社会所需要的生活知识与技能。

对于肢残和脑瘫的儿童,如果他们智力正常,幼儿园主要就是为他们提供适合的课桌椅、无障碍的环境以及个性化工具,尽量给他们的日常活动提供便利,除艺体等活动之外,教师所提供的差异化措施并没有比其他障碍类型儿童多。

二、学习任务调整

学习任务调整是指依据不同儿童的已有学习情况,为完成特定教学任务,而对具体学习内容、学习方式、作业形式与标准等做出相应处理的教学策略。普特儿童同处教室,学习任务调整可以使儿童在自己能力范围下掌握教学内容,教师可以分派不同的学习内容,儿童可以选择适合自身挑战水平的任务,这样就能够更好地确保不同能力的儿童依据已有的知识和经验获得适宜性的成长。

调整后的学习任务可以让特殊需要儿童依据现有水平进行操作,在与普通儿童一起活动中,努力去完成具有挑战性和超出自身能力的任务,有助于特殊需要儿童能力的提高,而普通儿童在与特殊需要儿童完成相同的任务中优势,也能增强其自身的信心与荣誉感。儿童在被赋予刚好超过了自己技能水平的具有挑战性的学习任务时,适当调整学习任务就会更有利于为儿童创造"流畅"的思考体验。

另外,使用学习任务调整可以增加普特儿童成功的机会,因为这种成功是基于他们的能力,结果的成功会在很大程度上调动儿童的积极性。对特殊需要儿童而言,任务的调整减少了降低要求的风险,也降低了那些接受超越他们能力的挑战的儿童所产生的无助感。

教师可以通过儿童差异分析，如采用测验、日记、课堂表现、数据采集技术和儿童学习档案等收集与分析数据，以确定儿童的已有的知识经验，在接下来的教学活动设计中，决定哪些知识应该教给全班儿童，以及采用何种方式呈现这些知识，如何对学习任务进行调整以满足普特儿童的差异化需求。

三、干预反应模式

美国 2004 年颁布的《残疾人教育法案》建议，利用干预反应模式（Response to Intervention，RTI）来满足儿童的多样化需求。干预反应模式的目的直指儿童学习成果的改进，面向全体儿童学习成果的改进。事实上，干预反应模式不是关于特殊教育的，也不是通识教育、天才教育、风险教育或移民教育，干预反应模式是针对每个人的教育。基于对儿童的调查、早期差距的检测和干预措施，该模式包括三个层次或三个级别的指导性实践可以用来在学困生落后他人之前帮助他们。

层级 1：为在课堂上接受通识教育的所有儿童准备，它应用那些以研究为基础的策略，提供差异教学以满足儿童的不同需求。在一般的课堂上，教师要考虑时间、教学内容、教学过程，并根据儿童的准备状态支撑起整个课堂。

层级 2：来自预评估和一般调查，以识别学习有困难的儿童。然后，明确目标需求领域，在小组中应用经过检验的最佳实践方法，每周应用 3～5 次，直到儿童获得成功。这种早期干预方法使许多儿童免于成为学习中的特殊人群，并不断填补学困生学习上的缺口。但这也可能给那些天才儿童获取学习的深度和复杂性方面造成障碍。

层级 3：是为那些在恰当的时间框架内使用了层级 2 中的干预而没有取得进步的，并且需要更多个性化关注的儿童所设计的更加广泛的干预措施。

如果儿童对针对性的干预措施没有做出回应，可以考虑使用特殊教育方式。而对于天才儿童则可能需要加快学习进度、给予个别化指导或实施压缩课程，以满足他们的特殊需求。

四、嵌入式教学

嵌入式教学（Embedded Instruction，EI）策略是指，依据儿童的嵌入式教学目标，运用时间延迟、同伴支持、矫正性反馈等不同方法，将儿童的个体学习目标运用短小的教学环节融入集体教学活动之中，以促进个体发展。具体时间没有特别严格要求，一般认为不要超过 2 分钟左右。斯奈德认为嵌入式教学策略是一种用于规划、实施和评估学前特殊需要儿童的教学方法。二十世纪七八十年代，家庭、学校和社区中开始运用嵌入式教学教授培养儿童语言和社会交往能力，逐渐引申出来很多教学策略，主要有随机教学、环境教学、自然时间延迟、关键反应训练等。后来嵌入式教学逐渐运用于学前融合环境中。沃利·安乐尼等人在学前融合环境中，通过培训普通教师运用嵌入式教学对三名特殊需要儿童实施教学并取得良好效果。此后，嵌入式教学在学前融合环境中运用范围更广，其有效性得到进一步证实，并出现了新的教学策略，如基于活动的教学、基于过渡环节的教学等。

学前融合教育中嵌入式教学的步骤如下：

第一步：确定目标。以普通教学和个别化教育计划目标为基础，由普通教师和特教教师共同制定嵌入式教学方案，方案必须基于幼儿前期评估而获得当前的兴趣和需要，要将特殊需要儿童教学目标与普通班级教学目标相结合，嵌入式教学目标界定必须清晰，否则，当特殊需要儿童在教学实施中有回应时可能得不到及时的教学服务。

第二步：实施场景。以嵌入活动类型为依托，与课堂活动互不干扰，多应用于半天或全天融合班级，也用于社区幼儿园、私立幼儿园、特殊教育课堂，其实施场景多样、灵活，嵌入式教学实施场景创设很重要。基于特殊需要儿童的教学目标，实施场景创设包括人文环境创设和教室环境创设。在人文环境方面，教师可将发展程度较好的儿童安排到特殊需要儿童旁边，以同伴介入的形式，帮助特殊需要儿童达成教育目标；在教室环境方面，教师可以把与教学内容和教学目标有关的材料布置在墙面上，让特殊需要儿童可在课堂外以简单自然的方式学习目标技能。

第三步：教学策略。积极响应提示，灵活运用多种教学策略，响应提示是指由教师发出指令，根据儿童的反应给予强化或纠错的方法，贯穿于教学实施的整个过程，它的目的是帮助儿童在教学实施中完成教学目标。其他策略有：固定时间延迟（Constant Time Delay，CTD）、及时刺激（Simultaneous Prompting，SP）、渐进时间延迟（Progressive Time Delay，PTD）、从多到少提示（Most to Least Prompting）等。与其他教学策略相比，CTD更加广泛有效地应用于教授不同类型的学前特殊需要儿童。因为教师只需掌握嵌入提示和时间延长的时机，简单易行。

第四步：教学效果评价与追踪。实时评价与长期追踪相结合，教师需定期对教学效果进行评估，确定教学的有效性，以对教学进行强化或调整。同时，对教学效果和教学过程进行追踪和监控，提高教学效果的长时效应和教师实施忠诚度。

嵌入式教学是学前融合教育中常用的一种教学方法，该教学方法对学前融合班级中特殊需要儿童认知发展有积极效应，可有效促进儿童语言、书写、数学、命名等技能，在霍恩等的研究中，教师以小组活动形式运用建模和积极响应教学，教会特殊需要儿童说"火车"一词，随着教学的进行，特殊需要儿童能够给予回应，且回答"火车"的正确率逐步增加。在约翰逊的研究中，通过在反馈教学策略中呈现闪存卡的方式让儿童学习从0数到9和比较两个数的大小，结果发现，特殊需要儿童不但能够从0数到9，并且能够理解"大于"的概念，能够比较两个数的大小。他们的研究还发现，教师使用及时提示和反馈教学策略教学，发现特殊需要儿童在课堂上遇到困难时，能够通过"帮助"标识向教师寻求帮助，并且能泛化到其他的活动中。麦克道尔等人研究发现，嵌入式教学可以提高特殊需要儿童在区域活动中的积极参与水平。麦克布莱德的研究也得到了类似的结论，使用嵌入式教学后，特殊需要儿童与教师和同伴互动水平均得到提高。

福克斯和汉林研究表明，嵌入式教学可以提高儿童的目标动作技能，研究中儿童将物体装进容器、拿出物体和双手握住物体的技能均得到提高。霍恩等的研究也支持了该结论，在研究中儿童的倾倒动作、抓握物体的动作技能均得到提高。文恩等采用渐进时间延迟对特殊需要儿童在艺术活动中对同伴的模仿行为进行教学，发现该教学策略可以提高

特殊需要儿童对同伴新动作的模仿，并且模仿基本没有错误，同时对同伴动作模仿水平的增加会泛化到其他动作中，如精细动作。布朗(Brown)等使用反应提示策略对特殊需要儿童进行教学，发现以上研究经表明在动作发展目标上均取得进步，如根据指令做动作、开关设备、抓握小物品等。嵌入式教学作为一种灵活、有效的教学方法，对学前融合教育中特殊需要儿童认知发展、社会性发展以及动作发展等具有促进作用。

五、干预教学设计

在实际教学活动中，教师可以采用小组的方式，来进行教学活动设计，类似实验法中控制组与实验组，具体操作可以参照以下步骤进行：

第一步，教师要确定在新学习任务中，主要教学活动目标的达成。教师依据对儿童学习能力、障碍程度和已有知识经验等情况的把握，合理设置不同的学习内容和学习深度。

第二步，教师可以通过分析儿童的评估数据，进而来确定儿童的学习需求。例如，哪些学习内容是需要多次进行教学的，哪些学习内容儿童还存在不足，哪些内容是很容易掌握的等，在了解这些的同时，要确保教学目标达成的共同要求与标准。

第三步，当以上这些情况能够确定之后，教师就可以依据儿童的不同情况进行分组，然后就可以开展具体的教学活动。普通组儿童不需要采用特殊的干预措施或方法，就能够在教师正常的教学活动中，顺利完成教学活动的各项要求。干预组一般包括学习有困难的儿童，人数一般很少，教师可以把干预组儿童聚集起来进行干预指导，教师可以通过更加细致与周到的指导，或借助影子教师来教授教学活动内容。

第四步，分组开展活动过程中，教师可在两组之间巡视，及时进行观察指导，回答儿童的问题，可以让学习能力强的儿童一对一帮扶特殊需要儿童，但是要注意提供帮助时机的把握，只有到非帮不可时才提供帮助，要给特殊需要儿童自己努力完成任务的时间与机会。

第五步，教师在教学活动结束后，对整个教学活动进行回顾，反思成功与不足，并完成不理想的部分，这也是收集反馈信息，积累数据与经验，为其后的教学活动提供借鉴。

六、课程压缩

美国康涅狄格大学的乔·伦祖利(Joe Renzulli, 1992)提出课程压缩的策略。有些儿童对某一学科领域中，某个特定主题有较强的学习能力，并且掌握了这方面的很多知识，课程压缩这一方法就可以为这些儿童提供帮助，它是帮助速度较快的学习者将时间最大化利用的一种方式。之所以使用课程压缩，是因为受先前经验、兴趣和学习机会的影响，许多儿童可能会把先前知识和技能带到当前内容的学习中，这些知识与技能是随着时间逐步获得的，它们可能来自阅读、模仿和经验等，或者是个人对某个主题的兴趣，对这些儿童而言，使用课程压缩的方法，可以丰富他们的课程，提升并拓展他们的思维，帮助他们发展成为更加自主的学习者。在许多教学活动中，教师常常面向中等水平的儿童设置教学内容，这使一些儿童感到很无聊，还有一些儿童会感觉云里雾里，压缩或丰富课程的方法可以用于那些学习优秀的儿童。

七、同伴辅导

让有特殊需要的儿童互相帮助,是一种让他们了解自己已知的信息以及了解如何使用信息承担责任的方法。儿童在辅导别人功课的过程中也会获益。如果你教给别人一些内容,你会牢牢记住它并且清晰地意识到你知道什么以及你是怎么知道的。被辅导者也会从这种经历中获益,因为它是针对个人需要的个性化教学。儿童经常使用与教师不同的语言来互相沟通,而且有时候,他们解释信息的方式可能更容易让同伴理解。同伴辅导、同伴阅读和同伴日记是常见的同伴学习方式。

应在何时使用同伴辅导呢?那就是当一名儿童刚开始投入一个过程、技能、概念或标准的学习的时候。当问题得到解决时,儿童就有强烈意愿告诉他人他是如何解决问题的,或者他理解的细节。例如,一名儿童一直在努力理解一个概念,终于他明白了。他准备告诉大家他是怎么做到的,他会给出一步步思考的过程,并用语言解释来使别人理解。这就是一种"最后,我理解它了!"的感觉,有一种想要说"让我来告诉你吧!"的欲望。把程序分解成清晰的步骤是一个高阶思维过程,它能促进能力强的儿童和新学习者强化学习过程。

八、差异化设计思考与提问

师生一问一答的过程会对儿童产生过度的压力,而过度焦虑的儿童是不能获取来自大脑皮层的信息的。当问题超出儿童的理解水平时,他们会害怕被嘲笑,并且不能提取记忆信息。候答时间就为儿童提取储存在其长时记忆中的信息提供了机会,这至少要花3秒。回答问题的数量与质量常常会随着候答时间的增加而增加,儿童需要调取信息、组织答案。一般而言,留出的思考时间越长,回答的效果越好。思考、结对、分享(Lymanetal,1988)是延长等待时间的重要技巧。让儿童先自己思考,然后和同伴结对分享自己的想法,这种分享给了他们思考、加工信息和更好地回答问题的时间,也降低了儿童压力过大的概率,增加了儿童实际参与思考问题的机会。这是在鼓励所有儿童而不仅是要求回答问题的人分享见解。研究表明,当给儿童更多的时间思考时,儿童保持记忆的效果和成绩会更好,儿童成绩会提高60%(Blacketal,2004)。当教师进一步了解儿童的准备水平,就可以根据问题难易程度进行差异化设计,这样就能向儿童的现有水平或者稍稍超出其理解和经验的水平发起挑战。

差异化教学策略还有很多种,不同的学者从不同的角度出发,提出众多名称,很难罗列完整,雷格卢斯就曾将教学策略分为教学组织策略、教学传递策略和教学管理策略。2016年,世界经合组织(OECD)通过对8个成员国家的调研,向教师力荐最常用到的三种教学策略:教师直接教学策略、激活认知策略和主动学习策略。OECD强调,教学策略发挥的作用大小通常与其应用情境有关,教师可以根据具体情况灵活地选择和运用它们。教学策略的选择、设计和优化直接影响着教学目标的达成度,教无定法,仁者见仁智者见智,教师要善于灵活运用各种教学策略,提升差异化教学效果。

第三节　学前融合教育的差异化教学活动模式与辅助策略

《3-6岁儿童学习与发展指南》指出,教师要"充分理解和尊重儿童发展进程中的个别差异,支持和引导他们从原有水平向更高水平发展,按照自身的速度和方式到达《指南》所呈现的发展'阶梯'"。同样,《幼儿园教育指导纲要》中指出:"尊重幼儿在发展水平、能力、经验、学习等方面的个体差异,因人施教,努力使每一个幼儿都能获得满足和成功。"两个重要文件都指向差异化教学,美国学者汤姆林森认为"差异教学的核心思想是,将儿童个别差异视为教学的组成要素,教学从儿童不同的准备水平、兴趣和风格出发来设计差异化的教学内容、过程与结果,最终促进所有儿童在原有水平上得到应有的发展。"为此,教师就需要学习一些差异化教学活动模式与辅助策略。

一、学前融合教育差异教学的主要活动模式

(一)可调节任务模式

可调节任务模式来源于分层教学,格雷戈里和查普曼认为分层教学是指"教师有技巧地编制不同的计划以满足儿童在课堂上的不同需求。"罗杰·汤姆林森认为"分层教学是对多种教学计划进行转换的方法"。罗伯特·斯莱文教授对分层教学进行了系统和全面的分析,他在《小学分层教学》中将分层教学划分成两个维度,即分班制分层教学和班内分层教学。分班制分层教学是从学校层面实行按能力分班或者学科制分班。班内分层教学则是在班级内部将儿童进行分组或通过掌握学习的方法来降低儿童的差异。他认为,合作学习也是班内分层教学的一种,只是更加强调异质分层而非同质分层。对于学前融合班级而言,主要强调的是班内分层教学,由于对于特殊需要儿童而言,这种分层不同于健全儿童中的分层,教学活动任务可以随时进行调整。

可调节任务模式是指根据儿童的特点,针对性地调整学习任务,让不同层次的儿童都能够得到良好的学习。教师要根据儿童的特点,如能力、智力或动作发展水平,来制定不同的学习任务。教师要通过调整任务学习模式,使不同的个体都能够在自己的能力基础水平上来学习。另外,教师还可以根据儿童的努力程度和其他一些非智力因素特征,适当调整学习任务,增强儿童的学习意愿,努力使不同的儿童都能够得到很好的学习。教师还可以依据所能调动的教学资源,如电脑、电子游戏、绘本与多媒体等教学辅助设施来制定不同的学习任务。

对于可调节任务模式在实际操作中可参考如下建议:可调节任务模式是为满足多个层次知识水平的儿童对学习的不同需求所设计的教学计划,前提是有效识别儿童的不同学习层次,针对儿童的不同需求,教师要努力去制定多个层次的教学计划,这要花费更多精力与时间,所有这些工作投入会让所有儿童都受益。在具体实践中,教师可以采用如下步骤操作:第一,创建一个计划表;第二,尽可能进行小组学习;第三,把儿童分成两个或三个层次,更多层次会使计划变得更加复杂。第四,使用有助于儿童建立自信心的词汇或短

语来描述每个层次,如用动物、水果、颜色、植物、各种人物等。

【案例 5-1】

在开展"认识几何图形"这一活动时,教师应先设置两个不同的任务,对孤独症儿童,就让其认识圆形、正方形、三角形的名称和基本特征。对普通儿童,则应要求其认识更多的几何图形,如长方形、球体、圆柱体,从而使不同能力儿童都得到适宜的学习与发展。

(二) 问题模式

基于问题模式,教师指导儿童,结合班级、幼儿园与社区,或者扩大到县、市、省或者国家,甚至国际问题,选定一个问题,每个儿童或者小组承担一定的任务。比如垃圾分类问题,教师可以采用头脑风暴方式,鼓励儿童积极来找一种比较好的解决方式,与家长、社区工作人员、研究人员等进行交流,教师要积极引导儿童,来了解一些垃圾分类的要求与以往分类教学的先前经验知识,结合家庭日常生活,由家长、老师和儿童一起来探讨怎么样对家庭垃圾进行分类,并找到适合家庭、本幼儿园或社区一些良好的垃圾处理解决方式。

【案例 5-2】

1. 在小班教学活动《玩具如何收拾》中,教师提前布置一个小熊的家,杂乱摆放玩具,让小朋友帮助小熊收拾家。

2. 在大班科学活动《废水变净水》中,教师提出问题:"小朋友认真观察,这个过滤器有几层过滤?这瓶水浑浊吗?水中的杂质是怎么被过滤掉的?"让儿童通过观察与实验来懂得过滤原理。

(三) 基于项目模式

美国教育家克伯屈在《项目教学法:在教育过程中有目的的活动的应用》一文中,首次将项目教学正式应用于教育领域中。之后丽莲凯兹所编著的一系列关于项目教学的书中,阐述了项目教学在儿童教育中的应用方式和潜在价值等内容。源于意大利的瑞吉欧教学,使项目教学被广泛应用。项目教学强调以儿童的兴趣和需要为起点,突出儿童主体性,给予儿童实地考察、动手操作、表达交流的机会,能够唤醒儿童的内在动力,激发其探究兴趣和探索欲望,非常受儿童的喜欢。在项目活动中,教师的角色不仅是儿童的引导者,还是与儿童共同学习的人,跟随儿童的探究行为,辅助儿童更好地完成科学探究活动,并提供相应的支持策略,例如有教师以《神奇的雨水》为项目,设计出:探寻雨水的踪迹、雨水的来历、雨水的用途和节约用水 4 个主题项目。

项目模式主要是为了更深入、更全面去解决一个任务而进行的活动设计,项目可以在教师或成人的指导下进行,可以是全班儿童或者分小组参与,通过合作分工的形式来开展,所选项目要适合儿童的年龄阶段与特征,通过成人指导,儿童能够顺利完成进行项目活动。

【案例 5-3】

以"动物园小导游招聘"项目为例,本项目活动主要是引导儿童了解不同动物的形态、习性、生存条件等自然科学知识,以此提高儿童对动植物的保护意识。在儿童通过探究活动了解动物的基本信息后,教师即可设计分享活动。教师可以组织儿童展示自己手工制作的动物头饰,并让儿童戴上自己制作的头饰,介绍相应动物的基本信息及特点,以此进一步深化儿童对自己喜爱的动物的了解。比如,有的儿童喜欢大熊猫,在项目探究环节,儿童便可以制作一个熊猫头饰戴在头上,并向其他儿童介绍大熊猫的习性,孤独症儿童只需要了解一些简单的内容,如"整体黑白相间""平时看起来懒洋洋的""喜欢吃竹子""一般生活在竹林与山林之中"等。普通儿童在掌握以上基本内容外,可以去了解环境污染对动植物造成的恶劣影响,进而树立环保意识,培养热爱和保护动植物的情感态度,并能在日后的生活中体现出来。

(四)教师主导学习模式

以教师为主导的学习模式主要是指为了让儿童掌握某项知识或技能的一种结构式教学方法。在这一模式中,教师是学习活动的主导,布鲁斯·乔伊斯和玛莎·韦尔给这种教学法提出了五个步骤:一是理论讲解,二是操作演示,三是结构式练习,四是指导式练习,五是独立练习。这种教学法在中小学课堂中,包括大学课堂与幼儿园,使用都比较普遍。目前,在幼儿园的教学方式中,仍然是以教师为主导的教学模式。该模式教师要事先进行准备,需要讲授大量的内容,并制作很多活动材料,在新知识的学习中,这种教学模式比较有效。

另外,由于分类标准不一,各种立场与观点各异,还有很多教学模式,如嵌套模式、多元智能计划模式、三元智力团队模式、自主学习模式、活动分析模式和线程模式,等等。

【案例 5-4】

"厨房过家家"区域游戏活动中,教师发现事先准备的气罐模型、灶台模型等游戏材料的利用率不高,而且幼儿会随意将"蔬菜"丢进"锅"中,不会按照正常的做饭顺序完成角色扮演。对此,教师及时介入,引导幼儿分析气罐、灶台等游戏材料的使用方法,同时还为幼儿讲述了做饭的一般顺序。教师为了引导幼儿树立安全意识,让一个幼儿假装自己被烫到,一直痛苦地呻吟,当看到这一幕时,其他幼儿先是哄堂大笑。教师十分紧张、焦躁地跑到"烫伤幼儿"身边,紧急为其处理"烫伤伤口",并让幼儿思考应该如何处理这一突发意外,引导幼儿了解如何紧急就医,学习简单的处理办法,如用凉水、牙膏等帮助"伤员"物理降温等方法。对一些没有"关气罐""关电磁炉的开关"的幼儿,教师再一次强调厨房安全,希望幼儿及时改正自己的行为问题。

二、学前融合教育差异化教学活动的辅助

(一) 活动辅导原则

1. 摒弃偏见,用心指导

特殊需要儿童由于在行为模式和生活习惯上与普通儿童可能存在明显的不同和差异,加之社会上部分群体对特殊需要儿童存在一定的偏见、误解甚至歧视,这些都在极大程度上造成了特殊需要儿童与所谓主流社会之间的隔阂。教师要积极营造良好的活动氛围,培养儿童的多元视角能力与包容力,了解与尊重差异,耐心倾听特殊需要儿童的需求,对特殊需要儿童积极关注,当特殊需要儿童遇到困难挫折时,及时给予支持,特殊需要儿童在参与融合教育的过程当中,会取得很大的发展成效。

2. 营造环境,接纳差异

教师要营造相互尊重、彼此信任的舆论氛围,可以利用家长会、环境创设、宣传栏等多种渠道进行宣传。幼儿园可以定期举办沙龙、家园会、教研活动、集体备课方式等,让教师正确认识特殊需要儿童的潜能。可在家长间开展残疾人成才事迹、励志故事等宣讲,消除特殊需要儿童家长的悲观与焦虑情绪。在幼儿园的各种场所,如洗手池、卫生间、游戏场、区角等地方增加流程图或视觉提示图等积极行为支持图示(如图5-3所示),注意采用纯图或图文结合的方式,采用多种策略,帮助特殊需要儿童更好地理解流程图与规则卡的操作。对一些特殊需要儿童由于各种原因养成的一些特殊的习惯,在不影响其自身身心健康和其他儿童的前提下,老师应予以充分尊重。如一个特殊需要儿童因过敏性体质,从不午睡,教师就要接纳这种差异,允许他不午睡,用看书、单独游戏等方式来替代。

3. 创设机会,体验快乐

国务院新闻办公室在2019年7月25日发表《平等、参与、共享:新中国残疾人权益保障70年》白皮书,指出残疾人是人类大家庭的平等成员,尊重和保障残疾人的人权和人格尊严,使他们能以平等的地位和均等的机会充分参与社会生活,共享物质文明和精神文明成果,使残疾人的获得感、幸福感、安全感持续提升。所以,教师要调动一切积极因素,为特殊需要儿童参与所有活动创设条件,例如,教师可引导特殊需要儿童自主选择自身喜欢的活动,或者能够完成的任务来安排。如果是游戏活动,可以在形式、内容、场景等方面进行调整,为特殊需要儿童参与游戏提供机会。在幼儿园的各种教育活动中,只要用心设计,特殊需要儿童几乎可以参加所有的活动。不管是主班教师,还是配班教师,抑或保育员,都可以在各个方面为特殊需要儿童提供参与的机会,协同一致,定能达到最佳的教育教学效果。

图 5-3 积极行为支持图示

（二）认知训练辅导

特殊需要儿童认知训练是一个由易到难、由简到繁的渐进过程，教师可以通过要求儿童完成物体匹配、图像物体匹配、物体分类等任务来培养儿童的认知。在这些任务中，儿童可以根据食物、动物、交通工具、水果、蔬菜等上位概念，对各种材料进行比较、抽象和总结，如根据颜色或形状等外部特征对物体进行配对和分类。根据事物之间的关系分类，从而为概念认知的形成奠定基础。

基础性训练是特殊需要儿童认知训练内容的重要部分，该训练主要包括认

图 5-4 儿童认知训练

识颜色、图形、基本物理量等三个方面。认识颜色的训练主要包括认识基本色(红、黄、蓝等)与次常见色,能区分同一颜色的不同鲜明程度。认识图形主要包括认识平面图形和认识立体图形两个部分,对物体、图画、玩具等材料进行训练,使儿童能够识别物体或几何图形的形状,形成图形概念,发展空间知觉和想象能力。认识基本物理量主要包括认识大小、长短、轻重等,训练时可以从单维度加深和扩展,然后从二维或多维度的组合进一步提高认知任务的难度,强化特殊需要儿童的理解。

认知研究非常丰富,除了对不同障碍类型儿童不同类型(如语言、视觉、听觉等)的认知训练外,还有研究儿童元认知的训练,元认知是美国发展心理学家弗拉韦尔在研究元记忆的基础上于1976年正式提出,元认知通常被定义为任何以认知过程与结果为认知对象的知识,或是任何调节认知过程的认知活动。元认知由三个部分构成,即元认知知识、元认知体验以及元认知监控。对儿童进行元认知训练的重点是帮助他们积累更多的元认知策略,元认知训练的方法多种多样,并不局限于某一种方法,在实践中,自我提问法、思维情境创设法、认知冲突法等训练方法的操作性都比较强,对儿童元认知的发展有促进作用。对儿童进行的元认知训练一般都应融入具体的情境中,例如为了提高认知活动的有效性,可以让儿童在活动的过程中边做边记录,记录的方式可以是文字、符号、图画或者其他任何儿童感兴趣的方式。这样就可以让儿童在不知不觉中完成元认知训练的。

【案例5-5】

认知训练

一、训练目标

(一) 初级:认识和说出红、黄、蓝三种常见颜色的名称;认识和说出圆形、三角形、正方形三种基本形状;能够在两个差异较大的物体中辨认和区分较大、较小、较长、较短的一个。

(二) 中级:能够进一步认识和说出紫色、橙色、黑色、白色、灰色等颜色的名称;认识长方形、椭圆形、梯形等形状,认识球体、正方体、长方体和圆柱体;能够在差异较小的物体中辨认出较大、较小、较长、较短、较重、较轻的一个,能够初步掌握通过比较大小和测量物理量来区分物体。

(三) 高级:能区分同一颜色鲜明程度的不同,如红与深红、绿与浅绿等;认识几何图形的分解和组合,能够将分解的图形重新组合成原来的图形;能比较多个物体的量,并能够用语言准确描述物体的量。

二、颜色篇

2005年张积家等用11种基本颜色对3~6岁儿童的颜色命名能力进行了研究,结果显示儿童对11种颜色的命名顺序:白、黑、红、黄、绿、蓝、粉红、紫、橙、灰、棕。儿童在未能对颜色进行正确命名之前,已具有对颜色的分辨能力。例如,4个月的婴儿已经能区别红、蓝、绿、黄四种颜色,与成人相差不大。

1. 训练

首先确立训练目标,对特殊需要儿童进行颜色训练,可以参考普通儿童颜色认知发展

的目标来制定训练目标。

学前儿童的颜色认知发展的一般规律:3～4岁儿童可认识红、黄、蓝、绿四种常见颜色;4～5岁儿童能力进一步可认识紫色、褐色、橙色、白色、黑色、灰色等颜色;5～6岁儿童能区分同一种颜色的不同鲜明程度,同时进一步认识更多混合色。特殊需要儿童颜色训练目标制定可以参考此发育顺序,但要注意结合儿童具体情况设置目标。

从儿童学习事物所经历的命名、辨认、发音三个阶段来看,特殊需要儿童应在颜色认知训练中达到以下目标:命名——能指认物品并说出名称或某一颜色的概念,建立颜色与颜色概念之间的关系,例如能正确回应"这是红色"的问题。辨认——能根据某一颜色概念从2～3种颜色中找到与概念相应的颜色,例如能正确回应"哪个是红色的"的问题。发音阶段——能说出颜色的名称或概念,例如问儿童"这是什么颜色?",儿童回答"这是红色的"。

训练的最终目标是让特殊需要儿童能分辨出各种不同色调和饱和度的颜色,并准确地说出某一种颜色的名称,促进其颜色认知能力的发展。

2. 注意事项

(1) 在帮助儿童进行颜色认知训练时,强调手中正在操作的,例如"宝宝,这是红色的积木"。

(2) 使用是非强调法,例如帮助儿童学习红色时,尽量多强调红色,引导儿童拿起红色积木,当儿童拿对时,说"你真棒,这是红色的积木",当儿童拿错时说"这不是红色的"。

(3) 为儿童创造色彩缤纷的环境,儿童的床单或玩具避免单一颜色。

(4) 当儿童在最初学习颜色时,避免一次给予过多颜色,儿童会感到混乱,应当给予一到三种颜色,多强化,使儿童清楚认知后,再增加颜色种类。

三、图形篇

几何图形是对自然物体形状的抽象和概括。认识几何图形,不仅有助于儿童辨别和区分日常生活中的物体,发展初步的空间知觉能力和想象能力,而且有利于儿童理解和掌握抽象概念,从而促进其思维的发展。

儿童发展心理学表明,儿童对图形的认识发展具有如下特点:

第一,认识平面图形并达到图形守恒。4～5岁的儿童能开始正确认识平面图形,认识顺序依次是圆形、正方形、三角形、长方形与梯形。并且,儿童能不受图形大小、颜色、摆放位置的影响而正确地辨认图形。

第二,认识立体图形并达到图形守恒。5～7岁的儿童开始能正确认识常见的立体图形,认识顺序依次是球体、正方体、长方体、圆柱体。儿童能区分平面图形和立体图形,并逐步理解两者之间的关系。

第三,认识图形分割与拼合。4岁以上的儿童对图形的分割与拼合活动表现出较高的积极性和一定的创造性。

第四,认识图形对称。5岁的儿童开始学习对称图形。

对于特殊需要儿童来说,他们大多以感性认识为主,抽象的思维能力比较弱,较难从自然物体中提炼出几何形状,他们对图形的认知存在着明显不足。特殊需要儿童在形状知觉的三个层次上的具体表现为:分辨层次,基本能粗略分辨;识别层次,对基本图形能进行较粗略的识别,但能认不能画,无法临摹;组合层次,对图形各部分关系无法把握。特殊需要儿童最普遍的困难是形状知觉不够分化,本质是认知加工笼统和粗略。

特殊需要儿童的这几种几何图形认识水平的发展落后或缺陷,反过来又严重制约了他们认知能力的进一步发展。因此,为了弥补特殊需要儿童几何图形的认知缺陷,以及在以后的认知训练中帮助他们理解图形训练材料,应在正式开始认知教学与训练前,要求特殊需要儿童正确认识一些图形。认识图形训练主要是通过观察、操作,帮助特殊需要儿童更加直观地认识三角形、圆形、长方形和正方形等形状,了解这些图形的名称,初步感知这些形状的特征,并学习这些图形在日常生活中的具体应用。

1. 训练

特殊需要儿童认识形状的训练目标主要是通过视觉、触觉等丰富的感性经验,以正确认识形状,理解与掌握平面图形和立体图形的基本特征;并在此基础上引导儿童初步理解两者之间的关系;同时培养儿童的空间观念以及细致观察、主动探索的能力。在对特殊需要儿童进行图形认知训练的过程中,要注意调动其多感官尤其是触觉的参与。

儿童从认识平面图形向认识立体图形过渡。在认识平面图形训练中,一般是先认识圆形,然后认识正方形、三角形、长方形、半圆形、椭圆形和梯形等;在认识立体图形的训练中,主要是逐渐认识球体、正方体、长方体、圆柱体等。

认识图形:在认识图形时(以三角形为例),遵循同颜色一样的引导。命名——能指认图形并说出名称,建立图形与图形概念之间的关系,例如"这是三角形";辨认——能根据某一图形概念从2~3种图形中找到与概念相应的图形,例如正确回应"哪个是三角形的?"的问题;发音阶段——能说出图形的名称或概念,例如问儿童"这是什么形状的?",儿童回答"这是三角形的"。

认识图形分合:图形的拆分,等分正方形,得到两个三角形或两个长方形;图形的拼合,引导儿童指认复杂图片上是由哪些图形构成的,例如画一个房子,引导儿童说出房子是由哪些图形组成的。也可使用形状板,引导儿童进行拼合。

认识图形对称:让儿童指认图形,引导其等分图形。例如拿出一张正方形的硬卡纸,引导儿童将正方形角与角对折后剪裁,得到两个三角形或两个长方形。

2. 注意事项:

(1) 在进行训练时注意激发儿童兴趣,利用各种感官感受图形。

(2) 引导儿童注重动手操作,促使儿童将学到的知识与现实实物相结合。

(3) 提供不同大小、颜色的形状,建立图形守恒。

四、基本物理量篇

物理量是事物所具有的可做比较或测定其异同的一种性质,如比较和测定两个物体或多个物体的大小、长短、轻重等。量可以分为间断量和连续量。间断量是表示在某个集合中元素个数的量,如某班级有20名儿童,其中男童12名,女童8名。间断量只能是整数,不能是小数,如我们不能说有男童11.5名。而物体的大小、长短、轻重、速度等都是连续量。连续量可以是整数也可以是小数,如晓明的身高是1米,小红身高1.2米。

儿童认识物理量有以下特点:(1) 3~4岁的儿童只能对差异较明显的物理量进行区

分。如在一组物体中辨别与区分出最大的(最长的)或最小的(最短的)的物体。随着年龄的增长,儿童逐渐对差异不太明显的物理量进行认识和区分,即对物理量区别的精确性有所提高。(2)人们认识与区别物体是通过比较与测量物理量来完成的。对于儿童来说,最初是通过对两个物理量的比较,来感知物体之间的差异。例如比较两根绳子的异同,可以从长短、材料、粗细等方面进行比较。在比较中,儿童逐渐理解物理量的绝对性和相对性。(3)学前儿童虽然能理解物理量的意义,但有时还不能用准确的语言来表达。例如,3~4岁儿童常常用大、小来代替长度或其他物理量,把长毛巾说成大毛巾。(4)一般来说,儿童先认识间断量,后认识连续量。

研究表明,4岁的儿童对大、小概念已经有初步的认识;5~6岁是大、小概念理解的迅速发展期;随着年龄的增长,大、小的概念逐渐达到成熟水平,8岁以后儿童与成人基本一致。就认识长短而言,绝大多数4~6岁儿童对长度概念的掌握程度较好。(儿童对大小概念的理解或产生有一个大致的顺序,但不是绝对的年龄划分,因为同一概念会因环境或对比物的不同而出现差异。例如,两个三角形哪个大与数字1和数字3哪个大是不同的。)基本物理量的认识不足使得特殊需要儿童失去了许多学习机会,进而影响分类、推理、问题解决等其他高级能力的发展。

特殊需要儿童由于生理缺陷,导致其思维迟缓,认知能力发展较差。在训练开始之前,一定要清楚儿童水平,制定适合的训练计划,进行必要的认识物理量的认知训练。

1. 训练

根据特殊需要儿童的认知特点以及普通儿童的认知发展规律,通过多种方式进行训练,帮助、引导特殊需要儿童认识长短、大小、轻重等基本物理量。具体来说,主要是让特殊需要儿童能感知和区分物体之间的差异;通过比较和测量等,促进特殊需要儿童对大小、长短、轻重等各种基本物理属性的认知;并提高无量的区分的精确度。

认识大小:拿出不同大小的卡片或实物进行对比,命名——指认物品并说出对应的名称,例如"这个比较大"。辨认——儿童能在不同大小的物体中找到相对应的,例如正确回应"哪个比较大"的问题。发音阶段——儿童能说出相应概念,例如问儿童"这两个三角形哪里不一样?",儿童回答"这个比较大"。

认识长短:同上。

认识轻重:同上。

2. 注意事项:

(1)在进行训练时注意激发儿童兴趣,利用各种感官感受物理量。

(2)引导儿童进行对比的初期,应先给予较少的对照,再逐渐增加,让儿童从较多的对照物中找出最大、最长或最轻的一个。后续可引导儿童进行排序。

(3)引导儿童注重动手操作,促使儿童将学到的知识与实物相结合。

(4)指导儿童认识某一物理量的初期时,应使用同种物体进行比较,例如拿同样颜色、不同大小的正方形来对比大小,逐渐更换对比物。

(三) 社会技能训练

社会技能训练通常是指对个体社会适应过程中相关的认知、情感、行为进行培养或调整的干预活动，它是解决个体社会技能缺陷带来的行为问题和情感问题的有效手段，是形成良好同伴关系的基础。社会技能训练的目的一般在于增进与同伴及成人交往所必需的社会技能；提升交往能力，即自我表达能力和了解他人的能力；改善饮食、穿戴和大小便等自理能力以及各种运动技的平衡等。格尔德（Geldard，2002）认为儿童的社会技能训练包括三方面：一是确认和表达感觉：确认自己和他人的感觉和表达感觉；二是与他人有效的沟通：包括交朋友、处理被冷落和解决冲突技能；三是自我管理。埃尔克斯（Elksnin，1998）把社会技能分成人与人之间的技能、与同伴有关的社会技能、老师满意的社会技能、与自我相关的技巧以及表现决断力和沟通的技能。一般认为社会技能训练包括认知相关技能、行为相关技能、情绪相关技能训练三部分，其中认知相关技能主要涉及社会知觉、问题解决、自我指导、认知建构和自我评价等；行为相关技能大致包括初步社会技能、交友技能、情绪应对技能、攻击替代技能、压力应对技能、环境行为技能、人际行为技能、自我相关技能和任务相关技能等几方面；情绪相关技能包括自我认识、自我认同和自尊、认识和表达自己的情绪、认识他人的情绪情感、认识到情绪表达的复杂性、移情等方面。

生活自理是以提高儿童的生活能力为目的，以儿童当前及未来生活中各种生活常识、技能经验为课程的内容。培养儿童具有生活自理能力，简单家务劳动和社会生存能力，使之尽可能成为一个独立的人。所以，根据生活教育目标，要求我们生活自理的教育，不是教师教，儿童听、记，而且要求儿童真正参与到生活化的教学活动中，生活实际当中。以儿童的实践操作为主，教师的讲解为辅，做到少讲多练。比如个人卫生方面的教育训练，应将内容分为多个实践训练。利用园所条件，带儿童进行洗手、洗脸、洗脚、刷牙、剪指甲、整理衣服、整理床铺等生活自理能力训练。在儿童动手操作过程中，老师先要进行讲解分析，示范后让儿童进行练习，老师再进行操作指导，以满足班级中不同儿童的个体需要。同时老师应每天检查督促，让儿童逐渐养成爱清洁、讲卫生的习惯，真正做到适应生活。又如班级卫生方面，儿童在老师的带领下打扫教室，擦黑板、门窗、桌椅板凳等，并轮流进行值班负责，可增强他们的责任心，让他们在生活劳动中学会怎么增强自己的生活能力，在生活中不断成长为一个有责任心、有自我调节能力、有自我意识的人。通过反复强化，使儿童逐步养成生活自理方面的习惯、技能。

【案例5-6】

生活自理的训练

如 厕

教育儿童养成良好的如厕习惯大致包括：辨认男、女厕所，大、小便要入厕入池，不得随地大、小便，按时大、小便，大便后要用卫生纸擦干净，便后要洗手等。

步骤：

1. 对儿童进行基本的卫生常识教育，如便后怎样用卫生纸擦干净，包括卫生纸的叠

法(教师示范),卫生纸的擦法(特别强调女童要向后擦),以及不得随地大小便,便后要洗手等。

2. 及时性教学,对于不会擦屁股的儿童,利用他在上厕所大便的情况下,进行现场教学。

3. 每天定时让儿童大小便,以养成儿童按时大、小便的习惯。

4. 选派个别卫生负责员,监督儿童不准随地大小便。

5. 教育女童定时换内裤。

穿鞋子

可以把整个穿鞋过程分解成右脚穿鞋,左脚穿鞋。单脚穿鞋又分解出几个简单的步骤进行教学。

1. 一手拿起鞋子。

2. 将同侧脚抬起放置于另一腿上。

3. 双手握住鞋帮,让脚指头对准鞋口并伸进鞋口。

4. 用力将脚伸入鞋内,顶到鞋尖。

5. 伸出食指插入鞋后跟,并用力将鞋后跟往上提,使脚后跟紧贴鞋底跟。当左脚(或右脚)基本学会以后,另一脚的学习就相对容易。最终才让儿童完整进行双脚练习。

在整个练习过程中,教师必须耐心地一步一步分解指导,儿童跟着老师学,小步子,多循环。同时由于每一个分解步骤难易程度不同,在练习过程中必须从儿童实际掌握情况出发,适时缩短或延长某一步骤的练习时间。通过反复强化,逐步使儿童养成生活自理方面的习惯、技能等,让他们在基本的生活自理上形成动力定型的生理机制,循序渐进,逐步提高要求。获得初步的生活自理技巧之后,要注意提高智障儿童做事情的速度、质量。如智障儿童吃饭,开始可能会把饭粒撒得满地,通过一段时间的培养和练习,智障儿童会逐渐正确掌握吃饭的技巧,少撒饭粒或不撒饭粒。

(四)行为问题辅导

特殊需要儿童由于有先天生理障碍,父母在养育儿童的过程中,因为养育方式或技能的影响,难免会助长特殊需要儿童的行为问题,家庭因素是导致儿童行为问题发生的风险因素之一。杜绝早期儿童行为问题的发生,及早发现儿童早期的和可能持久的行为问题的发生与发展的影响因素,受到了很多研究者的关注,自然也是干预中的重点问题之一。林格伦对于儿童问题行为的界定被认为是具有概括意义的,问题行为指任何一种引起麻烦的行为(干扰儿童和班集体发挥有效作用),或者说这种行为所产生的麻烦(表示儿童或集体丧失有效的作用)。自从1928年威克曼开展研究以来,问题行为以其严重性和重要性,一直受到关注。勒伯尔等人的研究表明:在相当一部分儿童中,早期的问题行为,尤其是外显的问题行为具有较强的持续性,到青春期以后变化的可能性较小。幼儿期的问题行为随年龄的增长而增长,且发展的高峰期在大班。早期外部行为对个体后来的学业、行为、同伴关系以及成年期生活都有消极影响。

针对特殊需要儿童问题行为,有研究者对中国知网 2005—2019 年相关文献进行分析研究,发现各类障碍儿童的问题行为主要集中在:自我伤害行为、攻击行为、刻板行为、干扰行为、发脾气行为、注意力分散行为、不顺从行为、冲动行为等。

干预策略主要反映在三个方面:一是基于功能性行为评估的干预方法。功能性行为评估和基于功能性行为评估的积极行为支持策略,目前成为各类行为问题干预中最常用的方法,被认为是解决行为问题的有效策略。二是心理学或医学领域的相关干预方法。主要有沙盘游戏、艺术治疗、舞动治疗、绘画治疗等心理学及医学领域的相关干预方法,也逐渐应用于特殊需要儿童行为问题的干预。这些干预方法以相关媒介为载体,帮助特殊需要儿童进行内心世界的表达和宣泄,同时培养儿童的规则意识,加强沟通能力,提高注意力。对知觉、动作能力的训练也是特殊需要儿童行为问题解决中应用较多的干预策略,具体包括感觉统合训练、知觉—动作训练、体感游戏等。三是符合学习发展需求的教学方法。主要有图片兑换沟通系统、录像示范法、社会故事法、结构化教学等常见的教学方法,均在特殊需要儿童行为问题干预中有所体现。

由此可见,特殊需要儿童问题行为对儿童发展的影响具有持续性,而且儿童问题行为具有复杂性、多样化、差异性等特点,所以要特别注意对特殊需要儿童的行为问题奉行早发现、早干预、早治疗的原则,明确儿童行为问题的具象变现,提出具有针对性的辅导策略,提高教育效果。

【案例 5-7】

处理孤独症儿童三餐吃饭的行为问题

1. 处理办法

(1) 管理好吃饭时间以外的进食,尽量控制儿童的闲食和零食的习惯;

(2) 固定三餐吃饭时间,并让儿童严格遵守时间的概念,只有在吃饭的时间才能把饭菜放在餐桌上,才可以进食,帮助儿童养成规律的饮食习惯;

(3) 用固定地点,排除干扰的办法,训练儿童能安坐在餐桌上吃饭。

2. 养成独立吃饭的习惯

(1) 帮助儿童克服依赖喂饭方式的思想,培养儿童吃饭的愿望和积极性。首要对儿童进行小肌肉运动机能和手眼协调能力的训练,以增进身体功能发育,再针对性地辅助训练吃饭的技巧;

(2) 按照饮食的常规训练,辅导要及时、到位,如餐具、食具的认识和使用,吃食、饮喝的步骤程序,吃食的规则等规范动作的训练;

(3) 进行辅助性的训练,尤其是对手部动作极不灵活的儿童,要加强辅助。

3. 创造良好的进食环境

(1) 减少或控制正餐前的零食,以免产生挑食、拒食。

(2) 不要一次摆上许多种饭菜,以免产生偏食、挑食。

(3) 用食物混合伪装,强化食物技巧运用等办法,避免只做单一的、儿童爱吃的饭菜。

思考与练习

1. 学前融合教育差异化教学的核心特征主要表现在哪几个方面？差异化教学与传统教学主要有哪些区别？
2. 学习差异分析主要需要注意什么？
3. 学习任务调整主要策略有哪些？
4. 学前融合教育差异教学包括哪些活动模式？

第六章 学前融合教育的个别化教育计划

学习目标

1. 理解个别化教育计划的发展及概念,掌握学前融合教育个别化教育计划的内涵和特征。
2. 掌握幼儿园个别化教育计划的制订流程和实施形式。
3. 理解学前融合教育个别化教育计划的实践模式,并尝试在实践中运用。

情境案例

刘某,男孩,4周岁,出生时因脑缺氧曾住院治疗一段时间。此前,没有上过幼儿园,一直由奶奶看护。动作协调性不太好,眼睛略显呆滞,间或有少量口水流到嘴角。初次送到幼儿园,并没有哭闹。与小朋友交往时语言表达极少,别人玩的时候他喜欢凑过去旁观。不能安静跟小朋友一起参与活动,不能倾听老师的指导语,交流起来有些困难。如果你是刘某的幼儿园老师,在融合教育情境下你怎样给他制定学前融合教育计划呢?

案例点评

案例中的刘某从动作、语言和社会发展领域三个领域来看明显落后于同龄普通儿童,但具体原因不明。所以教师可以首先和家长做好沟通,了解家长的真实需求与对儿童的期望。然后可以请家长带儿童去医院做诊断,确定儿童是否是特殊需要儿童?如果是特殊需要儿童,建议尽早进行康复训练。最后教师根据儿童的具体情况和家长以及康复中心教师制定个别化教育计划。

第一节 学前融合教育的个别化教育计划概述

一、个别化教育和个别化教育计划的概念和发展

(一) 个别化教育的概念

个别化教育(Individualized Education)是植根在对学生个性尊重的基础上,将以教材、教师为中心的教育改为以学生为中心、真切关照每个学生潜能开发、个性发展的教育。是满足特殊教育需要、实现个性化发展的重要手段和方式,也是特殊教育的重要特征。个别化教育关注每个学生,针对每个学生的特点开展教育,强调从学生的全面发展出发,根据学生的身心发展尽心设计,从而开展教学。是社会经济与文明发展的重要表现,也是社会进步和发展的产物,它真正体现了"以学生为中心"的教育思想和"以人为本"的文化精神。

个别化教育旨在尊重特殊需要学生的个性,将教师为中心的教育变为以特殊需要学生为中心,真切地关照每个特殊需要学生的个性化发展。

1. 个别化教育的对象

个别化教育的对象就是特殊需要学生,具体来说,个别化教育针对每个有特殊需要的学生个体,一个个体就是一个教育对象,通过个别化教育计划的拟订和实施完成对个体的教育服务。

2. 个别化教育的意义

(1) 建立在评估基础上的个别化教育

个别化教育必须对每个特殊需要学生有全面、系统、可持续的了解,这就要求对每个学生进行前期评估,评估的结果就是教育的依据,评估内容包括对特殊需要学生家庭、生活环境、生长发育情况、身心发展特点及水平、兴趣爱好等,精准的评估能够更好地确保后续教育服务的质量。

(2) 尊重学生基础上有系统性的个别化教育

尊重每个特殊需要学生的学习起点、学习能力,从而设定不同的学习目标与要求,尊重他们独有的学习速度、学习方式,采取多种教学方法、教学活动设计与实施,从而满足学生的教育需求。个别化教育是务实的、有操作性的、严谨的、完整的教育教学过程。

(二) 个别化教育计划的概念

个别化教育计划(Individualized Education Program, IEP),是指为接受特殊教育的每一位残疾学生而制订的适应其个人发展需要的教育方案。

个别化教育计划是指在我国当前的教育条件下,教师为某个学生制订的,旨在有效提高教育教学效果的,用于备课、上课的因材施教计划。简而言之,它是从个别差异出发的、以满足学生的特殊个别教育需要为目的的教育教学措施或者计划。个别化教育计划是个

别化教育的基石,是根据特殊需要学生的身心发展特点而制订的、符合学生现有能力水平的指导性发展文件,是实施个别化教育的重要依据。

① 个别化教育计划是实施个别化教育的总设计,是使特殊需要学生得到合适的教育服务的保证。

② 个别化教育计划是教师、学校对特殊需要学生实施教育的承诺,这一承诺将会受到家长、学校、社会的监督和检查。

③ 个别化教育计划沟通了教师、家长、社区人员与特殊需要学生,融合了学生的学校生活、家庭生活、社会生活,让各类参与教育的人能够互相流、互相配合、互相合作,在明确的目标引导下从不同的角度去实施个别化教育。

④ 个别化教育计划是教师在这一阶段做计划、设计教学活动、安排教学环境、实施教学活动的重要依据,也是对特殊需要学生进行教育评价的重要依据。

(三) 个别化教育计划的发展

1. 国内发展情况

我国台湾地区首次出现的关于特殊教育的法案是《特殊教育法》,其中就规定特殊教育机构或者个人应该针对被教育者的不同情况综合考量,提供适合被教育者的个别化教育。在此之后,我国台湾地区还接着颁布了《特殊教育法实施细则》,从细节上指导特殊教育中的各类教学活动,为个别化教育的实施提供法律保障。而在2011年初,我国台湾地区又通过了《特殊教育行政支持网络联系及运作办法》,借助信息化的办公手段,将被教育者的个别化教育过程以规范化、无纸化、流程化的方式保留存档。

我国大陆于20世纪80年代开始逐渐重视在特殊教育领域的个别化教育落实和研究,早期制定的《残疾人教育条例》中指出,对于残障的被教育者,应该核定被教育者的残障水平,并结合特殊教育学校的现有情况,进行合理的分类教学和个别化教学。但是,由于办学条件的限制,个别化教育的发展步伐非常缓慢。2007年,《培智教育学校义务教育课程设置实验方案》明确提出,特殊教育学校都要推行个别化教育,将日常集体教学和个别化教学相结合,以满足不同层次的学生个性化的发展需求。在2014年和2017年,国务院分别颁布了第一、二期特殊教育提升计划,指出特殊教育学校要加强个别化教育的实施,提高特殊教育服务的有效性。

20世纪80年代以来,我国特殊教育受到回归主流及全纳教育思潮的影响,个别化教育计划也随着全纳教育、正常化原则等理论的发展成为我国特殊教育的主要实践之一,并根据实践经验不断本土化,取得了一定的成果。我国在20世纪80年代引进个别化教育计划,我国特殊教育专家和一线特殊教育教师从理论和实践两个层面探究个别化教育计划,经过近40年的发展,已经形成了不少理论研究,实践研究也在不断增多。

2. 国外发展情况

18世纪末19世纪初,法国医生依塔德为"野孩"维克多制订了五年训练计划,这可以看作是早期的个别化教育计划,标志着个别化教育计划已出现雏形。1972年,美国联邦法院裁决,要为所有亚拉巴马州立学校和医院的人提供个别康复计划(Individual

Habilitation Plans，IMP）。这个计划的一些内容和现在流行的 IEP 很相似，它们对 IEP 的出现产生了积极的影响。从此以后，IEP 在美国的学校普遍使用。随后，一些国家如加拿大、澳大利亚、英国等均将为特殊教育需要儿童制订个别化教育计划的要求写入相关法律，并严格执行。

自 1975 年以后，美国与个别化教育计划有关的特殊教育法案先后进行了三次重要的修改。最早被法律承认的个别化教育计划是 1975 年美国颁布的《所有残疾儿童教育法》，其中明确规定，各州必须为每一个接受特殊教育的学生制定一份书面的个别化教育计划，计划内容必须包括：① 这个儿童现实教育水平的描述；② 年度目标的陈述，每个年度目标还必须包括一系列短期教学目标；③ 给儿童提供的具体的教育服务，包括参与普通教育的计划；④ 每项服务的起始日期和期限；⑤ 评估程序和合适的评估标准，至少应该在一年内对教学目标达到的情况进行评估。《所有残疾儿童教育法》将个别化教育计划作为特殊设计的教学方案，通过评估特殊需要儿童的特殊需要，设计符合其特点的教学目标，提供特殊教育服务，制订评价标准，建立了"评估—教学—评价"三步骤来实现个别化教育计划。1975 年《所有残疾儿童教育法》的正式颁布，将特殊需要儿童教育纳入了公共教育系统，即规定个别化教育计划为特殊需要儿童教育的核心。之后《残疾人教育法案》及其修订案中不断对个别化教育计划的规定进行调整、修订和更新，以实现国家对所有儿童提供精心设计的、公立的、融合的以及合适的教育理念和教育许诺。此后，个别化教育计划被美国各学校普遍使用。随后，英国、澳大利亚等国家也将为特殊需要儿童制订个别化教育计划写入相关法律，并严格执行。20 世纪 70 末年代以后，为所有接受特殊教育的儿童制订个别化教育计划就逐渐在世界各国推广，使得成千上万的特殊教育需要儿童从中获益。

拓展阅读

美国将个别化教育计划以法律形式颁布后，又进行了三次重要修改。第一次是在 1986 年，要求将 1975 年美国通过的《所有残疾儿童教育法》，所定义的 6～21 岁的特殊教育的受益年龄向下延伸，包含了 3～5 岁的学前阶段和出生到 2 岁的婴幼儿期。0～5 岁特殊需要儿童也要制订个别化家庭服务计划(Individualized Family Service Plan，IFSP)。第二次是在 1990 年，要求在设计"个别教育计划书"时，需增加对残疾个体"转衔服务"(transition services) 的考虑，并为 16 岁以上残疾学生制定"个别化转衔计划"(Individualized Transition Program，ITP)。第三次是 1997 年，对个别化教育计划的细则进行规范，使之更具有实用性。除了 1975 年颁布的《所有残疾儿童教育法》外，美国还通过其他法律法规推动个别化教育计划的发展。1997 年颁布的《障碍者教学法修正案》对个别化教育计划的内容和功能均进行了更改，指出应帮助特殊需要儿童学习普通课程并取得进步。2005 年颁布的《障碍者教学法改正法案》进一步强调了个别化教育计划应促进特殊需要儿童学习普通课程。虽然后期从特殊学校的隔离式教育模式转变为融合教育，均强调要促进特殊需要儿童学习普通课程，但也强调要兼顾特殊需要儿童的其他需要。

二、学前融合教育个别化教育计划的内涵

学前融合教育个别化教育计划是指在幼儿园的教育条件下,幼儿教师以及家长、特殊教育教师集体讨论为某个特殊教育需要儿童制订的适应其个人发展需要的教育方案。学前融合教育个别化教育计划一般会涵盖学前特殊需要儿童在一定期限内的学习内容。计划的制订一般是0~3岁儿童三个月一个计划,3~6岁儿童半年一个计划,年龄大一点的一年一个计划。在执行计划中和执行计划后,均需作评量。

所有的个别化教育计划制定的内涵主要包括5个W,即Whom(为了谁)、Who(谁来做)、What(订什么)、When(何时订)、How(如何订)。

(1) Whom(为了谁)——明确服务对象,个别化教育计划的服务对象是所有的学前特殊需要儿童。

(2) Who(谁来做)——明确制订者,个别化教育计划可以由学校行政人员、老师、家长、专业评估师制订,甚至在能力允许时,学前特殊需要儿童也可以参与制订,还可以邀请相关专家一起参与。

(3) What(订什么)——明确内容

① 学前特殊需要儿童现有能力包括认知能力、沟通能力、情绪行为、生活自理能力等所有相关现状。

② 学前特殊需要儿童的家庭状况,家长从事职业、学历水平,家中是否有兄弟姐妹等。

③ 学前特殊需要儿童障碍具体状况。

④ 学前特殊需要儿童所需要的特殊需要服务或者支持。

⑤ 学前特殊需要儿童的短期阶段性目标和年度教学目标。

⑥ 应达到的标准及具体日期。

⑦ 学前特殊需要儿童转衔相关服务(转衔服务指为即将从一个教育阶段过渡到另一个教育或就业进入社会阶段的特殊学生所提供的各项教育或支持服务)。

(4) When(何时订)——确定时间,如上半学期接收的新入学学前特殊需要儿童的个别化教育计划可以推迟至一个月内完成,下半学期均应在半个月内制订完成,并对其进行有效的评鉴。

(5) How(如何订)——团队合作,个别化教育计划的具体制订需要所有参与人员合力形成一个互相沟通、有执行力、有明确方向的专业合作团队。

一般而言,制订一个完整的学前融合教育个别化教育计划涵盖两个主要要素:

(1) 个别化教育计划的依据

个别化教育计划主要依据教育诊断结果。教育诊断主要解决该学前特殊需要儿童的教育起点、教育原因探索,并开出对应的教育教学处方,为教育提供有力支持。

(2) 完整的个别化教育计划项目

① 学前特殊需要儿童姓名、年龄、性别、年级。

② 个别化教育计划的执行起止时期、拟订日期、拟定人。

③ 满足学前特殊需要儿童需求的最佳安置形式。

④ 本计划执行期安置的各项内容、时间、主要负责人。

⑤ 长期目标按不同领域分布目标，是较为抽象、概括、有指引性的，时间为一学期。

⑥ 短期目标是达到长期目标细致、具体的步骤和内容，是完成长期目标的保障。

⑦ 各短期目标后的教学策略，指这一教学目标最适合的教学情景。比如，"学生能模仿做唇部动作"的教学策略，可定在生活场景中进行，"模仿发声母"可定在学科和生活情境中进行。

⑧ 评估含等级评估（依据制订的评估评量标准）结果和评估日期。

⑨ 备注在各长期、短期目标后附该项目状况，以及执行人等情况。

三、学前融合教育个别化教育计划的特征

个别化教育计划主要是一份满足特殊需要儿童个别化学习需要的特殊教育及服务的书面计划。这份计划既是对孩子发展的总体构想，又是实施教育及服务的具体方案。个别化教育计划制定有以下五个方面的特征。

(一) 科学化

以儿童为中心的标准鉴定技术和程序越来越完善。去除主观判断以及经验主义，以《比内—西蒙智力测量量表》为标准，精确地测量儿童的智力，并以此预测成年后心理发展可能达到的水平。个别化教育计划是以科学、精确的测量为基础，根据发展的客观性，借助有效的科学测量工具及严密的鉴定程序来诊断残疾或者障碍的类型与程度，并以此为依据制订有效的教育和干预手段。

(二) 程序化

法规中明确规定个别化教育计划必须按照法定的标准化、可操作的程序进行，通常包括以下步骤：① 发现和解决儿童问题。② 家长、教师等相关人员的访谈。③ 残疾诊断与鉴定。④ 多方人员共同参加个别化教育计划的会议。⑤ 具体特殊需要的服务与安置措施。⑥ 个别化教育计划的制订与实施。⑦ 个别化教育计划的评鉴及修改等。这些步骤均以立法的方式确定，是实施个别化教育计划必须遵循的标准化操作。

(三) 法治化

1975 年，美国通过的联邦公众法律 94-142 条款中明确提出：残障儿童的鉴定、安置、教育、评估等均要通过法律程序进行，否则视为违法，保证保障残障儿童的诊断与鉴定不因儿童的文化背景、种族差异及经济条件而产生歧视；尤其保障残障儿童家长参与儿童的鉴定、安置和制订个别化教育计划的途径及权利。个别化教育计划的制订与实施在法律的规定下，成为学校和相关部门不可推卸的义务，从而保障残障儿童的合法权益。

(四) 标准化

虽然个别化教育计划体现着个别化的差异，但是在其制订过程与方法、诊断与评估的标准、形式与结构中，处处体现着标准化操作。标准化的流程与步骤确保个别化教育计划被各个地区或者各个学校按照统一的要求规范和程序执行，从而确保个别化教育计划的

制订效率和质量。对于儿童言,个别化教育计划是异质的、基于个别差异的、根据他们独特的个性而订的计划。

(五) 民主化

个别化教育计划的制订与实施需要多学科专业人员、行政人员、家长及社会多阶层人员共同参与合作,民主协商,最终达成一致。立场不同、背景不同、文化层次不同的人员会带来更多的资源与信息,使个别化教育计划的制订过程更加全面、科学。

总而言之,科学测评是个别化教育计划的基础,法律法规确保每一个残障儿童享受平等的教育权利,标准化操作确保了个别化教育计划的有效实施。科学和民主是个别化教育计划的内涵,平等和个性是个别化育计划的本质。

个别化教育计划是针对特殊需要儿童的个别化差异拟定的特殊教育及相关服务计划,是依据特殊需要儿童的身心发展特征及适应正常社会的实际需求制订、实施的具体教育方案,旨在根据其学习特点与需要提供贴切的教育服务,一方面是作为教学方向,另一方面也作为教学成效评量的依据。

第二节 学前融合教育的个别化教育计划制订和实施

一、学前融合教育个别化教育计划的制订流程

个别化教育计划是为每一位学前特殊需要儿童拟订的文件,旨在根据其学习特点与需要,提供贴切的教育服务,一方面是作为教学方向,另一方面也作为教学成效评量的依据。个别化教育计划的拟订被称为特殊教育专业发展的重要路径,其中包括三方面的原因。第一,个别化教育计划的拟订有助于形成有效率、有组织的教学活动,使教学活动的结构条理且有序。第二,个别化教育计划的拟订发挥了教学管理工具的作用,目的是完成目标评鉴和定期评估。第三,个别化教育计划的拟订可以促使家长积极参与计划的制订与监督,同时整合教师与家长对学前特殊需要儿童的评量和期望,为拟订更加系统和全面的个别化教育计划奠定基础。

拟订个别化教育计划包括一系列复杂的过程:确定个案、对个案进行教育诊断、发展评估、制订长短期目标等,最终形成儿童个别化教育计划,建立儿童档案。

(一) 确定个案

准确全面地搜集特殊需要儿童的全部基本信息,无论是其发展过程中的基本资料、家族史、个人成长史等,还是其身体医学检查、心理检查和学习作业资料都能反映学前特殊需要儿童的真实情况。

【案例6-1】

以下为某特殊需要儿童的个案信息(部分)。

1. 家庭现况及背景环境

家长教育程度	父亲:初中　　母亲:高中	主要照顾者	父母
家长职业	父亲:个体经营户　母亲:个体经营户	主要学习协助者	母亲
家庭经济状况	一般	父母婚姻状况	良好	民族	汉
家长期望	希望孩子能够健康快乐地成长,生活能够自理,将来能够自力更生。			
家庭生活简述	××是家里面的第一个孩子,父母、外公外婆等主要直系亲属对她都比较宠爱,但在××学习表现不佳的时候,其母有时候会因性格急躁对其责骂。2008年,××有了个弟弟,姐弟关系十分融洽,××有时能够帮助妈妈照看弟弟。			
家庭对个案的支持	父母均在花源镇上做生意,有较稳定的经济收入来源。该家庭在××的医疗、辅具方面都能尽力给予支持。			
家庭需求	1. 孩子的学习希望能够得到各科老师更有针对性的指导,尽量不对孩子降低学习要求。2. 孩子能够得到一定的康复训练。			

2. 发展史

专业诊断治疗情形	××出生时,出现新生儿黄疸,住院1周;1岁多时,曾在××医院做了头颅修复手术以及脑积水分流管手术。 服用药物:(✓)无(　)有 药物名称:　　服药时间:　　副作用:
其他	××在出生后第四、五个月时被诊断为脑积水,但因家庭经济困难未做手术;家长曾带孩子到其他一些小诊所进行按摩、针灸。

3. 教育史

过去教育安置情形	1. 未接受过学前教育。 2. 目前就读于普通班级接受特殊教育服务,校内接受同班小伙伴学习生活支持,校内外有退休老教师课业辅导及社区大学生志愿者休闲娱乐活动支持。

……

(二)个别化教育决策评估

　　首先,实施全人评估,包括诊断性评估、发展性评估和功能性评估。评估师会参考儿童之前的教育康复资料和医院的诊断建议等,采用标准化或非标准化的评估量表对儿童的健康状况、认知发展、生活自理、言语语言、社交沟通、感觉统合、运动发展、职能发展、情绪行为、心理健康、人际关系、学业表现等进行专业的评估,完成评估报告的撰写和分析,为后期个别化教育计划的制订提供直接参考。在评估时要注意,对学前特殊需要儿童需要的评估不是固化在某一种或某几种障碍类型上,而是关注儿童对教育教学的反应,以及能否在其中受益。这一方式提高了对残疾儿童教育评估的灵活性和动态性,有利于对学前特殊需要儿童整个教育动态的把握和及时调整。

其次,对学前特殊需要儿童进行优势和不足的分析,依据全人评估结果,综合整理学前特殊需要儿童的优势和不足,提倡多发现学前特殊需要儿童的不足能力。

最后,明确特殊需求。依据学前特殊需要儿童的优劣势能力来决定儿童有哪些迫切的需求,如情绪管理、注意力提升、学习态度改善、物理环境支持等。根据学前特殊需要儿童特殊需求的迫切程度进行排序,最终形成学前特殊需要儿童的需求等级表。

【案例 6-2】

以下为某特殊需要儿童的评估结果报告书。

报名序号　　报名日期:2008 年 2 月
一、儿童基本资料(姓名、性别、年龄、医院诊断结果、生理状况、出生史与发育史)
×××,男,6 岁,X 脆性综合征,个子比较矮小,出生时一切比较顺利。在 3 岁左右发现其不太会说话,不爱看人,在医院检查,有发育迟缓,医生建议服药。一段时间后无明显好转,再去看医生,建议其教育训练。在重庆一所训练机构训练一段时间后,就读幼儿园,接受爱心玩具图书馆的辅导。
二、儿童能力
1. 儿童基本学习能力(感官、认知、语言、动作等)
儿童的感觉统合部分有失调的现象,其他部分发展相对较好。
2. 儿童基本学习态度(注意力、听指令的能力、模仿、动作等)
儿童的听指令,模仿动作都有基本能力,但是注意力比较容易分散。
3. 儿童学习资源(人力、物质)
儿童的家人很关心儿童的学习,能坚持按照老师的要求完成作业任务和要求儿童。
三、环境分析
国家课程大纲评量结果:大致在主动互动阶段,但是主动互动的时间还比较少。
校本课程大纲评量结果:＿＿＿＿＿＿＿＿＿＿＿＿＿＿＿＿＿＿＿＿＿＿＿＿
环境生态分析结果:＿＿(见评量表)＿＿＿＿＿＿＿＿＿＿＿＿＿＿＿＿＿＿
四、发展评量
1. 评量工具:＿＿＿＿＿＿＿＿＿＿＿＿＿＿
2. 标准化评量结果:＿＿＿＿＿＿＿＿＿＿＿＿＿
3. 动态化评量结果:＿＿＿＿＿＿＿＿＿＿＿＿＿
五、优弱势的分析
优:基本学习能力已经具备。
弱:感觉统合部分有失调,影响其能力的进一步提升。
六、未来学习建议与策略
加强感觉统合的训练。运用课前学习与课后复习帮助其更好掌握知识。
七、与会人员签名＿＿＿＿＿＿＿＿＿＿＿＿＿＿＿＿＿＿＿

(三) 召开个别化教育计划协调会议

邀请与个别化教育计划相关的人员,如家长、任课老师、班主任、医生等参加会议。个别化教育计划协调会议是一个沟通讨论并做出决策的过程。会议中针对个案的现状描

述、长短期目标的制订,对教育工作者和家长的看法不一致,普通教育教师和特殊教育教师的要求不一致,教育工作者与相关服务人员的立场不同,等情况进行有效沟通达成共识,避免造成后期相关人员的误解和冲突。

在个别化教育计划协调会议中,一般以研讨学前特殊需要儿童下一学期的特殊教育介入内容为重点,所有与会人员必须先清楚了解此个案的特殊教育需求是什么?现阶段的各项能力发展状况到了什么地步?家长对儿童下一阶段的各项能力发展的期待是什么?教育人员又会为个案设计哪些学习或训练课程?课时是多少?如果个案有一些特殊状况需要经常性或紧急性处理(比如个案需要如厕处理,会不定时出现癫痫或心脏病发作等),学校的教育人员又会做出哪些应急的处理计划?

(四)制订长期目标

长短期目标是个别化教育计划中最基础,也是最重要的部分之一,长期目标的制订影响着个别化教育计划的实施质量。在实施个别化教育计划的过程稿中,唯有依靠清楚且量化的长短期目标,才能了解特殊需要儿童的教育内容及其进步状况。

拟订长期目标的依据:① 诊断评估后汇总的儿童发展各领域的教育重点;② 家长的意见与需求;③ 儿童下一个安置阶段的环境要求;④ 教师对儿童的了解和观察;⑤ 儿童能力的发展顺序。

长期目标是个别化教育计划的纲领,可以衍生出教学策略与评量标准。它包括儿童所安置环境中的主观需要和学前特殊需要儿童发展上的客观需要。长短期目标的叙写有以下几个共性的原则。第一,目标内容通常涵盖认知、情意、技能三方面,至于这三方面在长期目标中所占的比例以及目标层次性的高低,取决于学生的能力和发展诉求。第二,目标的叙写应以特殊需要儿童为主体,而非以教师为主体,例如"培养特殊需要儿童基本的生活自理能力"是以教师为主体的。第三,目标描述的是学习结果而非学习活动。

长期目标的叙写需要遵循以下几个要点。第一,可评量,即可以时间、速度、数量等来量化。长期目标必须是实际环境中能评量的目标,切忌空泛,脱离实际环境的长期目标可能变成一纸空谈。例如,将长期目标叙写为"学前特殊需要儿童能力发展良好"不够具体,可写成学前特殊需要儿童能够掌握哪些基本技能。第二,特殊需要儿童需要在规定期限内达成目标。第三,目标的制定必须是符合学前特殊需要儿童年龄实际发展需要,与其目前能力水平相比,也要有进步空间,不能超出学前特殊需要儿童的能力水平。能够促使特殊需要儿童进步,并且关注特殊需要儿童障碍导致的教育需求。例如,关注阅读障碍儿童在阅读教育领域的需求,关注孤独症儿童在社交沟通领域的教育需求等,而大龄儿童就不再适宜学习儿歌。

(五)制订短期目标

短期目标是达成长期目标的细致、具体的步骤或内容,是完成长期目标的保障。它由特殊需要儿童身心发展、知识能力掌握形成的序阶排列构成,随着联系较为严密的短期目标的依次完成,最后达到长期目标的实现。

短期目标选择依据和方法:(1)以课程各领域长期目标为导引。(2)课程中并未列

出的细目,但该生活中确实需要的内容,教师可自行设计。(3)注重目标的功能性,在拟订目标时,教师要思考为何而教,如考虑此目标是否符合该学生的实际年龄。(4)本着全人发展观,一学期每个领域的短期目标以6~8个为宜,对儿童发展的重点领域或一般性领域可作相应增加或适当减少。(5)对儿童能力的评估。

> **知识链接**
>
> 在个别化教育计划中,短期目标是达到长期目标的保证。每一个短期目标就好像长跑中的一个阶段,一个阶段一个阶段地接着跑,最后到达终点。短期目标的制定得有逻辑性,循序渐进。一项对普通儿童来说很简单的任务,对学前特殊需要儿童来说可能是非常艰难的。可以将一个长期目标按照过程顺序、内容或难易水平分解成若干个短期目标,引导儿童逐步学习。
>
> (1)长期目标所涉及的过程顺序
>
> 以长期目标学会自己洗手为例,其所涉及的过程顺序就是一系列短期目标:
>
> 拧开水龙头→把手淋湿→抹肥皂→搓泡泡→冲洗泡泡→关水龙头
>
> (2)长期目标所涉及的内容
>
> 以长期目标会做餐前准备为例,其所涉及的内容就是一系列短期目标:
>
> 摆碗筷、摆椅子、放餐巾纸……
>
> (3)长期目标所涉及的难易梯度水平
>
> 以长期目标提升数的理解能力为例,儿童在学习过程中遵循的难易阶段就是一系列短期目标:
>
> 唱数→点数—数量配对→认数

(六)形成儿童个别化教育计划,建立儿童档案

儿童档案包括:入学面试时的新生情况登记表、入学访谈记录表(简易的适应行为量表)、医院提供的智力检测结果等其他相关的表格、各专业教师测评的专业评量表(言语语言、感统、物理治疗等)、课程评量表、综合分析研判书、个别化教育计划表等。

总之,个别化教育计划是个别化教育实施的总设计,是使特殊需要儿童获得合适教育服务的保证,是教师在这一阶段内设计教学活动、安排教学环境、实施教学活动的重要依据,也是对儿童做教育主题安排的依据。个别化教育计划沟通了教师、家长、社工人员与儿童的关系,沟通了特殊需要儿童的学校生活、家庭生活和社会生活,让各类参与教育的人员能相互交流、相互配合,在明确目标导引下从不同角度实施个别化教育。个别化教育计划也是学校、教师对特殊需要儿童实施教育的承诺,这一承诺会受到家长、学校、社会的监督和检查。

二、学前融合教育个别化教育计划的实施形式

在谈到个别化教育是满足每个儿童教育需求的教育服务时,大家往往把个别化等同

于"一对一"的教学,因而认为在班级教学中很难办到,所以得出个别化教育计划难于实施的结论。我们认为,特殊需要儿童个别化教育以满足每个儿童教育需求为前提,在实施中可采取多种教育形式。

（1）"一对一"的个别化教育形式,主要针对一些专门的、特定的目标或儿童在其他类型活动中无法完成的目标或适合"一对一"形式的目标。

（2）在小组活动中实施个别化教育计划,教师可以组织一个活动,但允许儿童在这一活动中有不同起点,每个儿童在此活动中目标可以不一样。例如,一位儿童学会常见的蔬菜分类,一位儿童则重在训练人际交往能力,不同的个体达到水平层级也可有差异。教师在设计教育活动、实施教育活动的过程中,注意不同儿童目标的区别。

（3）在团体活动中进行个别化教学,具体实施方法同上。

（4）在家庭中配合个别化教育计划的拟订与实施。

当然,以上各种不同的个别化教育计划实施形式可以并用,尝试从不同角度着手来设计、实施,共同完成个别化教育计划。

三、学前融合教育个别化教育计划的制订与实施注意事项

个别化教育计划对提高特殊需要儿童的教育质量,其作用是毋庸置疑的。从世界各国实施个别化教育计划的情况来看,个别化教育计划能否成功,取决于很多因素。个别化教育计划的制订和实施是一个系统工程,其间各个步骤环环相扣,每个步骤的进行都直接关系到这个个别化教育计划是否或能在多大程度上使特殊需要儿童受益。对于这些步骤上出现的问题需要加以注意并改进。

（一）个别化教育计划的科学性和真实性问题

个别化教育计划的制定依据这样一个假设,即教育者预先知道一个儿童应该而且能够学习什么,以及他能够以什么速度学习。而这种预测即使是在正常发展的儿童身上也是很难做到准确的,而对于在生理、认知、情绪、社交等方面有着各自独特需要的特殊需要儿童来说,要准确地进行这样的预测几乎是不可能的。因此,制定个别化教育计划的过程不可避免地会有主观因素的干扰。教育目标制定的随意性和主观性是在设计个别化教育计划的过程中一个无法避免的问题,不少个别化教育计划或是制订的长期目标和短期目标不符合儿童教育成就的现实水平;或是没有包括要求填写的资料项目,没有明确应当提供的详细的服务;或是年度教育目标与短期目标缺乏内在联系,教育目标所提供的服务不配套等。而且,个别化教育计划的评价标准也带有很大程度的经验性和随意性。

（二）专业人员方面的问题

在一些国家个别化教育计划的相关法律法规中,对参与制订、负责实施个别化教育计划的人员有明确规定。例如,专业人员需有相应的资格认证方可参加对特殊需要儿童的测验、评估等工作;专业人员在进行测验和诊断时,必须严格按照测验的要求和指导语进行,保证测验的真实性和有效性;要使用信度和效度都比较高的标准化量表,等等。在实际工作中,往往很难达到法律规定的要求。根据美国有关特殊教育法律的规定,个别化教

育计划小组的成员应当包括：① 学区的行政人员代表；② 普通教育的教师、特殊教育的教师或提供相关服务的专业人员；③ 儿童的父母或监护人；④ 诊断或评价人员；⑤ 如果有需要而且情况允许，儿童本人可以参加个别化教育计划的讨论与拟订。而在美国有关的调查中，只有三分之一的计划符合规定的有三类人员参加的要求（即教师、学区行政代表、学生家长或监护人）。另外，虽然1997年版的IDEA中并没有明确地要求个别化教育计划小组的成员包括相关服务的人员，但如果个别化教育计划会议的讨论内容包括特殊的相关服务，那么最好有这些人员出席会议、参与讨论，这样可以避免由于制定个别化教育计划的人员对于某项相关服务不够了解、考虑不周而给日后的实际工作造成不必要的困难。同时，相关服务人员参与个别化教育计划会议，不但能够更早、更全面地了解该儿童的情况，而且能够和小组的其他专业人员一起，为儿童选择和定制更为"合身"的服务计划，更好地配合整个个别化教育计划计划的实施。但是，如果分工过细而专业人员之间的合作又不够充分的话，很容易形成专业之间的壁垒，影响计划执行的及时性和适时性。例如，在美国，特殊需要儿童的语言问题往往由语言治疗师来解决，而语言治疗师往往不能随时出现在班级中，一般是教师将情况报告到学校，经批准后再在特定时间让学生接受言语治疗师的帮助，这样，儿童的特殊需要的满足往往是滞后的。除了同一时间、不同领域的负责人员合作不够密切外，相关专业人员不固定、常在中途更换、工作衔接不够紧密的情况也影响着计划执行的效果和连续性。另外，参与人员过多，使得计划的执行更为复杂和烦琐，监督、管理也更加困难。另一个人们普遍关注的问题是测验的真实性和公平性问题。对于测验中常见的产生偏差的影响因素，虽然研究人员已投入了大量时间和精力进行研究，并提出了一些解决和应对的办法，但有些问题的解决是需要长期探索和反复改进的，比如测验编制过程中的文化公平问题、常模的制定等。到目前为止这些问题还没有得到很好的解决。

（三）家长方面的问题

个别化教育计划的一个重要特色是充分体现了对家长权利的重视和保障，这一方面有利于家长维护儿童的权利，监督学校和专业人员的工作，但同时也带来了不少问题。在一些发达国家如美国，法律几乎赋予家长绝对的权利：在对儿童进行诊断或评估之前，首先要获得家长的许可；在诊断和评估的过程中，某些信息的收集需事先征求家长的同意；按程序召开的会议所制定的个别化教育计划需经家长书面签字表示同意方可实施，家长可以"一票否决"已制订好的个别化教育计划，可以要求个别化教育计划小组进行修改甚至是重新制定，等等。这些规定当然很好，但并不是所有的家长都能够正确有效地行使自己的权利，也不是所有家长都愿意行使这些权利，以积极的态度与专业人员合作。一个理论上合适、有效的个别化教育计划，在其制定、实施、评估的整个过程中都对家长有很高的要求，包括知识水平尤其是对相关的法律法规的了解、时间和精力的投入，以及积极参与、全力合作的态度等。如果家长不能充分理解和信任相关专业人员，不采取积极合作的态度或是抱有种种偏见或顾虑，就会妨碍专业人员获取有关儿童的全面、完整的信息，损害评估的准确性和全面性，影响对儿童做出的有关教育、治疗、训练等设计的有效性，并最终损害到儿童的发展。

另外，家长可能由于缺乏相关专业知识或太过主观而盲目地否定制订好的个别化教育计划，或始终不能与专业人员达成共识，则个别化教育计划的制订将被无限期地拖延，这必将妨碍个别化教育计划的时效性，也将会耽误儿童的发展。更重要的是，即使有了家长的参与和同意，也并不能保证个别化教育计划就一定适合这个儿童的独特需要。在现实中，很多有特殊需要的儿童家庭背景、家庭经济状况不佳，父母受教育水平不高，不少家庭还没有解决温饱问题，所以，即便是学校为他们参与到儿童的教育提供了种种便利条件（比如学校可以出资让家长接受他们认为对参与孩子的教育有帮助的培训），也不能保证家长们的积极参与。现有的研究也表明，很难保证家长们如预期的那样有效地参与到个别化教育计划的制定、实施及评估的过程中。

基于以上的分析，我们在为特殊需要儿童拟订和实施个别化教育计划的时候，应该注意以下事项。

第一，加强和完善对特殊需要儿童的评估环节。儿童身心发展方面客观的、真实的资料对个别化教育计划的制定至关重要。我国在特殊需要儿童评估标准、评估方法和评估工具的研究方面还有待进一步完善，为操作程序建立一个统一的标准，提高操作人员的水平。个别化教育计划的最终目的是开发儿童的潜能，补偿缺陷，为了实现这个目的，我们就要通过评估，灵活使用评估工具和方法，规范个别化教育计划的评估流程，找到儿童是否达到预期的学习目标，了解儿童现有能力。在评估时，应注意以下几点。首先，应该保障教师有足够的评估时间，并能够合理分配评估时间，包括实施期初的评估时间、课后评估时间以及期末评估时间。其次，评估方式不要仅限于教师的平时观察和主观经验判断，应该有所依据，教师可以借助适当的评估工具，灵活采用恰当的评估方法，对儿童对学习目标的掌握程度进行客观反映。在描述性评价的部分，教师的描述应当具体翔实，能针对性地反映儿童的优劣势和发展潜能。最后，在评估时要加强教师间的交流，教师和家长的沟通，使得评估结果更加系统全面。

第二，增加个别化教育计划的灵活性。增加拟订计划中的灵活性和执行计划中的灵活性。拟订计划中的灵活性就是要关注个体差异及个体发展中的易变性，教学计划中应该不受束缚地体现个别化教育计划中对于制订年度教学目标及确定这些目标完成情况的客观评估程序的规定。执行计划中的灵活性主要是指教师在执行个别化教育计划的时候，可以根据儿童的具体情况和现实情境，对个别化教育计划所设定的目标（通常是短期教学目标）加以调整。

第三，尽量简化个别化教育计划表格的形式，研究采用电子版的个别化教育计划。国外的一些研究人员发现，虽然法律对个别化教育计划的要求非常专业、规范，但要达到法律的要求，教师需要做很多烦琐的工作。制定一份规范的个别化教育计划，老师们要投入非常大的精力。随着科学技术的发展，社会智能化程度越来越高，可通过建立电子共享资源库，完善个别化教育计划文本内容。虽然个别化教育计划都针对某位儿童量身定制，有他的针对性和适用性，但根据儿童整体的身心发展规律、儿童的障碍类型以及教育活动的系统性，个别化教育计划依然可以进行统一管理，建立电子库，让参与拟订、实施的人来共享、参考和使用。

此外,全面的个别化教育计划文本可以为教师的使用提供保障,所以在完善文本方面,首先,在个别化教育计划的文本中应补充使用方法和实施要求,列出具体条目,将个别化教育计划的使用制度化、合理化。其次,尽量简化个别化教育计划的内容,保留个别化教育计划最主要的、最核心的内容,删除个别化教育计划中与儿童信息不相关的条目,项目设置应该更加客观,能有效反映儿童的个别化差异。最后,文本中应进一步明确每个项目的填写要求,规范教师填写语言。

第四,尊重家长的权利,同时又要保障这种权利在合法的范围使用。家长在特殊教育中的作用无疑是非常重要的,但家长毕竟是非专业人员,对特殊需要儿童的认识是有局限的。在制订和实施个别化教育计划过程中,家长当然有权利也有义务参与其中,如实地介绍儿童的真实情况,就儿童的教育教学问题发表自己的讲解和看法,也可以就某些问题保留自己的看法,但不应当把否定个别化教育计划的权利留给家长一个人,而应该由参加个别化教育计划会议的全体人员来决定。

个别化教育计划的制订与实施是一件非常严肃的事情,也是一项相当难的工作。虽然我国现在还没有相关法律明确要求在特殊教育中执行个别化教育计划,但相当多的学校在进行着各种探索,以期找到一条有自己特色的个别化教育之路。

第三节　学前融合教育的个别化教育计划实践模式

个别化教育计划在融合教育环境下的实施最重要的步骤是如何与普通教育课程结合起来,使得残疾学生能够进入、参与普通课程,并取得进步。以美国为例,在《不让一个孩子掉队法》颁布之后,美国社会开始更加关注特殊需要儿童能否有效参与普通课程,并能否从中受益,教育工作者们也致力于探究如何在融合教育环境中有效实施个别化教育计划,促进特殊需要儿童的充分参与。

一、与普通教育课程衔接,探索融合教育模式

从个别化教育计划的拟订切入,与普通课程衔接,个别化教育计划作为特殊需要儿童的教育指南,在设计几个关键环节设计时要充分考虑儿童在普通教育课程中的参与性,设计之初对诸多问题和细节加以考虑能有利于其具体实施。该模式的框架模型如图6-1所示。

普通教育课程是一个学校或学校系统对教学的整体规划,其目的是指导教学活动,保证教学的期望、内容、方法和结果的连续性。因此,个别化教育计划在陈述儿童的现有表现、残疾如何影响儿童对普通课程的参与时,应与个别化教育计划后面部分的内容,如目标、课程调整等相互联系起来,并细致考虑残疾对课程内容、方法、材料和结果等方面的影响以及所需进行的调整。如此才能真正使这一部分内容的设计对后续儿童的目标设定和课程调整有所帮助。

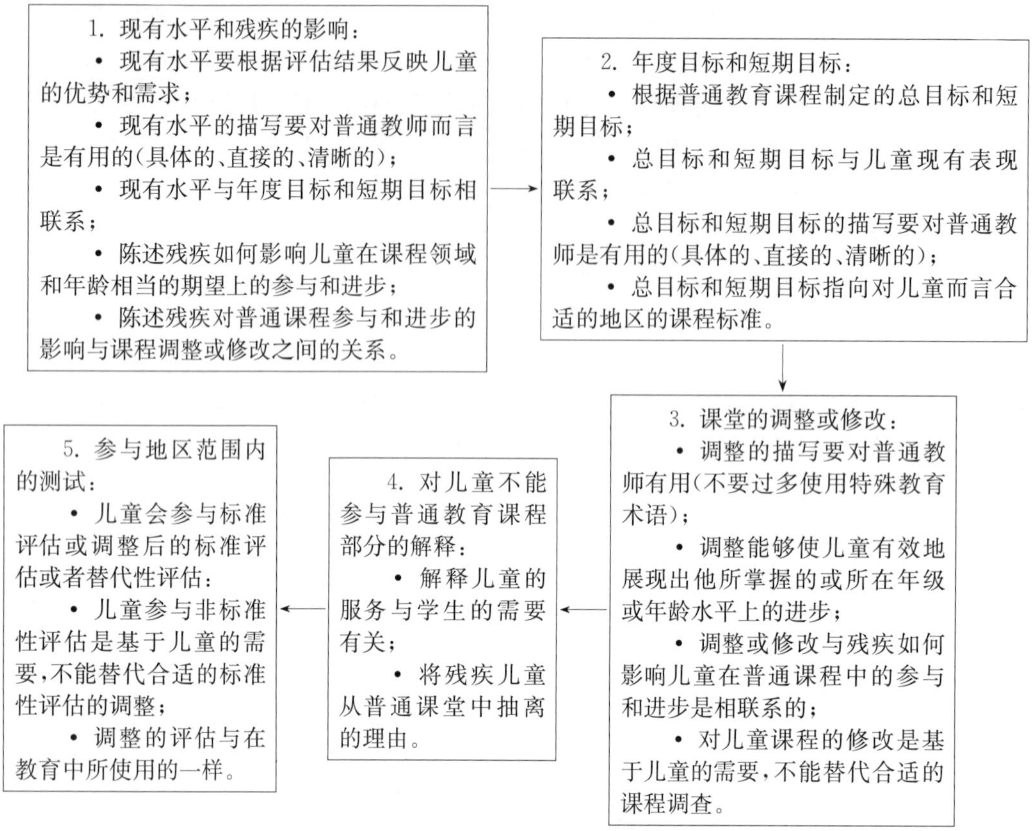

```
┌─────────────────────────────┐         ┌─────────────────────────────┐
│ 1. 现有水平和残疾的影响：    │         │ 2. 年度目标和短期目标：      │
│ • 现有水平要根据评估结果反映 │         │ • 根据普通教育课程制定的总目 │
│ 儿童的优势和需求；           │         │ 标和短期目标；               │
│ • 现有水平的描写要对普通教师 │         │ • 总目标和短期目标与儿童现有 │
│ 而言是有用的(具体的、直接的、│  ────▶  │ 表现联系；                   │
│ 清晰的)；                    │         │ • 总目标和短期目标的描写要对 │
│ • 现有水平与年度目标和短期目 │         │ 普通教师是有用的(具体的、直接│
│ 标相联系；                   │         │ 的、清晰的)；                │
│ • 陈述残疾如何影响儿童在课程 │         │ • 总目标和短期目标指向对儿童 │
│ 领域和年龄相当的期望上的参与 │         │ 而言合适的地区的课程标准。   │
│ 和进步；                     │         └─────────────────────────────┘
│ • 陈述残疾对普通课程参与和进 │                        │
│ 步的影响与课程调整或修改之间 │                        ▼
│ 的关系。                     │         ┌─────────────────────────────┐
└─────────────────────────────┘         │ 3. 课堂的调整或修改：        │
                                        │ • 调整的描写要对普通教师有用 │
┌──────────────┐  ┌──────────────┐      │ (不要过多使用特殊教育术语)；│
│ 5. 参与地区范│  │ 4. 对儿童不能│      │ • 调整能够使儿童有效地展现出 │
│ 围内的测试： │  │ 参与普通教育 │      │ 他所掌握的或所在年级或年龄水 │
│ • 儿童会参与 │  │ 课程部分的解 │      │ 平上的进步；                 │
│ 标准评估或调 │  │ 释：         │      │ • 调整或修改与残疾如何影响儿 │
│ 整后的标准评 │◀─│ • 解释儿童的 │◀─── │ 童在普通课程中的参与和进步是 │
│ 估或者替代性 │  │ 服务与学生的 │      │ 相联系的；                   │
│ 评估；       │  │ 需要有关；   │      │ • 对儿童课程的修改是基于儿童 │
│ • 儿童参与非 │  │ • 将残疾儿童 │      │ 的需要，不能替代合适的课程调 │
│ 标准性评估是 │  │ 从普通课堂中 │      │ 查。                         │
│ 基于儿童的需 │  │ 抽离的理由。 │      └─────────────────────────────┘
│ 要，不能替代 │  │              │
│ 合适的标准性 │  └──────────────┘
│ 评估的调整； │
│ • 调整的评估│
│ 与在教育中所│
│ 使用的一样。│
└──────────────┘
```

图 6-1　设计与普通课程衔接的 IEP 的步骤

在目标部分，个别化教育计划的目标为儿童的教育提供了一份地图，即儿童何时会在学业和功能领域达到何种水平的指示图，个别化教育计划的目标必须与普通课程紧密结合起来，才能使儿童有效地参与普通教育课程。与此同时，特殊需要儿童的教育目标必须与国家或地区的学业标准相联系，使得教师们需要对特殊需要儿童的教育教学负责，以保障儿童有机会学习这些标准中所涉及的教学材料。

到第三个环节，特殊需要儿童进入普通课堂学习时，往往需要教师针对儿童的特点与水平，对普通教育课程进行调整或是修改，使得特殊需要儿童能够参与普通教育课程，并取得进步。这里的调整是指在不改变教学内容和不降低标准的情况下的变更，而修改是指减少、改变教学内容或降低标准。由于特殊需要儿童是在融合教育的环境下学习，由普通教师与特殊教育教师共同负责，因而对课程调整的描写对普通教师而言应该是易于理解的，不要过多使用特殊教育的专业术语，并且调整应能使儿童有效地展现出他所掌握的或者年龄水平上的进步。而所有进行的调整或修改必须与障碍如何影响儿童在普通课程中的参与和进步相联系；对儿童课程的修改是基于儿童的需要，不能替代合适的课程调整。

第四部分对儿童参与普通教室程度的解释，是回应个别化教育计划中规定特殊需要儿童应该最大限度地在最少受限制环境中接受教育，因此，如果个别化教育计划团队认为儿童只能在一定程度上（如60%的时间）在普通班级接受教育，则必须依据儿童的需要进行解释说明。

最后，特殊需要儿童也须参加国家或地区的标准化或非标准化的测试。其中标准化的测试是指改变常规条件下的测试但并不修改测试内容，比如调整测试的时间、行程、环境或者呈现形式；非标准化的测试是指改变测试的形式或者儿童回答的方式，可能引起测量内容的变化。相关研究表明，当学校需要评估特殊需要儿童和报告结果时，学校更容易专注于提高特殊需要儿童的教育成果，从而使得儿童更有可能有意义地参与普通课程。

二、以干预反应为途径，设计融合教育过程

IDEA2004年修正案将干预反应作为一种途径，用来为在普通教学环境中有学业、行为问题表现的儿童特别设计教学过程，经研究证明有效。其概念框架图如图6-2所示。

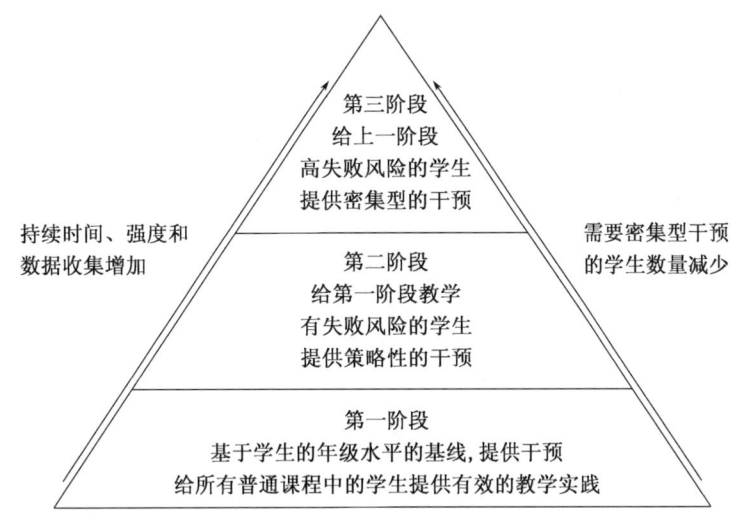

图6-2 干预反应概念框架图

第一阶段中有效的教学包括频繁检测儿童的进步、及时评估儿童对教学的反应以及教学调整。如果第二阶段或和第三阶段的干预对儿童无效的话，教师可以提议该儿童进入特殊教育服务，一旦提议，多领域小组将通过评估儿童能力来决定该儿童是否有资格得到特殊教育服务。这些儿童仍然参与年级水平的教学，同时也参加第二阶段或第三阶段的额外的教学干预。为使个别化教育计划能有效运用于普通班级，以干预反应中获得的儿童信息和数据来指导个别化教育计划的制定。

（1）指导个别化教育计划中的目标设定。儿童的目标确定通常建立在儿童与家长的期望、现有水平的综合考虑之上，干预反应对儿童进行阶段性的、及时的评估能够提供学生现有水平的信息。

（2）提供特别设计教学的信息。三层的层级干预体系能及时区分特殊需要儿童对当前教学方法的不同反应，根据儿童对干预的反应来判断儿童干预的偏好，并由此判断适合儿童的教学手段和频率。结合儿童个别化教育计划中的现有水平、目标、评估方法、相关

服务等,采用适当的课程、组织安排、教学策略、资源使用,来满足特殊需要儿童的不同学习风格和进度,确保每个人接受高质量的教育。

(3) 用以监督儿童的进步。个别化教育计划要求包含儿童的进步报告,干预反应中对儿童反应的记录可作为进步报告的组成部分,将其共享给家长和其他教师。在干预反应模式下,针对特殊需要儿童的教学场所与普通儿童是一样的(如同年龄阶段的集体教学、小组教学提供额外的干预)。个别化教育计划与干预反应的结合能够确保特殊需要儿童在普通教育中得到适当的教育服务。

三、经验与启示

融合课程实践模式充分考虑到特殊需要儿童的个体差异对普通教育课程及教学提出的新要求,尽力促进特殊需要儿童的个别化教育计划与普通教育课程相结合,使得特殊需要儿童能够参与普通教育的课堂,保障其教育教学质量。为促使特殊需要儿童尽可能适应普通学校的课程。个别化教育计划团队从制定个别化教育计划之初就需考虑到儿童进入普通课程的各个方面,包括水平、目标、课程调整/修改、参与程度以及评价,即从学生初始水平到最终教育成果整个过程都一一考量,尽可能使两者衔接起来。融合教育的实施主要基于法律政策、障碍群体及其家长以及特殊教育工作者的大力推动,并非普通教育内部自发生成的,而普通学校原本已有一套制度化的教育体系和特定的结构,特殊需要儿童进入普通教育学习需要适应普通教育的基本框架和思路。因此,模式一从个别化教育计划制定入手,完整、细致地考虑特殊需要儿童在普通教育中面对的挑战及应对策略,能为具体教学实践提供有针对性的指南,最终达到特殊需要儿童能从普通课程中受益的教育结果。

干预反应的主导途径是以儿童对教学方式的需求为出发点,与儿童的教育需求相联结。其对特殊需要儿童进行教学干预时,要求监督儿童的进步来确认教学干预的有效性,收集对儿童进步的数据以塑造教学,指导教学决定。在这一理念下,首先给予儿童完全融合的无限制的教学环境,及时检测儿童在这一教学方式下的反应。再根据反应结果逐渐增加教学的时间、干预的强度等,以寻找对儿童而言能够获益的程度,并将其与儿童个别化教育计划中的教学目标相结合展开教学。这种转变促使普通教育与特殊教育的界限模糊化,而非二元分立的形式,有助于教师充分、有效地利用教学资源,促进特殊需要儿童在普通课堂的参与。

实践证明,融合教育下个别化教育计划的实施为提高特殊需要儿童教育质量做出了重要贡献,实现了障碍群体教育相关法案提出的为特殊需要儿童提供公立的、免费的、合适的教育的许诺。其在特殊需要儿童的教育安置、个别化教育计划的制订与实践模式等环节的做法均能为我国融合教育下建立和发展个别化教育计划体系提供一定的借鉴与启示。

(一) 教育安置方式的决定:将融合环境作为特殊需要儿童教育安置方式的起点

美国是特殊教育最发达、实施融合教育最早的国家之一,特别注重保障特殊需要儿童平等的受教育权利。尽管激进的融合教育者倡导实施完全融合,但在美国法律中仍以最

少受限制环境作为特殊需要儿童教育安置方式的规定。这一规定允许特殊需要儿童被安置于除普通教室之外的教育环境,包括隔离的特殊教育学校、养护机构等。其各类特殊需要儿童的安置形式并不是一味地追求完全融合的教育环境,而是以儿童自身的最佳发展为目标,不同障碍类型的特殊需要儿童的安置环境差异显著。

由此可见,特殊需要儿童教育应将融合教育环境作为思考的起点而非终点,只有在有证据证明提供了额外的支持和服务仍不在普通教育环境下受益时,才能考虑将特殊需要儿童安置在更具限制性的环境中。融合教育的起点即为平等的受教育权,特殊需要儿童的受教育权是其诸多权利的一种,只有内化融合教育的理念,真正将融合教育作为安置形式的第一选择,才能有效保障特殊需要儿童的平等的受教育权。特殊需要儿童的教育要尽可能地与普通儿童一起进行,个别化教育计划团队在确定教育安置形式和制定个别化教育计划时,均需要根据教育对象的生理、心理条件,选择最适合其受教育并且与外界隔离程度相对最低的教育环境。教育工作者在决定特殊需要儿童被安置到较多受限制的环境之前,应提供各种辅助性帮助和支持服务以提高特殊需要儿童在最少受限制的环境中接受教育的可能性,如果必须要转介到有更多限制性的环境,则必须进行解释说明。

(二) 执行的保障:以法律规范融合教育中个别化教育计划的实践

当前,随着我国特殊教育质量不断提升,个别化教育计划也备受重视。我国《特殊教育提升计划(2014-2016年)》《第二期特殊教育提升计划(2017-2020年)》《"十四五"特殊教育发展提升行动计划》都特别强调要"加强个别化教育",做好"一人一案","推进残疾学生……个别化支持等工作规范";2020年颁布的《关于加强残疾儿童少年义务教育阶段随班就读工作的指导意见》明确支持"普通学校要针对残疾学生的特性,制订个别化教育教学方案,落实'一人一案',努力为每名学生提供适合的教育";2021年教育部印发《特殊教育专业师范生教师职业能力标准》,将"制定个别化教育计划和个别化教育活动方案"作为教师核心能力。在这些相关法案中都对实施个别化教育进行了相应的规定,但大多只是彰显了我国对融合教育的重视程度,比如,"全面推进全纳教育,使每一个残疾孩子都能接受合适的教育","扩大普通学校随班就读规模,尽可能在普通学校安排残疾学生随班就读"等政策,缺乏推进融合教育的具体措施,对融合教育的实践和各方面的具体指导要求和规范作用还有待进一步完善。目前我国融合教育中个别化教育计划的实施并没有全国性的、统一的要求和规范法律法规,个别化教育计划制定的团队、内容、制定程序、评价缺乏统一的完整的规定。鉴于此,在今后的探索中,有必要制定相关法律法规以规范和约束个别化教育计划的内容、制定和实施程序,对其进行细致的要求和规定,为融合教育中个别化教育计划的实践提供政策保障,从而提高特殊需要儿童在普通学校中的教育质量。当然,融合教育中个别化教育计划的立法是一个循序渐进的过程,从颁布到对其进行不断修正,直到新的法案颁布实施。这些法案不仅决定了特殊教育发展的方向及实施内容,同时也会对特殊需要儿童教育具有一定的导向作用,也从侧面反映出融合教育下个别化教育计划实践体系的逐步深化和完善是紧跟立法的节奏的。系列法案的颁布实施,可以保障特殊需要儿童获得进入普通学校和课堂的机会,并尽可能通过个别化教育计划保障其教育质量,同时,也明确学校、家长、社会各界应承担的责任,形成三位一体的教育环境,为

融合教育中个别化教育计划的发展奠定了社会基础和法律保障。

（三）有效性的建立：融合教育中个别化教育计划的实施必须与普通教育课程紧密联系

将特殊需要儿童安置在普通环境中，不论在哪个国家，对普通教育教师而言都是具有挑战性的。如若普通教育教师不能有效教学，特殊需要儿童不能在融合的环境下受益，也就失去了融合教育本身所倡导的意义。特殊需要儿童在普通教学环境中学习，其个别化教育计划只有与普通教育课程发生联系，才能促进儿童知识、能力、素质等方面的进步。因此，融合教育中个别化教育计划的实践应致力于将个别化教育计划与普通教育课程相结合，使教师知道教什么、如何教、如何评价教育质量，以及特殊需要儿童的进步如何进行监控和调整。实施个别化教育计划，需要教师具备多方面的能力。除了通常对教师的要求以外，我们对特殊教育教师在以下领域的能力要求更高：① 教育评价能力。在某种意义上，特殊教育的起点是教育评价。我们要制定一份合适的个别化教育计划，必须建立在对特殊儿童全面了解的基础上。而要了解儿童，除了要对儿童进行各种各样的测验、测量、观察以外，还需要对通过上述方法所获得的资料进行筛选、评价。这个过程中很多工作需要教师来进行。如果教师不具备教育评价的能力，就不会有合格的个别化教育计划。② 教育预见能力。教师需要在教育活动开始以前对特殊需要儿童的身心状况、教育内容的适合性、各种影响因素的干扰可能性以及教育效果进行预测和估计。③ 教育控制能力。特殊需要儿童由于身心发展方面的原因，他们在学校会表现出各种各样的行为问题。要保证教学的良好效果，教师必须具备一定的教育控制能力，能够有效地实施对儿童的控制、对自己的控制和对教学情境的控制。④ 教育应变能力。在融合教育的教学过程中，随时可能会出现一些突发事件，如儿童突发疾病、情绪失控、大小便失禁等，教师必须要能够迅速做出判断，有条不紊地处理。⑤ 教育表现能力。特殊需要儿童在对教学内容的理解上或多或少地存在困难，因此，对教师的教学语言、身体语言、表现技巧等方面有更高的要求。⑥ 教学研究能力。教师在日常的教学过程中，会遇到很多新问题、新挑战，需要不断地充实自己的特殊教育理论知识，思考教育中所碰到的新问题，善于总结经验、发现新的教育方式和方法。

鉴于此，个别化教育计划团队在为融合教育儿童制定个别化教育计划时，应该考虑到特殊需要儿童在普通教育环境下面临的挑战与应对策略，使得个别化教育计划计划能够切实指导教学、监督和评价特殊需要儿童融合教育的效果与质量。

思考与练习

1. 简述个别化教育和个别化教育计划的内涵。
2. 说一说个别化教育计划的拟订包含哪些内容。
3. 联系实际谈谈个别化教育计划的实施模式。
4. 根据以下个案情况，尝试分析儿童存在哪些问题，如何拟订个别化教育计划缓解问题。

某 H 幼儿,性别男,5 周半,就读大班。2019 年 9 月从他园转入,4 周岁入中班。H 容貌端正,身高较同龄儿童矮 10 厘米左右。访谈调查发现,其家庭基本情况如下:农村家庭,1 周岁左右,父母离异,母亲离开后未再见过孩子,父亲脾气暴躁,易怒,和周围邻居易发生过冲突。孩子平时由爷爷照看,爷爷腿脚不方便,爱喝酒。父亲和奶奶长期在外打工。家教育方式表现为两个极端,爷爷溺爱,遇事也会打骂,父亲基本是以打骂为主。该名幼儿 4 岁前,周边村庄居民因拆迁都搬离了,因此其生活周边人员稀少,没有同年龄的伙伴。H 一直与爷爷单独生活在一起,仅与周边的几个老人会有来往,老人们通常喜欢通过打闹方式逗弄他。H 四岁前在民办看护点接受教育,经常和其他幼儿发生冲突,4 后住上居民安置小区,转到现在的园所。该名幼儿和同伴玩耍,或是和成人玩闹之间,会说脏话,会哭闹,踢打他人,小区多人受到伤害,周边的邻居会当着他的面,直接不让自己的孩子和他玩耍。在集体活动中,该幼儿主动注意不足,维持时间短暂,更多时候是心不在焉的状态,观察记录发现,他只对自己感兴趣的事能坚持 3 分钟左右。大多数时间里,H 自顾玩手头的小玩具,玩一会儿后,会拿着玩具去找其他小朋友,小朋友不理他时,他便会拿着玩具直接打在小朋友的身上。教师赶去劝解时,H 会踢打老师、大喊大叫,并快速冲出班级,任意在园区、各个班级跑动。

第七章　学前特殊需要儿童的行为管理

学习目标

1. 理解正向行为支持的内涵及特点。
2. 理解常见问题行为的三种功能,能简单分析特殊需要儿童问题行为的功能。
3. 掌握正向行为支持的包裹式介入策略,会以此为特殊需要儿童制定行为介入方案。

情境案例

乐乐,男孩,4岁半,被医院诊断为发育迟缓,同时伴随孤独症。之前在普通幼儿园,由于不能够用正确的方式与同伴表达自己的想法,遭受同伴排斥,老师也不知道如何运用恰当方式引导。现在乐乐转到一所融合幼儿园,半天在班接受融合教育,半天接受抽离的康复训练。乐乐具备一定的认知理解能力,能够与成人进行简单的需求表达,触觉比较敏感,有需求时会直接用肢体动作表示,但不能够与同伴进行正常的社交互动。乐乐喜欢开关门,常常沉浸在自己的世界里。虽然无法与别人建立正常社交关系,乐乐却非常喜欢班级的女生。在集体教学时,乐乐会看向旁边的女生,有时倾斜上半身,鼻子和嘴巴贴近女生的脸和头的部位,有时会直接拉女生的手。女生会因此躲闪,表现出害怕、生气的样子,不同意乐乐靠近自己;但乐乐对女生的表达没有任何反应,女生也不理解乐乐想要沟通的愿望,这样的互动往往会产生冲突,继而造成乐乐情绪问题的发生。家长对此现象很着急,希望能得到及时解决。

案例点评

乐乐的表现是很多特殊需要儿童的缩影,由于身体技能的某些异常,往往欠缺相应的社会适应技能,在学前教育中急需教师设计合适的教学活动,采用正向行为支持策略,建构支持系统。相信乐乐在这样专业的支持下,会尽快适应幼儿园生活,与小朋友正常互动,最终爱上幼儿园。

第七章 学前特殊需要儿童的行为管理

第一节 学前特殊需要儿童行为管理的理论基础

学前特殊需要儿童由于自身发展的限制，常常会表现出异常的问题行为，无论在行为持续时间、表现强度抑或是怪异程度上，都远远不同于普通儿童。这些行为极大地困扰着幼儿园教师，也因而成为影响特殊需要儿童接受融合教育的关键制约因素。因此，有效解决特殊需要儿童的问题行为，成为教师的关键技能。近年来比较前沿的正向行为支持的理念和方法体系能有效应对学前特殊需要儿童的绝大多数问题行为，是学前融合教学工作中做好特殊需要儿童行为管理的重要工具。

一、正向行为支持的内涵

正向行为支持（Positive Behaviour Support，PBS），又称积极行为支持，是在应用行为分析（Applied Behaviour Analysis，ABA）基础上发展出来的一个分支体系，是一种应用科学。正向行为支持用教育的方法扩大个体的行为方式、系统地改变个体生活的环境，以减少个体的问题行为、提高个体的生活质量。正向行为支持包括为个体提供在工作、休闲或在家庭、团体、社会技能等方面的教育，提高个体正向行为成功的可能性，增加正向行为的机会。其目的包括两层：第一，将问题行为降到最少，即为个体建立社会行为准则和一个持久的、可适应的生活方式，以减少个体的问题行为；第二，提高个体生活质量，即维护个体尊严，帮助其了解自己的感受和需求，热爱自己的生活。

正向行为支持的理念和技术目前在特殊需要儿童尤其是孤独症儿童问题行为的处理中已成为世界范围内推崇和公认比较有效的方式，它着重预防，即不是等问题行为出现后才去处理，而是防患于未然。它反对嫌恶、惩罚和隔离的后果处理方式，提倡对问题行为采取功能性行为分析，注意早期预防以及环境的调整和改变，发现并积极强化特殊需要儿童的优势和潜能，逐步帮助特殊需要儿童形成对自己身心发展有益的、为社会所接纳的正确的行为方式。这套理论方法已成功解决了很多融合幼儿园中特殊需要儿童的问题行为和在班融合问题，有的特殊需要儿童已顺利进入小学并能很好适应小学的学习与生活。

二、正向行为支持的特点

（一）正向行为支持强调正向支持

早期的行为管理着眼于负向行为本身，认为应该处理问题行为，将它去除，因而处理的过程也相对负向，表面看虽然可以很快去除目标负向行为，但因为没有直面负向行为背后的原因，后续会引发诸多其他问题。马丁皮尔研究发现忽视、处罚、厌恶等手段有以下缺点：① 容易引发攻击行为；② 会产生负向情绪；③ 只抑制问题行为而未建立适应性行为；④ 儿童常模仿成人对待他们的方法对待其他人；⑤ 会增加其他负向行为的产生。美国智力障碍者协会也在1986年发表声明，认为处罚、忽视和厌恶等方法是不人道的，呼吁

学术研究机构和行为处理机构寻找更人道的行为处理方法,以行为训练代替惩罚。

正向行为支持倡导用正向的方式给予个体适当的支持,让不适当的行为逐渐被适当的行为取代。正向行为支持包括资源支持、策略支持和关系支持,资源支持不仅包括物质性的东西,如学校的物理环境、设施、教具,同时还包括各种社会公共关系、人际关系等;策略支持即通过建立一套有效的策略及系统,尽可能调动个人的潜能和自主性、能动性;关系支持即帮助个体在一个整合的环境中获得资源、策略和关系。强调正向支持是正向行为支持的核心思想,在正向行为支持的整个行为技术中贯穿着支持的理念。

(二) 正向行为支持强调行为的目的性和功能性

正向行为支持认为行为的目的都是可知的、可理解的,它更多关心行为背后的原因而不是行为本身。因此,我们应该重新认识问题行为,对问题行为进行功能分析和评量。例如,儿童哭闹而成功取得物品,通过功能分析可以判断取得物品是儿童哭闹行为的功能,哭闹行为是儿童索要物品的方式。奥尼尔(O'Neill)指出功能分析评量有三个基本作用:① 功能分析评量的目标不只是减少行为问题,更要了解这些行为的功能,以发展适当行为;② 功能分析评量不只是看行为主体,更要确定问题行为与环境之间的关系,以预测何种情景或条件下行为发生或者不发生;③ 功能分析评量的目标是诊断问题行为的原因,进而发展行为支持计划,而这个行为支持计划必须以个体的尊严为基础。

问题行为功能分析评量不只了解问题行为是什么、在哪里发生、什么时候发生、发生的状况如何,更关注行为为什么发生。在全面了解个体行为发生的环境、条件后,行为干预人员会确定哪些是行为发生的原因,哪些是行为发生的结果,以及行为主体最后得到什么回应,以制订出既尊重个体,又满足个体诉求,同时还能符合当下环境的处理方案。

(三) 正向行为支持强调团队合作

正向行为支持强调影响行为主体生活的所有成员,包括特殊需要儿童本人、父母、邻居、老师、同伴、医生等各角色的重要性,他们是正向行为支持过程的积极参与者,也是与专业人士交换信息的合作者。

相关人员共同参与确定支持范围、方式和成功的标准,他们从接受专家指导的被动角色转变为积极主动的角色。他们基于特殊需要儿童的问题行为形成一个团队,共同形成符合特殊需要儿童本人和团体的目标,为达到目标进行多向交流,每个人在方案中都有重要的作用。

(四) 正向行为支持提供恰当的行为训练内容

在对特殊需要儿童进行行为功能分析评量,了解问题行为的功能之后,就要选择恰当的行为加以训练,取代儿童原来的问题行为。行为训练的内容分为替代行为训练和相关行为训练。如某特殊需要儿童没有语言能力、智力发育迟缓,他为了吸引同伴和他玩耍,常常用打人的方式和同伴打招呼,于是老师就用图卡让他和其他人沟通交流。这种方式与打人这一问题行为的功能一样,因此可以取代之前不恰当的方式,是"替代行为训练"。除此以外,老师每天指导他进行语言训练,教他发音,用语言和他交流,鼓励他说话,这是"相关行为训练"。相关行为训练,是和先前问题行为的功能不同的行为,但这种行为可以促进先前问题行为的消除。在正向行为支持的过程中，替代行为训练和相关行为训练训练内容可以同时进行，它们分别是行为训练的短期目标和长期目标，替代行为训练解决了当前的问题行为，但是不能治本，只有加上相关行为训练才可以将问题行为真正消除。

（五）正向行为支持注重预防

问题行为干预的最佳时间并不是在行为发生当下，而是在这种行为还没有发生的时候，这时的介入可以减少发生新的问题行为，预防行为进一步恶化，还能消除引发问题行为的条件。问题行为的预防分为短期预防和长期预防。短期预防是指重新安排环境条件，以减少引起问题行为的情景事件；增加引发适当行为的前提，即前事控制策略。长期预防也是一种前事控制策略，是比短期前事更为长久的前事控制，即替代行为训练或相关行为训练。在长期预防中改变环境是重要因素，包括保持支持的态度，为特殊需要儿童提供温暖与鼓励的环境，敏锐地觉察并满足其特殊需求，给予他们选择与控制的机会，同时提供适合其能力水平的学习训练机会，促进他们生活形态的变化，鼓励他们最大限度地发挥潜能。

（六）正向行为支持注重生活方式的改变和生活品质的提高

在正向行为支持的效果评价方面，一方面它注重客观数据的评估，即行为干预前后的数据变化；另一方面，更注重主观评价，即自我的评价和周围人的评价。个人的行为适合与否总是和其生活的环境相关，自己和周围人的评价更能说明行为干预的成效。在主观评价中，生活方式的改变和生活品质的提高是重要指标，它们指向被支持者和行为支持者双方。行为干预的结果不仅有利于行为者本身，也有利于支持他们的人，当个体能够自我决策，就减少了对他人的依赖和时间的占有，双方都得到了实惠，双方的生活质量、生活方式都得到了提高和改变。

（七）正向行为支持关注行为主体一生的规划

广泛的生活方式的改变不仅是发生在某一个被限定的时间范围内，而是贯穿于人的一生。个体获得有意义的改变常常需要很多年，而个体所在的环境随时间和地点的变化也在不断改变。因此要帮助特殊需要儿童从幼儿园、小学、中学甚至工作的整个生命进程中，形成一个真实广泛的行为支持系统，随不同问题的产生而不断修改旧计划、发展新的干预计划。

三、正向行为支持的策略

在实际教学中，特殊需要儿童问题行为的介入通常不是采用的单一策略，而是多种策略共同使用，这种多策略方式被称为包裹式介入。介入包裹中的策略很多，绝大多数基于循证科学范式，如强化、示范、塑造、链锁、契约等，这些策略根据行为的基本原理大致可分为前事介入策略、行为介入策略和结果介入策略。其中前事介入策略根据前事刺激相对行为的久远性条件又可以分为长期前事介入策略即环境策略，以及短期前事介入策略即即时前事介入策略。

（一）长期前事介入策略

长期前事介入策略即环境策略，通常从改变事件的环境因素着手，包括以下四种具体策略。

1. 加强儿童的认知理解

特殊需要儿童问题行为的产生尤其是一些逃避型问题行为往往跟儿童缺少某方面能力、目标达不成有关。例如当幼儿园开展体测、体检、牙齿涂氟等非常规活动时，特殊需要儿童往往会因为不理解涂氟、测查视力的操作要领，不明白活动意图以及自己需要做出的行为而发生哭闹等问题行为，对此教师可以提前对特殊需要儿童进行更有针对性的讲解及提醒。也可以借助社交故事（social story）法让儿童了解为何要去某个地方，在那里会见到哪些人，会做什么事，什么时候结束等。对于害怕理发、害怕去医院的特殊需要儿童，可以编辑适合其认知程度的专属社交故事，如《宝宝剪头发》《宝宝看牙医》，增加其对理发、看牙医程序的理解，从而预防问题行为的发生。

【案例7-1】[①]

高功能孤独症儿童睿睿出班上抽离个训课后回到班里，她的座位被别的小朋友坐了，老师请睿睿坐在旁边的位置上。于是睿睿大发脾气，尖叫、哭闹，负面情绪延续的时间较长。

面对睿睿激烈的情绪，教师把她带离教室，到一个安静的环境。教师首先对她的情绪表示出共情："我知道你现在很伤心很愤怒，能告诉我是为什么吗？"睿睿想了想说："因为别人坐了我的位置，我没有位置了！"教师说："那你愿意坐在旁边的位置上吗？"睿睿回答："我想坐在自己的位置上！"教师解释道："可是你发脾气的话，小朋友不知道你想干什么，你可以用好听的声音，跟小朋友说'这是我的座位'，好吗？"睿睿点了点头。教师跟她一起走到小朋友身边，睿睿跟小朋友说："这是我的座位，请你让一让，好吗？"于是小朋友让出了座位。睿睿回到了自己的座位上，情绪马上好转。

经过一段时间的支持，睿睿再次面对这种问题时，会主动提醒那个小朋友"你坐错位置了。"

2. 提高周围环境品质

绝大多数特殊需要儿童因为自身障碍的影响，从周围环境感受到的不适要多于普通儿童，例如有感官异常的儿童或有某种身体障碍进而形成心理问题的儿童。换言之，特殊需要儿童对外界环境包括物理环境和人文环境的要求高于普通儿童。但由于语言表达能力不足，特殊需要儿童大多数时候都用问题行为来表达他们对环境的感受和自己的需求。因此，当特殊需要儿童需要进入陌生环境时，可以安排他们事先适应一下陌生环境，可以在有信任的人的陪同下安排一个短时间的访问，教师准备好他们喜欢的小玩具、图画书作为在新环境中表现出适当行为的强化或奖励。

---

① 本案例由北京现代睿智融合幼儿园教师提供。

【案例 7-2】

孤独症儿童融入班级社交活动的环境支持

【特殊需要儿童基本情况】

晨晨,男,孤独症,6 岁。在班级中有一定的常规意识和跟随集体活动的能力,能较好执行老师的指令。对于同伴发出的指令和发起的对话,通常不予回应,但会看向同伴。能够关注到同伴的行为,但由于社交技能和语言表达能力的缺乏,不知道如何与同伴产生互动。

【教学目标】

提高回应同伴的能力,包括回应同伴的动作指令和口头问题,以及以合适的社交礼仪回应同伴的社交发起。

【支持策略】

环境支持:在班级举行"助人小天使"评比活动,形成融合互助的氛围和意识;用兴趣和素材来激发晨晨与同伴互动的动机,如建构积木等,增加教师支持和引导。

同伴支持:在班级选择"融合小天使",自然情境下与晨晨积极互动;独自游戏时,安排"融合小天使"坐在晨晨的旁边协助;自然情境下,同伴代替老师发出指令;遇到困难时,请求同伴帮助。

嵌入式教学:在现有课程内容、日常活动中,寻找恰当的教学时机,为晨晨实施短时的、有计划的、直接的教学互动,在有意义的教学情境中给予其充分的机会来学习和练习重要的技能。

【教学效果】

晨晨在班级自然情境下对同伴发出的随机指令能够及时正确执行。跟随集体和遵从指令的能力明显提高。晨晨的语言交往能力和社交能力得到了显著提升,能积极回应同伴发起的对话。当有交换玩具的需要时会主动询问同伴"我可以换吗?";遇到困难(如衣服脱不下来)时会主动请求同伴帮助。一方面,晨晨更好地融入了班集体,并与同伴建立了更加友好的关系,也建立起了自信心和归属感,幼儿园毕业后,晨晨顺利进入普通小学。另一方面,班级中普通儿童的榜样意识与关爱他人的行为和责任感也得到了提升。

3. 在活动之中给予更为密集的各种奖励

教师可在特殊需要儿童参与活动的过程中给予奖励,这些奖励可以是实实在在的物品,如玩具或其他实物;也可以是社会性的夸奖或赞美。给予奖励的时候可以是儿童做出正确表现的时候,也可以是儿童仅仅表现出期待行为动机的时候,即做出尝试的时候。

4. 发挥榜样作用

教师可以安排特殊需要儿童和熟悉的同伴一起活动,让特殊需要儿童有一个良好的榜样,此时是其他儿童给特殊需要儿童做榜样示范。教师也可以提取特殊需要儿童身上的优点,让他来给其他儿童做示范,发挥其自身的榜样作用。

【案例7-3】

面对像睿睿这样认知能力高，自尊心强的特殊需要儿童，教师利用榜样作用，让她形成良好的行为约束。在平时，教师除了注重引导睿睿观察同伴的行为，效仿同伴好的行为之外，还注重从她的行为中提取一些正面的细节，并在全体儿童面前进行表扬与鼓励，使她心情愉悦并感到自豪，为了多接受老师的表扬和强化物而约束自己的不良行为。如睿睿在看见两个小朋友因争抢玩具而哭闹时，会主动跟老师说："他们不应该这样！"教师首先强化睿睿关注同伴的行为，然后问她正确的解决方法是什么？睿睿说："可以用好听的声音说出来，告诉他！"教师接着鼓励睿睿去帮助小朋友解决问题，并在集体面前称赞她这种行为，树立小榜样。这样，睿睿理解了遇到类似的问题应该怎么做，逐步学会控制自己的行为和负面情绪，用正确的方式解决问题。由此可见，榜样的效果是好的，儿童受榜样行为的影响，比单纯的行为强化的影响要大得多。

（二）即时前事介入策略

前事介入策略，即短期预防策略，以不同策略防范问题行为的发生，包括如下具体策略。

1. 视觉策略

视觉策略包括提供图片、每日行程或更为细节化的迷你行程、社交故事等，让特殊需要儿童更直观地预测即将发生的事，进而减少焦虑感，降低因活动转换而可能发生的问题行为。

2. 提供选择

给特殊需要儿童提供更多的选择。例如，儿童不喜欢读书，如果问他"要不要读书？"答案一定是"不"。这时可以换一个让他选择的方式来问，如"你要读《三只小猪》还是《小红帽》？"

3. 简明指令

以简单明了的语言传达成人的要求，并且给特殊需要儿童充分的时间作出反应。例如，要求特殊需要儿童洗手吃点心，可以简单地说"先洗手，再吃点心"；还可以配合图片，让儿童更快地明白。而不要说一长串"看看你的手，被油彩弄得好脏，我们赶快用肥皂把手洗干净，之后吃点心才不会把脏东西吃到肚子里"，致使特殊需要儿童在成人复杂的语言之中找不到重点，不明白成人的要求是什么。

4. 难易穿插

难易穿插是指穿插难易不同的内容，多易少难，增加成功率。例如集体教学活动中提供个别化支持时，教师可以将特殊需要儿童已熟练的和正在学习的内容穿插起来呈现，从而增强儿童愿意练习新内容的动机。

5. 喜好活动作为强化

将特殊需要儿童喜欢的活动放置在他不太喜欢的活动之后，既可以预防问题行为的发生，又可以使之后"喜欢的活动"作为之前"不喜欢的活动"的强化奖励。但要注意的是，

使用这种策略时需要用正面奖励的方式,而不是以负面方式做出威胁。例如,教师可以说:"××自己睡午觉,下午就可以玩橡皮泥。"而不是"你不睡午觉,就不可以玩橡皮泥。"

6. 链锁法

遇到比较难的任务时,可以使用链锁的方法将教学过程分解,采用轮流或链锁共同合作完成,以增强特殊需要儿童的行为动机,增加成功率。例如,做一些复杂建构时,可以特殊需要儿童做一个步骤,教师做一个步骤,并可按需要调整前后顺序。如果是特殊需要儿童可以做得到的步骤,就让儿童先做,如果比较难,那就老师先做,让儿童做下一个步骤。

【案例7-4】

即时前事介入及行为教导提升

【问题行为表现情况】

盥洗环节,高功能孤独症儿童睿睿每次只去盥洗室的第一个水池,不去后面的,再往盥洗室里面走会觉得很臭。如果老师再要求,睿睿就会瞬间情绪爆发,大声哭闹。

【行为表现分析】

1. 儿童嗅觉比较敏感。
2. 儿童对环境的适应性较差。
3. 儿童缺乏等待行为。

【支持策略】

1. 创设盥洗室地面等待视觉提示——小脚印,帮助睿睿建立排队的规则意识。
2. 引导睿睿观察盥洗环节时同伴如何做。
3. 创设情境,给予儿童选择:"第一个水池有人,你是想排队等待,还是去后面的水池?"
4. 当儿童尝试去第二个水池盥洗,及时给予儿童强化物。
5. 先慢慢接受第二个,之后过渡到更远的水池。
6. 盥洗室有人时,先提前引导在外等待,以免儿童情绪爆发。

【支持后变化】

如果第一个水池有人,睿睿自己会主动去第二个水池。如果盥洗室里人多,自己会在外面等待一会儿,人少一些就立刻进去,还不能接受第三个水池以及后面的,需要之后慢慢引导。

(三) 行为介入策略

1. 教授正面替代行为

对于无语言能力或者不会正确提需求的特殊需要儿童,教师可根据其能力水平以及他表现出来的问题行为的功能,教授其使用口语、手语或图片等适当的沟通方式来取代不恰当的用以满足需求的问题行为。

2. 训练特殊需要儿童的忍耐力

在完成一件任务时,特殊需要儿童通常不能与普通儿童持续坚持一样久的时间。实

际上,这种持续时长或忍耐力是可以塑造训练的,可以作为特殊需要儿童学习训练的一个短期目标。需要注意的是,做这种塑造训练时,应时刻关注特殊需要儿童的表现,确保塑造的程度在特殊需要儿童情绪的可接受范围之内。例如安坐时间短是特殊需要儿童普遍存在的问题,他们经常会在活动过程中自发在教室里游走;这时可将安坐时间逐步延长作为一个目标。如果觉得特殊需要儿童的状态还不错,可以稍微鼓励其多坚持一段时间,如教师可以对特殊需要儿童说"再写3个数字,我们就可以玩游戏",但是不可急于求成,要求特殊需要儿童很快达到普通儿童的水平。

(四)结果介入策略

结果介入策略通常以正面奖励的方式强化我们所期望特殊需要儿童做出的行为,与传统行为矫正中负向惩罚的方式截然不同。结果介入策略以正面的结果来奖励与问题行为相反的目标行为。不管是口头的赞美、实质的奖赏或者喜欢的活动,只要是特殊需要儿童喜欢的都可以作为强化鼓励的内容。例如对于一个有严重挑食问题的特殊需要儿童,只要他吃一口不喜欢的水果,就可以跟着给他吃一口喜欢的糖果。

需要注意的是,不是只有等到儿童完全做到目标行为后才给予奖励;只要儿童有尝试的意愿、有尝试着做,哪怕做不好或只要这一次比上一次进步一点点,都应该给予儿童奖励。应当把关注放在儿童好的一面,而不是暂时做不到或者做不好的一面。例如,特殊需要儿童小睿为一幅画涂颜色,但只有太阳涂得最好,没有越线,教师就要针对这一点奖励他,给他一个他喜爱的贴画,并清楚地告诉他"小睿,你的太阳涂得真好!都涂在了线里面,真棒!"通常情况下,只要特殊需要儿童使用任何一种技巧如言语沟通、借助图卡或等待忍耐,而非问题行为来表达其意愿,都应马上给予其认同和奖励。另外,教师需要特别关注特殊需要儿童的情绪表现,在保证其稳定的状态下提出指令,只要特殊需要儿童服从指令,就要给予即时的奖励。

第二节 学前特殊需要儿童行为管理的实践操作

特殊需要儿童的问题行为处理是学前融合教育中首先需要解决的问题,教师对特殊需要儿童和融合教育的关注基本都是从特殊需要儿童的问题行为开始的。目前,在问题行为干预研究中,尤其是在以智力落后、孤独症儿童为对象的行为干预研究中,最常出现的问题行为主要是自我伤害行为、攻击行为,其次是刻板行为、发脾气、破坏行为、进食问题等。另外,冲动性行为、课堂扰乱行为、注意力分散行为、不顺从行为等也常被研究者、教师所关注。

一、问题行为的功能分析

含正向行为支持在内的所有行为学派都认为任何行为都是有规律可循的,都是环境变量影响的结果,受环境所控制。在处理问题行为之前必须首先弄清楚问题行为的功能。

正向行为支持的行为功能分析建立在如下假设之上：① 行为是个体和环境互动的结果；② 行为是学习而来的；③ 行为是借由后效增强所维持的；④ 行为具有特定的功能，不同的行为可以具有相同的功能，相同的行为也可以具有不同的功能；⑤ 确定行为的功能可以促进行为的改变。

对于特殊需要儿童来说，问题行为之所以会发生，可能出于如下几个原因：① 问题行为通常是帮助特殊需要儿童得到想要物品最有效的方式；② 此行为有过去的强化历史；③ 当儿童缺少此技能时，问题行为通常是得到强化物最有效的方式；④ 如果问题行为是儿童唯一得到强化物的方法，则此问题行为会持续发生。

问题行为的功能分析是应用行为分析在实际的临床医疗、心理和教育领域当中的具体应用。通过分析问题行为的前因后果，教师可以解释某个行为为什么会出现、怎么出现、出现的结果以及结果反过来对问题行为的影响，并提出可操作的策略去消退这些问题行为，塑造新的社会可接受的对个人和社会发展有促进的行为。

（一）问题行为的基本功能

不同的学者对于行为的功能有不同的划分方式，主要是依据行为强化的特点与规律进行划分，比较普遍的包括二分法、三分法和四分法。二分法即将行为的功能分为正强化和负强化的功能；三分法则是将行为功能分为社会性正强化、社会性负强化以及自动强化；四分法则是将行为的功能分为四种，即社会性正强化、社会性负强化、感觉性正强化与感觉性负强化。在这里，我们重点依据三分法介绍行为的功能。

1. 社会性正强化

社会性正强化即通常所说的获得实物和吸引关注。问题行为出现后，会出现社会正强化的结果。例如，儿童通过哭闹可以让成人带他出去玩，或给他买东西等。儿童做出的行为如果是为了达成某一目的，然而行为本身可以是适当的，也可以是不适当的。获得实物的适当行为方式可以是语言沟通，如对妈妈说："妈妈，你给我颗糖吃吧！"不适当的问题行为方式则是哭闹，当妈妈明白儿童哭闹的目的，就会给他糖以使其停止哭闹，儿童通过问题行为方式达到了目的，下次想吃糖就会继续选择哭闹而不会选择语言沟通。如果儿童做出的行为是为了吸引周围人的关注，希望周围人与他互动。适当行为方式可以是拍拍周围人肩膀，说"我们可以一起玩吗？"；不恰当的行为可能是推人、扯头发、吐口水等，但是对于儿童而言，这些行为也是他们交流和互动的方式。

> **想一想：**
> 点心时间，小雪和其他同学一起吃点心，吃到一半时小雪突然尖叫，同学们大喊"老师，小雪又在叫了，好吵啊！"然后小雪就安静，并且笑笑地看着同学和老师。
> 你觉得小雪的行为有可能反映出什么功能？

2. 社会性负强化

社会性负强化即逃避,当行为出现后,他人就能够终止行为者不喜欢的活动或任务,也就是儿童通过某种行为来逃避某一活动。如果儿童的目的是不做某项任务,适当的行为如正确表达可以是"这个太难了,你可以帮我吗?""我很累,我不想做。"不适当的问题行为可能是,不对教师或家长的指令做任何回应,或用哭闹、扔东西等行为拒绝教学任务,如果此时教师或家长不让儿童继续做任务,那么他的问题行为就被强化,未来一有教学任务,儿童不愿做就会哭闹。

> **想一想:**
> 数学活动上,老师拿出作业单要小朋友们练习,小明听到之后大声说"我不要写,我要把作业单撕掉!"重复说了两次,老师觉得小明这样的行为会干扰到其他幼儿,所以叫小明到教室外面罚站。最后,小明没有完成作业。
> 你觉得小明的行为有可能反映出什么功能?

3. 自动强化

自动强化即通常所说的自我刺激,即儿童所做出的行为是为了获得身体上的某种感官享受,如视觉、听觉、触觉、嗅觉、味觉、运动觉。这些行为的外观可能是社会可以接受的,如通过头部按摩来满足获取头部触觉刺激的需求;也可能是不被社会接受的,如用头撞墙。行为本身带来的自动结果可以是行为者本身就喜欢的,如儿童的某些感觉刺激行为——咬指甲、抠耳朵等;也可以是使厌恶刺激得到终止或者减弱,如某些特殊需要儿童对大的响声如同伴哭声感觉非常不舒服,会在响声出现时猛烈捶打自己的太阳穴。

(二) 问题行为功能分析的常用方法

问题行为功能分析的研究的常用方法包括描述性行为功能评量、间接行为功能评量和行为功能实验法,其中行为功能实验法必须在应用行为分析师的指导下才能进行,因此教育实践中采用得比较多的是前两种方法。

1. 描述性行为功能评量

描述性功能行为评量(descriptive functional behavior assessment)主要是基于对特殊需要儿童行为的直接观察。其中,最为常用的是 ABC 行为记录法,即观察者直接进入行为发生的自然环境,直接、持续且重复观察个案在自然情景中的行为,同时也记录下行为发生前和发生后环境中的改变。在 ABC 叙事记录法中,前事(A, antecedents)是行为发生之前的环境事件,会直接引起行为的导火索,与行为的发生在时间上是紧密相连的;行为(B, behaviour)就是观察者看到的、听到的被观察儿童的行为或语言,是儿童正在做的事情;结果(C, consequence)是被观察儿童行为之后立即发生的事件,是行为发生后形成的后果。ABC 行为记录法,将行为与前事事件、情境因素及行为结果用 ABC 分析表形式标识出来之后,行为干预者就可以根据各要素之间的关系对问题行为的功能进行判断,帮助我们更好地了解行为,进而制定行为干预方案。

从具体操作过程来看,当确定好要干预的特殊需要儿童的问题行为后,准备一个观察时段观察行为发生的整个过程。当目标行为出现的时候,记录下行为之前 30 秒内发生了什么,行为是什么,行为后 30 秒内的结果是什么。

【案例 7-5】

教师以表格的形式(如表 7-1 所示)记录下了萱萱各种问题行为的前事—行为—结果,并对各问题行为的功能进行了假设。

表 7-1 萱萱的行为记录

A(前奏事件或情境事件)	B(行为)	次数(次/周)	C(行为结果)	F(行为功能)
上课时他想吃零食,保育老师没有给他	他坐在座位上"啊,啊"地大叫	16 次/周	保育老师给他喜欢的零食,他不叫了	获得物品
到其他教室上课	他变得不高兴,离开座位,在教室中乱跑	20 次/周	老师把他带回座位,请他坐好	逃避
老师上课时放儿歌,放完一段后暂停,开始教育活动	开始哭闹	8 次/周	老师把他带回座位,拉上黑板,他又跑下座位去摸电脑	寻求关注
对班级活动不愿意参与,没有事干,很无聊	摇晃身体,打头	33 次/周	保育老师帮他完成工作	自我刺激

2. 间接行为功能评量

间接行为功能评量(indirect functional behavior assessment)是使用结构性的访谈、检核表、计分量表或问卷,从熟悉特殊需要儿童问题行为的相关人员(如教师、家长、照顾者或个体本身)来获得资料,以定义在自然环境中和问题行为可能有关的情况或事件。间接行为功能评估量表以高度结构化的问题形式围绕问题行为及其可能的功能提出一系列问题,可以让熟悉个体问题行为的工作人员或者家庭在较短时间内提供与问题行为有关的信息。目前常用的间接行为功能评估量表有动机评估量表(Motivation Assessment Scale,MAS)、行为功能问卷(Questions About Behavioral Function,QABF)等,可就某选定的问题行为对特殊需要儿童的带班教师和家长展开访谈,请他们评价特殊需要儿童该行为发生的频繁程度,最后汇总不同功能的得分,得分最高的那种功能就可以初步假定为该问题行为的功能。

知识拓展

以下为QABF行为功能问卷示例。

学生姓名：_____ 日期：_____

行为：_____ 答卷者：_____

关于行为功能的问题(QABF)

请就可能的情况，学生出现行为的频率予以评分。请确定您评分的是行为发生的频繁程度，不是您认为应该是好的答案。

×＝不适用　　　0＝从不　　1＝很少　　2＝有时候　　3＝常常

分数	题号	行为
	1.	出现行为以得到注意力
	2.	出现行为以逃避工作或学习情况
	3.	出现行为的形式是"自我刺激"
	4.	出现行为因为他/她有疼痛
	5.	出现行为以得到物品例如喜好的玩具食物或饮料
	6.	出现行为因为她/他喜欢被责备
	7.	在被要求做某件事情的时候(穿衣服,刷牙,工作,等等)出现行为
	8.	在即使他/她认为房间里没有别人的时候出现行为
	9.	当他/她生病的时候出现行为更频繁
	10.	当他把他/她本有的某个事物拿走时出现行为
	11.	出现行为以获取别人对他/她的注意
	12.	当他/她不想做某事时出现行为
	13.	出现行为因为无事可做
	14.	在身体有受到困扰情况时出现行为
	15.	当有某个他/她想要的事物时出现行为
	16.	出现行为以试图得到你的反应
	17.	出现行为以试图使别人不要管他/她
	18.	出现行为的模式为高度重复的,不管身边环境的
	19.	出现行为因为他/她身体不舒服
	20.	当同伴/同龄人有某个他/她想要的事物时出现行为
	21.	当他/她出现行为时,是否看来像在说："过来看我"或者"你看看我"？
	22.	出现行为,是否看来像在说："不要管我"或者"停止叫我做这个"？
	23.	即使没人在旁边,他/她是否看来像在享受这个行为？
	24.	这个行为是否看来像是显示他/她觉得不健康？
	25.	当他/她出现行为时,是否看来像在说："给我那个(玩具,食物,物品)"？

注意力		逃避		非社会性的		身体的		具体的物品	
1. 注意力	☐	2. 逃避	☐	3. 自我刺激	☐	4. 有疼痛	☐	5. 得到物品	☐
6. 责备	☐	7. 做某件事	☐	8. 认为独自	☐	9. 生病时	☐	10. 拿走	☐
11. 获取	☐	12. 不做	☐	13. 无所事事	☐	14. 身体的问题	☐	15. 你有	☐
16. 反应	☐	17. 独自	☐	18. 重复	☐	19. 不舒服	☐	20. 同伴有	☐
21. "过来看"	☐	22. "不要管我"	☐	23. 自我享受	☐	24. 觉得不健康	☐	25. "给我那个"	☐
总分		总分		总分		总分		总分	

二、正向行为支持的程序

(一) 了解特殊需要儿童的基本信息

收集与分析特殊需要儿童的背景资料,了解儿童的人格特质和相关的环境因素,分析问题行为功能,形成个案行为问题的全貌,确定需要优先处理的行为目标。

(二) 观察评估行为发生的原因及功能

观察特殊需要儿童问题行为的过程,记录下前事、行为表现和结果反馈。借由上面获得的特殊需要儿童档案与观察评估资料,思考这些问题通常发生在什么时间?特殊需要儿童的特质(生病或是情绪问题)或环境因素是怎样的?问题行为一再发生的动机与行为功能是什么?通常人格特质与环境因素会引发问题行为的产生,而结果(如为获取注意、逃避任务、感官刺激的需求、获得想要的物品或活动)会让问题持续出现。

(三) 制订行为干预计划

一旦特殊需要儿童的问题行为的功能假设确定,接下来则是运用团队合作,针对行为功能、个人特质与环境因素等提出可行的处理方式。干预计划中包括希望去除的负面行为、期待建立的正向行为目标,行为干预的具体策略、每种策略涉及的材料和具体的流程,干预者、干预场所、干预条件以及对干预者的培训,等等。

(四) 训练适当代替行为和相关行为

根据特殊需要儿童的能力水平实施干预计划,训练期待行为包括短期的替代性为和长期的相关行为,通过示范、练习、增强策略,让适当行为代替问题行为。并在实施干预训练的过程中及时调整干预要素不断优化干预方案,包括重新调整可能引起问题行为的情景因素。

(五) 泛化干预效果撰写干预报告

特殊需要儿童的问题行为消除后,在不同场景下由不同教师执行泛化,进一步巩固干预效果。泛化结束后,进行成效分析和总结,并撰写干预报告。

三、正向行为支持的干预案例[①]

(一) 干预对象的基本情况

1. 基本概况

童童,男,2009年6月出生,4岁时家长发现他与其他儿童行为表现不同,5岁诊断为中度孤独症并开始接受早期康复训练。母亲在孕期未发现任何异常。由于父母工作比较繁忙,童童和爷爷奶奶在一起生活,家中还有一正常发育的弟弟。童童非常喜欢声控玩具和其他电子产品,几乎不离手。

---

① 本案例出自:黄晶晶,《通过区别性强化策略减少自闭症儿童不适当自发性行为的个案研究》,孤独症服务机构负责人联席会议征文。

2. 能力表现

经语言行为发展量表里程碑评估,童童的能力大约发展至二到三阶,在命名、听者技能、复杂听者辨识等领域有较强优势,而在要求、社交及模仿等方面能力较弱。生活中对视少、发音不清楚、语速较快。

(二) 功能分析过程

1. 目标行为界定

经反复观察,将童童的自发性问题行为界定为在玩声控玩具或看视频及玩电子游戏时身体前后摇晃、眼睛瞪大、嘴巴张开,手持物品时紧握物品,手中无物品会使劲张开手掌手指。

2. 问题行为的功能分析

(1) 间接行为功能评量

通过对童童的运动康复教师、语言康复教师以及特教教师的间接访谈,童童的间接功能评量结果显示:儿童身体前后摇晃、眼睛瞪大、嘴巴张开,手持物品时紧握物品,手中无物品会使劲张开手指的自发性行为其功能主要为自发性,也有部分可能是要求获得物品或者逃避(见图7-1)。

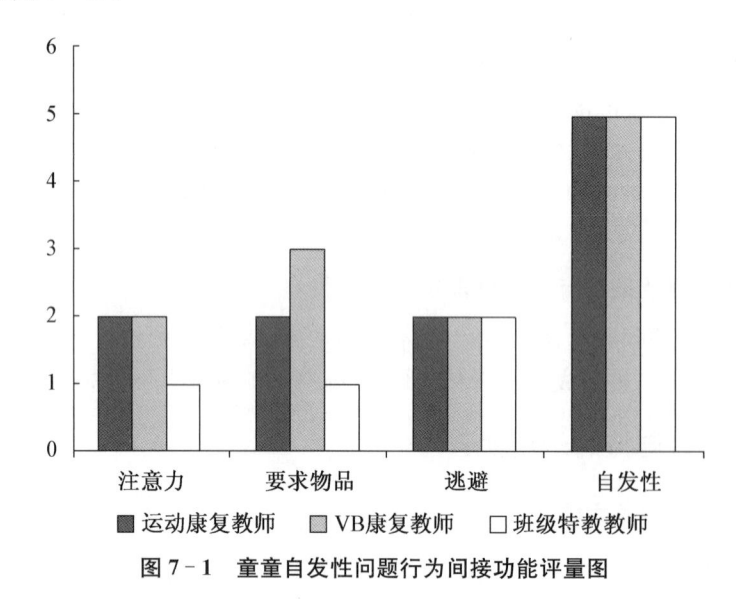

图7-1 童童自发性问题行为间接功能评量图

(2) 描述性行为功能评量

通过ABC行为记录法发现,童童的自发性问题行为的功能主要表现为自我感官刺激,部分时候也表现为获得的物品、注意力或者逃避(见表7-2)。

表 7-2　童童自发性问题行为描述性功能分析一览表

A 前因	B 行为	C 结果	假设的行为功能
集体课看教学视频	童童身体前后摇晃,眼睛瞪大,嘴巴张大,会使劲张开手掌	老师继续播放视频	自我感官/要求注意
运动课上老师请其他幼儿观看儿歌视频	童童跑过去看,身体前后摇晃,眼睛瞪大,嘴巴张大,使劲张开手掌	老师关掉视频,童童停止身体前后摇晃,手自然放下	自我感官/要求物品
VB课的教学间隙幼儿玩平板游戏	童童身体前后摇晃,眼睛瞪大,嘴巴张开,手握紧平板	老师拿走平板,童童停止身体前后摇晃,手在桌子上	自我感官
老师带幼儿看视频做操	童童身体前后摇晃,眼睛瞪大,嘴巴张开,使劲张开手掌	老师播放视频,童童继续身体前后摇晃,眼睛瞪大,嘴巴张开,使劲张开手掌	自我感官或要求注意或逃避
运动课上别的幼儿玩声控玩具	童童跑过去看,身体前后摇晃,眼睛瞪大,嘴巴张开,使劲张开手掌	老师关掉视频,童童停止身体前后摇晃,手自然放下	自我感官或要求物品
儿童用平板玩做饭游戏时	童童身体前后摇晃,眼睛瞪大,嘴巴张开,手紧握平板	老师拿走平板,童童停止身体前后摇晃,手放桌子上	自我感官

(3) 功能分析小结

结合间接行为功能评量和 ABC 叙事记录方式的描述性行为功能评量,可以假设童童的自发性行为其主要功能为自我感官刺激,在某些情景下也可能是要求物品或者逃避。

(三) 干预方案

1. 行为介入策略

研究采用基于正向行为支持思想的区别性强化其他行为(DRO)和区别性强化替代行为(DRA)的策略。区别性强化其他行为是指在某个特定时段或某个特定的时间点没有出现问题行为,即给予增强。区别性强化替代行为则是增强一个适当行为的出现以取代问题行为,即给予增强。

2. 介入期程序

(1) 数据测量方式

根据童童的问题行为性质以及对童童问题行为的观察,选择频率方式测量童童的问题行为,而用持续时间来测量其适宜性行为。具体安排为,一天选择 4 个时段进行测量,每时段 2 分钟,收集安静玩玩具(平板电脑或其他电子产品)行为的平均持续秒数及问题行为出现的次数(行为停止 2 秒算一次)。

(2) 测量工具

平板电脑、两个计时器、笔、本。

(3) 通过标准

研究期待通过两种区别性强化策略,最终帮助童童建立起在任何场所、在任何老师面

前以及无论玩何种游戏都用适宜的方式而非介入前的不恰当自发性行为的方式玩。结合童童的学习能力和问题行为的形成历史等因素,分为四个阶段进行干预,这四个阶段的通过标准如下:

阶段一:连续 4 个时段,DRO 两次独立正确反应,行为问题为 0,加 10 秒;

阶段二:连续 4 个时段,DRO 两次独立正确反应,行为问题为 0,加 20 秒;

阶段三:连续 4 个时段,DRO 两次独立正确反应,行为问题为 0,加 30 秒;

泛化阶段:老师及地点、物品。

(4) 介入期教学程序

介入期,教师的教学程序如表 7-3 所示。

表 7-3 童童介入期教学程序表

前事 A	行为 B	结果 C
老师发指令"手放好玩",然后将平板给儿童并开始计时	儿童一手拿平板,一手轻划平板,达到设定秒数	老师强化"你有安静玩游戏,可以再玩 5 秒"(安静玩 5 秒后没有问题行为收走,进行下一回合;5 秒内出现问题行为则立刻收走平板)
	儿童出现问题行为	老师立刻收走平板电脑

(四) 干预结果

由图 7-2 可见,正式干预前共收集三个时段数据,童童安静地用合适方式玩玩具的时间较短,平均仅 7.7 秒,最长时间是 19.6 秒;而出现不当的自发行为次数较多,最多达到 10 次(2 分钟内)。

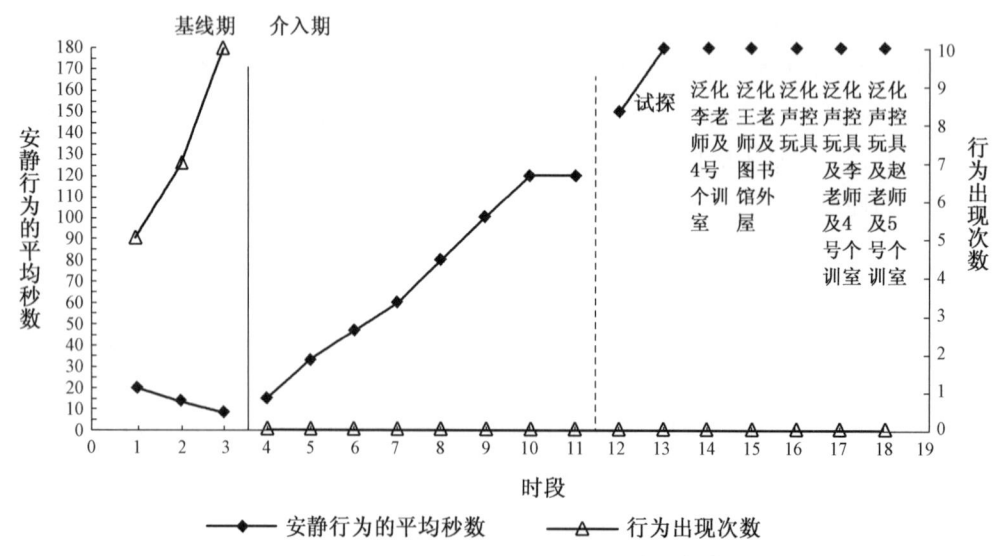

图 7-2 使用 DRO+DRA 延长童童安静玩平板时间及减少行为出现次数

通过区别性强化策略介入后可以看到,童童在教学时段安静玩玩具的时间明显延长,

平均安静秒数最高可达到120秒;且干预时段中出现不当自发性行为的次数为0。之后进入泛化阶段,经试探,童童可安静玩玩具150秒、180秒;而出现行为问题为0。童童可将上述介入结果泛化至不同人物、不同地点及不同声控玩具,时间均达180秒。

将干预前后的数据相比较,可以明显地看到在使用DRO和DRA策略对童童进行干预后,童童用适当方式玩平板电脑的时间有效延长,并且不当自发行为的出现次数有效减少,这表明对基于正向行为支持思想的区别性强化策略对童童的干预效果显著。

第三节 学前特殊需要儿童问题行为的班级管理

一、学前融合教育的班级问题行为支持

行为的发生是个体与环境互动的结果,特殊需要儿童问题行为的产生除了与自身有关,与周围环境也有很大的关系;而这些问题行为的消除同样也遵循这一原理。做好特殊需要儿童在班支持,可以很大程度上预防其问题行为的产生。

根据《幼儿园教育指导纲要》,并结合儿童在园的一日生活流程,对特殊需要儿童在班融合教育的预防支持从内容的角度,可以分为生活活动中的支持、游戏活动中的支持与教学活动中的支持三种类型。教师通过这三方面的支持,逐步帮助学前特殊需要儿童建立集体意识和集体观念,这是他们学会用正向行为逐步替代负向行为最终能够融入正常儿童的关键。

(一) 生活活动中的支持

生活中的一日流程主要包括进食、洗漱、穿脱衣物、如厕这几个环节。对于大、中、小班不同年龄段的儿童来说,这几个环节都有各自的保教目标,这些目标也同样适用于特殊需要儿童,其目的都是为了帮助他们养成生活自理的能力,这是融合目标中最基础的目标。例如,就餐环节在指导小班特殊需要儿童进餐时,主要以练习灵活使用勺子、自如吞咽的能力为目标;而中大班则更多关注特殊需要儿童做好餐前准备,遵守集体就餐规范,培养好的就餐习惯。只有生活能够自理,特殊需要儿童才可能有更多的机会与他人沟通交流。教师做好这些基本环节的指导,也会有效地预防其他问题行为的发生。值得注意的是,生活是否能够自理与儿童大动作的发展有着密切关系,因此,教师可结合特殊需要儿童的实际情况,对其进行一些专门的大动作训练,作为生活自理能力的先行支持。

特殊需要儿童在家庭或者抽离式的康复训练中可以自理并不意味着在班级中也可以独立自理。融合班级的教师首要培养特殊需要儿童在集体中听从指令的能力,只有听到了指令才会有反应。相对于没有反应,反应错误对他们来说也是一种进步,这样融合教师可以纠错或辅助完成。虽然没有独立完成指令,但至少他们参与到了集体,这也是一种集体意识的培养。而如果具备独立完成指令的能力,但缺乏集体意识不去听从指令,还是没有办法跟随同伴融入集体。例如:对于喝水,康复训练条件中特殊需要儿童在特教教师指令下可以独立拿水杯喝水。进入融合班级中教师发相同指令,如果没有教师的单独提

示儿童就可能不会拿水杯喝水,即使渴了也不会告诉教师或者自己拿水杯去喝水,而是一言不发地找个椅子坐下甚至发脾气哭闹,这样儿童就很难说是融入了这个集体中。

当特殊需要儿童有了初步的集体意识,就会关注集体动态。这时候教师可以培养他们主动模仿同伴,这是一种与同伴互动沟通的初始能力。模仿别人首先意味着要关注他人,慢慢将这种关注变成一种习惯。在这个过程中,教师很重要,要帮助特殊需要儿童与普通儿童沟通,同时也要让普通儿童能接受特殊需要儿童并乐意帮助他们。因此,这期间教师一定要与普通儿童建立良好的互动关系,充分了解普通儿童最喜欢的是什么,拿什么强化他们对于特殊需要儿童的帮助。了解的方式可以通过与其他教师沟通或者自己观察。了解普通儿童后找出他们与特殊需要儿童的相似点,从这个点切入进行游戏,建立普通儿童与特殊需要儿童之间互动、了解、接受对方的机会。

为了达到融合的效果,教师可以先在集体中介绍特殊需要儿童,告知普通儿童要做一个有爱心的好孩子来帮助他们。然后为特殊需要儿童寻找 1～3 个固定的"好朋友"(如图 7-3 所示)。在选择"好朋友"时,教师之间做好沟通,找出特殊需要儿童比较喜欢接近的、有爱心、责任心强的普通儿童。在做好以上这些工作后,教师在生活融合的过程中不断总结特殊需要儿童的不足,与家长沟通,通过家园配合进行生活自理技能的训练,从而提高其生活自理的能力。

图 7-3 选择"好朋友"

儿童的一日流程是丰富多彩的,但环节基本是不变的。教师要根据每一个特殊需要儿童的不同特征进行合理的有针对性的个别化指导。

(二)游戏活动中的支持

根据游戏活动的类型,游戏活动支持主要有户外游戏活动支持、区域游戏活动支持、专项游戏活动支持。教师在进行游戏活动支持时,要熟悉各种游戏活动及活动所涉及的环境和材料,并对游戏活动中要求特殊需要儿童具有的能力做到全面了解,在充分了解每一位特殊需要儿童的基础上,分析该目标能力与特殊需要儿童现有能力之间的差异,然后根据儿童的具体情况灵活调整活动形式或者降低难度要求,制定相应的活动指导重点及辅助方式,同时增加活动趣味性,最终达成活动指导的有效性,达到预期目标。

(三) 教学活动中的支持

特殊需要儿童的思维水平和想象力水平都比较低，很难像普通儿童一样由一件物品的特征或功用联想到另一件物品；或者将它们进行拓展、假想、对比。因此，教学活动前，教师必须在了解特殊需要儿童特征的基础上充分备课，可适当减少教学内容，降低教学目标。教学活动中，因特殊需要儿童的注意力容易分散，配班教师应当配合指导特殊需要儿童关注教学活动，辅助完成教学活动目标。教学活动后，教师要及时总结特殊需要儿童在活动中的表现，对儿童教学内容掌握不足的地方进行记录，最后提取这些弱点在个别化教学中加以强化练习。相对于生活活动支持和游戏活动支持，教学活动支持包含了更多认知、情感和社会性要求，因而难度是最大的，对教师的要求也是最高的。因此，教师除了在生活支持、活动支持中用到的方法，还要多思考设计一些新的辅助方法，例如出示视觉化支持材料，让普通儿童进行同伴指导等。

二、学前融合教育的班级问题行为管理

做好特殊需要儿童在园在班各个环节的支持，是确保特殊需要儿童融合品质的基础，也是正向行为支持导向下问题行为预防的基础。但基于特殊需要儿童自身的障碍类型和程度，问题行为可能仍会出现。这就需要教师利用前两节所讲到的正向行为支持的基本原理和策略方法，深入观察特殊需要儿童的问题行为，分析问题行为的可能功能，在功能分析的基础上制定综合的包裹式介入策略，全方位支持特殊需要儿童，使其在正向积极的方向下建立适当的期待行为，逐步替换先前发生的问题行为。

(一) 感官异常特殊需要儿童的行为管理案例

怪怪的包包不怪了

5岁的包包是儿童园融合中班的孩子，3岁时确诊为孤独症谱系障碍儿童，紧接着就在康复机构接受了密集的早期干预。目前，包包半天在儿童园融合，另外半天会在儿童园合作的康复机构接受2小时的抽离康复训练。

儿童有基本的生活自理能力，整体的认知水平比实际年龄低2岁。儿童最明显的特质是有严重的感官异常，表现为寻求更多的触觉和视觉刺激。日常在园生活中，儿童会在老师没有及时关注的情况下频繁离开座位或看座位周围的缝隙，寻求感官刺激，团体跟随极其困难。

图 7-4 异常视觉刺激寻求的包包

对于包包在园表现的上述严重行为问题,先对包包平日接触多的家人和其他教师进行了沟通。

通过与家长访谈包包在家中的表现与日常作息,了解到包包在家出现类似行为的次数并不多,包包在家的时间基本都已安排满了,家里没有给包包空闲独处的机会。

再与包包另外半天所在康复机构的特教老师沟通,了解到包包在一对一的训练中,教师对包包的关注度高,包包基本都在老师的动机调动下参与课程,即便出现短暂相关行为,也很快就能得到处理。

结合包包表现和上述访谈结果,我们对包包的表现做了如下分析:

1. 包包因受身体限制,感官刺激得不到满足,从而出现频繁的自我刺激,对此,我们应该尊重儿童的身体需求,增加儿童所需要的感官刺激。

2. 明显感觉到家长想让儿童改变的心情非常迫切,所以给包包在家中安排的活动太满,儿童在家里没有得到应有的放松和某些需求的满足。

3. 包包的认知水平与他的生理年龄有偏差,包包在融合班级的教学内容和常规要求对他来说是困难的,包包很难独立完成或者跟随参与。相对于一对一课程中老师可以随时通过动机操作、强化、调整目标来改变儿童的状态,普通班级的老师很难做这样及时且有针对性的调整,就形成了家庭、一对一教学与班级教学环境的对比,无形之中就给包包留出大量"空闲"的时间,包包感到无聊之后很容易去寻求感官刺激,产生了普通班级环境下严重的异常行为。

经过这样的分析,班级教师和家长、特教老师之间达成了共识,对包包的一日生活做了相应调整:

首先,请家长为儿童在家的活动和作息做调整,每天至少留出一小时与包包游戏互动的时间,让他在家可以放松下来,同时游戏和互动的内容也尽可能偏感官一些,让包包尽可能获得一些感官上的需求满足。

其次,在康复课程中增加感觉刺激的输入,加大感觉康复的量,由之前的每天一节感统课调整为每天两节;在社交游戏康复课上,提升包包的游戏技能。与此同时,让行为分析师介入班级活动,为包包制定行为介入方案,选择合适的行为介入策略,并实施行为介入计划。

在融合环境中,针对包包无法参与的活动和环节如集体课,教师调整课程目标,适当降低某些活动的难度,允许包包做一些他可以做到的事情,例如玩橡皮泥。同时,针对儿童不足的技能,进行嵌入式教学,让包包在班级中通过自然的游戏跟踪支持,获得技能。

图 7-5　游戏技能提升的包包

（二）情绪易激动儿童的行为管理案例

爱哭鬼变形记

6岁的然然是一名孤独症儿童，9月份插班进入大一班接受融合教育，半天在班半天抽离到资源教室接受康复训练。然然记忆力好，学习动物、水果、颜色、形状、反义词时比其他孤独症儿童接受快；喜欢上英语课，英语老师讲过的内容比班级中部分普通孩子记得更快、更牢。喜欢对熟悉的人微笑，会以边转圈边"咯咯"笑的方式对他人表示喜欢。但然然也有自我失控暴躁哭闹的另一面。然然的语言表达与理解能力较弱，遇到问题或困难时会有畏难情绪。得不到满足时，就会以大哭的方式引起他人的注意，依赖老师的辅助。有时然然在融合班突然喊叫，像一头刚出笼的小老虎；有时又对老师的指令反应慢吞吞像一只小蜗牛。家长反馈这样的行为在家中一直存在，只是家长没有专业的方法，为了不让她哭、不闹脾气就尽量满足她，这在无形中强化了她的问题行为。

通过与家长沟通，目前表现最突出的就是然然一上厕所就大哭的问题，因此教师先选择介入这个问题。经过连续三天的ABC观察记录，发现然然小便起身后有尿液滴到内裤上，接下来就站在厕所里准备脱掉所有的裤子。老师让她先提上裤子，到洗手间帘子后面脱，然然便大哭起来。当老师帮她脱掉裤子后，然然便停止了哭。根据这样的表现记录，分析认为"然然小便将尿滴到裤子上，不及时换裤子就大哭"的行为可能有两种功能，一是感觉逃脱，即触觉敏感不能接受湿的裤子，二是用哭闹"引起老师关注"。

在明确了问题行为并对该行为进行简要功能分析后，我们便据此制定了一份介入计划，即结合区别强化与代币，教导然然正确擦拭屁股后再提裤子，及正确表达"老师我的裤子湿了，我想换裤子"。之后与相关老师和家长做好沟通，争取做到家园一致同步进行。

接下来我们开始了正式介入过程的设计。确定然然的强化物为公主贴画、刮画，前期以区别性强化直接1∶1强化然然正确擦屁股和表达需求的行为，进而建立代币系统，进行延迟满足。在强化期适当行为的同时，对环境材料做相应调整。我们准备更加充足的厕纸摆放在纸篓里，当然然小便结束，老师立即动作示范拿纸对折，指导然然练习擦屁股，屁股从前往后擦拭，多擦两次，擦干后起身提裤子。刚开始只要在辅助下能做到，老师就立即给然然公主贴画的强化和社会性夸奖，区别性强化（即如果没有做到则不强化）然然小便后能主动拿纸擦屁股的行为。这个过程中要是然然不小心弄湿了裤子，在即将大哭之前，老师及时她提示可以用语言表达"老师我裤子湿了，帮我拿裤子"，在老师的辅助下她能够仿说时也给予强化。待然然对这种方式熟悉并且辅助下完成的表现稍微稳定之后，我们使用代币延迟强化。而对于介入的时机，通过观察记录显示，一天中我们可以在自然情景中进行至少10次目标干预，分别在早上入园、晨会、集体课后、吃点心、户外前、午餐前、午睡起床、运动课、晚餐前、离园前的时间。这样，区别化强化和代币介入干预就被嵌入到然然一天在园活动的这10次机会中。

第一天，然然小便后老师立即进行一系列动作、口语示范，然然擦屁股时纸拿的少了没有擦干，老师于是全辅助儿童擦干屁股，同时立即给予强化。很快，到下午的时候，然然就可以接受代币奖励。而我们也尽可能立即给予代币，避免介入太快然然等不住，从而发生情绪问题。

第二天,老师辅助指导然然折纸和擦拭,然然能把纸对折后再擦拭,屁股很干净,没有弄湿裤子,然然情绪平稳。

第三天,我们给然然增加了一些困难,在然然擦不干时立即提示她说"老师我裤子湿了,换裤子"。然然很快跟着一起仿说,我们赶紧给然然换了裤子,然然依然没有哭。

第四天,逐渐加入自理能力的要求,家园沟通同步,让然然练习自己换裤子。第一天的1∶1强化逐渐过渡到代币,代币的比例也根据情况逐渐变化。开始以3个代币兑换一次最喜欢的刮画。再从3个增加到4个、5个……10个,集够10个代币才能换取刮画纸。

经过连续两周的密集干预,然然如厕时的情绪行为得到很大改善,不仅不再爆发情绪,还能正确擦屁股,做到先擦后起身,避免裤子湿,也能主动向老师表达需求。而且,然然甚至还能灵活自己解决问题,当内裤湿了会自己用纸垫上。

> **想一想:**
> 这个案例中然然的行为是什么?这个行为的功能可能是什么?教师采取了哪些正向行为支持的措施?

思考与练习

1. 正向行为支持的基本原理是什么?有哪些特点?请说一说它与传统的行为矫正的异同。
2. 特殊需要儿童常见问题行为都有哪些功能,请阐述并分别举一个例子。
3. 请你用正向行为支持的思路为本章开篇案例中乐乐的行为制定一份包裹式介入方案。

第八章　学前融合教育的师资建设

学习目标

1. 了解学前融合教师师资的基本构成。
2. 掌握学前融合教师应具备的专业素养。
3. 理解学前融合教师教育合作的内容。

情境案例

在美术教学活动"漂亮的小伞"中,教师出示各种小伞,分析伞面的图案、色彩,大班听障幼儿悠悠一会儿左右张望,一会儿看教师手里的伞,有意无意跟着说出几个词语。教师讲评,他又东看看,西看看。教师让幼儿动手装饰小伞,悠悠自己没有带伞,就一直看着教师。教师说:"你就和姗姗一起装饰小雨伞吧"。于是,他拿起剪刀和布条,找到姗姗。他和姗姗合作默契,还不时支支吾吾地说着什么,有时还用手比画着,于是姗姗就按照悠悠的办法装饰伞。

案例点评

案例中特殊需要儿童和教师均有机会开启不同的师幼互动主题。特殊需要儿童开启的主题涉及求助。小伞制作活动中,听障幼儿悠悠因为想参与活动,就用眼神求助教师。特殊需要儿童与教师互动的倾斜模式明显,即教师作为教育者实施指导或帮助行为,特殊需要儿童则作为被教育者接受其指导或帮助。效果良好的师幼互动与教师关系密切,教师需要关注开启主题的时机。主题的开启建立在对特殊需要儿童观察的基础上,当教师观察到特殊需要儿童对活动感兴趣却由于障碍不能充分参与时,便是最好的介入时机。

为了提高学前融合教育的内涵建设,学前融合教育师资队伍的建设必不可少。我国《"十四五"特殊教育发展提升行动计划》提出,要积极促进非义务教育阶段的普通教育和特殊教育融合,探索适应残疾儿童和普通儿童共同成长的融合教育模式。据教育部网站公开数据《学前教育分年龄幼儿数(总计)》显示,2020—2021 学年初全国在园残疾幼儿共计 36832 人,当年入园残疾儿童 13361 人,在园及入园残疾幼儿占同口径所有儿童总数量的比例仅为 0.07%。实践经验也表明,不少残疾儿童不能入园接受学前融合教育。其

中,教师特殊教育专业能力不足成为制约幼儿园接受特殊需要儿童的主要障碍。因此,建设一支优质而充足的师资队伍是建设高质量学前融合教育体系,确保学前融合教育普惠发展的关键。

第一节 学前融合教师的专业素养

我国法律法规对特殊需要儿童教育工作者的专业资质做出了明确规定。新修订的《残疾人教育条例》明确要求,专门从事残疾人教育工作的教师应满足下列条件:一是按照《中华人民共和国教师法》的规定获得教师资格;二是特殊教育专业毕业或者经过省、自治区、直辖市人民政府教育行政部门组织的特殊教育专业培训并考核合格。

在依法执教理念下,近年来在学前教育和特殊教育"两头延伸"的快速发展背景下,从整体从事融合教育的师资情况来看,普通专任教师都获得了不同层次和不同内容的继续教育进修机会,教师对于特殊需要儿童和特殊教育的理解得到进一步提高;从国家政策支持和各省市(自治区)实施的具体措施来看,师资队伍的数量和专业化水平都得到了一定程度的发展,为未来我们更好地实施学前融合教育提供了一定的基础性条件。

一、学前融合教育的教师构成

在我国,学前融合教育教师主要有三支队伍:第一,普通幼儿园的带班教师,这些教师所在班级中普通幼儿居多,有少数特殊需要儿童;第二,巡回指导教师,这些教师大多来自当地特殊教育学校或教师发展中心;第三,普通幼儿园的特教班教师,这些教师所在班级中特殊需要儿童居多。按照我国相关政策规定,为了给予实施融合教育的幼儿园更多特殊教育支持,在普通教育基层实践中,各地基本依托特殊教育学校和普通学校成立区域特殊教育指导中心和资源中心,以发挥特殊教育学校的骨干作用,为普通学校实施融合教育提供资源和人力支持。

目前,学前融合教师的进修方式主要有以下两种:

第一种形式:特殊学校受省市级教育行政部门委托,定期举办各种融合教育培训或工作坊,邀请普通幼儿园部分教师学习特殊教育、融合教育的先进理念和具体实施策略,通过理论和实操的方式,提升理解和初步应用融合教育理论的意识和能力。

第二种形式:普通幼儿园通过短期讲座和长期教研等形式,邀请特殊教育和学前融合教育专家走进幼儿园,开展不定期的特殊需要儿童教育诊断评估、特殊需要儿童个别化教育计划集体审议和科研课题研究等活动,在行动研究中为教师发展赋能。

从学前融合教育的实施主体机构——幼儿园来看,学前融合教育所涉及的教师构成了一个团队,包括园长、专任教师、保健医生、保育员以及巡回指导教师。融合幼儿园是一个生态系统,他们都是特殊需要儿童学习生活的密切支持者、合作者和引导者。

(一)园长要具备融合教育领导力

园长的融合教育理念主要体现在园长的特殊需要儿童观和从事融合教育的教师观

上,即对特殊需要儿童和融合教师的根本看法和态度的总和。以上观念决定了特殊需要儿童和实施融合教育的教师在园长心目中的角色地位,是园长决策的出发点。融合教师的专业情感从职业、对象、环境、情绪四方面考察——对特殊需要儿童教师职业的认同感与自尊感,对特殊需要儿童的接纳、尊重与爱,对幼儿园的信任和依恋,自身在融合教育工作中的情绪状态。适宜的教师观能激发融合教师的专业情感,使他们深刻理解作为教师的价值,增强职业认同感。儿童观决定了园长在决策时是否从特殊需要儿童角度思考问题,并影响教师如何从特殊需要儿童的角度看待问题、感受世界。园长对融合教师无声的尊重能获得教师对园长的认可,从而使教师对幼儿园产生归属感,在工作中保持愉悦的情绪。在教师专业成长中,园长尊重、重视与采纳教师的意见或建议,能合理调动教师的主动性和积极性。

实施学前融合教育的园长是师资质量的重要影响因素之一,学前融合教育管理团队秉承的价值观和教育策略都将影响学前融合师资的整体水平,因此园长需要具备教育领导力,促进幼儿园管理团队专业能力的提升。目前我国很多省市的融合教育试点园数量逐渐增多,说明越来越多的园长支持和参与学前融合教育。园长领导下的团队需要主动作为,为有经验的教师和新教师提供个性化的专业发展机会。学前融合教育靠单兵作战很难成功。有经验的融合教师通过课题引领和幼儿园教科研等方式构建团队支持平台,让融合教育骨干教师发挥带头人作用;新教师通过公开课获得融合教育知识和技能的积累,减少教师在入职初期由于经验不足而产生的工作"损耗",保持教师从事学前融合教育的热情。

(二) 专任教师要修炼双重本领

学前融合教育的特质是普通儿童和特殊需要儿童在同一情境中共同学习,当不同障碍类别的儿童在同一间教室里,多变、不确定且时有"意外"发生的教育安置方式就形成了,这样的教育情境产生更多复杂性,对幼儿园教师带来巨大挑战,教师要找到促进普通和特殊需要儿童共同发展的教育契机。实施融合教育的教师要修炼双重本领——不仅要熟悉和把握普通儿童的发展和教育规律,还要了解和运用特殊需要儿童发展变化的特点和教育实施的规律。

幼儿园教师还需要与专业的早期教育工作者、心理发展评估者、家长进行沟通和互动,共同参与特殊需要学前儿童的评估,以此作为日后早期教育干预方案设计的重要依据。教师首先需要培养对特殊需要学前儿童关心、共情等专业情感,具有长期辛勤付出和有效努力的决心和信念,同时还要掌握系统的特殊需要儿童早期教育评估的专业知识和专业技能,能够正确解读来自医院、儿童保健机构、专业评估人员等提交的学前儿童发展评估结果。

【案例8-1】

教师的发现

班上有个听力有障碍的男孩。医生检查后发现,他先天没有耳道,父母给他安装了特殊的助听装置。经过家访,教师了解到,他的父母都是大学里的科研人员,平常忙于工作。

原先思思是在特殊学校学习的,后来父母希望他能和其他正常的孩子一样正常生活,到正常学校学习,所以将其转到幼儿园。不自觉地,教师很关注他和普通幼儿存在的差异。也许是因为听力障碍,经过观察评估,教师发现其他幼儿或教师与他讲话时,他并不能全部听懂,也不能完全按照教师的指令做事情,与同伴交流也存在沟通问题。

(三)保健医生要练就"火眼金睛"

当前每所幼儿园设有至少1名保健医生,主要负责全园幼儿的卫生保健工作,及时发现幼儿的特殊需要;做好日常卫生保健工作,登记、记录和统计幼儿的身心健康状况,追踪特殊需要儿童的身体与心理发展变化状况;组织或配合相关部门做好学前儿童定期体检等工作,做好特殊需要儿童的体格检查结果记录与分析工作;认真做好晨检,发现学前儿童有任何突发疾病都要与家长联系;必要时,与家长、教师交流特殊需要学前儿童的日常生活与教育需求,积极参与特殊需要学前儿童个别教育计划的制订或修改工作。

【案例8-2】

一张"化验单阅读说明"引起的反思①

本周我到儿童医院取回了家长急切想看到的幼儿"血铅及微量元素"化验单。随着家长保健意识的增强,越来越多的家长要求为幼儿做血铅化验。虽然我在橱窗中做了相应知识的宣传,可有些家长也不去看或看不明白,每年这时候家长总是围着我咨询相关的问题,虽然我尽力解答,却仍不能满足每一位家长的要求,有的老人(儿童的爷爷奶奶等)任我怎么解释,结果还是三个字——"不明白"。

反思:我的工作方法出现了问题!

策略:把需要解释的内容打印出来,每份化验单附一份阅读说明,这样不管是老人还是保姆来接孩子,只要把"血铅及微量元素化验单阅读说明"带回家交给家长,"不明白"的问题就会迎刃而解。同时我把富含各种营养素的食物列表提供给家长,让他们能够有针对性地为孩子进行食补。

效果:家长拿着说明赞不绝口——"真详细,根据化验结果,以后给孩子吃什么补什么都明白了。"

(四)保育教师员要做好生活助手

学前融合教育的核心是保育、教育和康复的结合,保育员在特殊需要儿童早期教育和康复中起着重要作用。日常生活是特殊需要儿童学习、练习和迁移学习经验的机会,如脑瘫儿童正是通过吃饭时学习使用餐具来发展精细动作,孤独症儿童正是通过一日生活各环境的转换来发展时间概念,肢体障碍儿童正是通过如厕、吃饭训练发展独立生活的能力。因此,保育员要不断地自觉促进为特殊需要儿童服务的意识,以能力、知识等方面为

---

① 资料来源:青岛市实验幼儿园保健医生曲烨的教养笔记。

切入点,通过学习、思考和探究不断自我发展,以提高保育工作质量、不断胜任保育工作。因此,幼儿园对融合班中的保育员的发展要给予特别的重视,这将给保育工作质量带来更多正向影响。

(五)巡回指导教师要"及时补位"

学前融合教育的巡回指导是持续安置特殊需要儿童的支持方式之一,它最接近普通教育环境。巡回指导目的是协助特殊需要儿童适应普通教育环境,普通班的幼儿园教师与特殊教育专业教师共同合作,建构特殊需要儿童与普通儿童共同学习的环境,提供个别化教育的支持和服务。实践中有的幼儿园专设"特教部"招收有特需的幼儿,巡回指导教师、保健教师和资源教师共同努力,定期与幼儿园教师开展融合教育相关工作。巡回指导教师的专业素养中非常重要的是沟通和咨询,融合教育不断发展,特殊需要儿童多样化需要的复杂性也在变化,学前巡回指导需要融入普通班级课程,这样才能有效支持特殊需求儿童发展。

拓展阅读

江苏省无锡市学前融合教育模式的创新实践

无锡市教育局和当地残疾人联合会有良好的合作关系,江苏省无锡市特殊需要儿童早期干预中心(以下简称"中心")的学前融合教育实践更得到了教育部门的热忱关心和支持,市、区教育分管领导多次出席宣传活动,协调解决实践中的难题。

2016年3月,中心通过"星悦纳公益行动计划",召集22所幼儿园建立了学前融合教育联盟。通过对园长融合教育的认识程度、园内实施项目的要求、幼儿园区域位置以及园内教师的综合素质等测评,在22所合作园中选出6所幼儿园作为试点园,先期开展探索实践活动。主要措施有以下三点:

第一,设计"三联动机制",强化融合教育管理。

通过每学期一次的联席会议制度,研究、讨论、布置各阶段融合教育工作计划,明确分工与要求,分析、交流、总结实践中的问题与短期成效。通过日常及时地沟通交流,为普通幼儿园教师提供更加具体的康复技术支持。通过展开个别化服务计划讨论会议,普通幼儿园教师与特教教师为家长提供融合教育第服务和支持。

第二,创新研制规范,保障运行。

研制学前融合教育《试点幼儿园工作规范》《幼儿园项目负责人工作制度》和《特教教师岗位职责》等,规定融合教育中各岗位人员的角色定位、专业要求等。

第三,定期入园指导,专业引领。

中心每学期一次、骨干团队入园指导,以个案为抓手,强化教师对特殊需要儿童知识的理解和掌握,对日常干预的手段、方法给予相关建议。同时特教教师参加试点园定期组织开展的个案研讨、业务学习等教研活动,指导教师恰当应用康复技术。

二、学前融合教师的态度准备

态度是教师融合教育知识和能力发挥的潜在影响因素，优秀的学前融合教师对待特殊需要儿童和教育秉承科学的价值观，对融合教育的主动接纳度较高，愿意主动参与融合教育教学和各项培训进修活动；也愿意与专家和同事合作，通过行动研究和教科研活动提高自身专业水平。这些教师对特殊需要儿童入园持明确的支持态度。

外部支持是影响教师融合教育态度的重要因素。已有研究证实，在获得充分支持和帮助的前提下，支持融合教育的教师人数会增加。很多研究也证实了工作职位、专业背景和班级管理能力等对幼儿园教师融合教育素养有显著影响，教师参与融合教育行动研究项目和选修特殊教育课程有助提升融合教育胜任力。教师看待特殊需要儿童的方式会影响教师对特殊需要儿童及其背后家庭的关爱和教育，作为教师要警惕普遍存在的对于特殊需要儿童及其家庭"污名化"的刻板印象，用正确的视角看待特殊需要儿童。

三、学前融合教师的知识准备

学前融合教育强调教师能够有意识地甄别和创设学前特殊需要儿童与普通儿童的互动活动，在此过程中发现儿童获得新技能或学习经验的教育契机。中国残疾人联合会统计公报显示 2019 年我国共计 22489 万名家庭经济困难的残疾儿童接受普惠性学前教育资助。学前阶段是儿童语言发展的敏感期，以听力和言语残疾儿童为例，近八年接受学前教育的儿童人数稳定增长，增幅达 29.96%。在此现实背景下，教师满足学前儿童多样化学习需要的问题逐渐凸显，公平而有质量的学前融合教育亟须有胜任力的教师。

特殊需要儿童和普通幼儿一起学习，固然需要增加教师人手，然而，教师数量充足并不一定就能保证把班带好。受过学前教育训练的教师并不具备特殊教育的专业知识，不一定能胜任引导和支持特殊需要儿童发展的任务；受过特殊教育训练的教师也并未受过一般学前教育的训练，也不知如何设计和组织幼儿园的教育活动。因此，在学前融合教育的教室里，教师必须成为一名终身学习者，巩固或者接受已有的知识结构，为更好地胜任融合教育做好准备。学前融合教师既需要具备普通学前教育的扎实知识，也需要具备相应的特殊教育的知识，这样才能基于对学前儿童典型发展规律的理解来评估特殊需要儿童的特殊需要，形成特殊教育指导能力，进而满足所有儿童的教育需求。

四、学前融合教师的能力准备

对于幼儿园教师来说，由于大部分幼儿是普通幼儿，所以教师一般会按照幼儿园要求的统一的教学计划来设计、实施各项一日活动。然而，从周一到周五的课程内容对于特殊需要儿童来说，无论从数量和难度上都是"极速列车"，当教师和普通幼儿一起完成"正常的教学"时，跟不上进度的特殊需要儿童感觉教学活动是"雪崩式"的，导致常见的"随班就座"现象的发生。因此，合格的融合教师必须在能力上做好充分的准备。总体来说，学前融合教师需要具备使用特殊设备、评估和创设融合环境、提供差异化材料、支持特殊需要儿童行为、支持特殊需要儿童家庭等各方面的能力。

（一）使用特殊设备的能力

在学前融合班级，肢体障碍和感官障碍儿童大多需要借助辅具进行学习和生活。常见的特殊辅具包括听力障碍儿童使用的助听器和人工耳蜗，视力障碍儿童使用的电子助视器或弱视儿童使用的眼罩，以及肢体残疾儿童使用的轮椅、拐杖等。学前融合教师需要熟悉这些辅具的简单构造和基本功能，学会辅具使用的正确方法，帮助儿童随时检查使用过程中出现的问题，及时调整、修复或求助相关专业人士。

（二）评估和创设融合环境的能力

在由普通儿童与特殊需要儿童构成的班级环境中，儿童行为会出现更多复杂性和差异性，学前融合教师面临更多挑战。因此，教师要有评估和创设融合环境的基本能力，考虑和评价现有班级环境能否适合所有幼儿的需要。从无障碍环境设计角度，如果班上有坐轮椅或使用助行器的幼儿，教师需要考虑是否提前规划了扶手、地面固定装置等设备支持幼儿自由安全的移动。从微观游戏环境调整角度，教师需要评估现有的教学具或游戏材料是否满足特殊需要儿童的需求，如果班上有脑瘫、认知障碍儿童，则要考虑现有材料是否需要改装或再设计，以便能适应特殊需要儿童的最近发展区。

图 8-1 融合教室使用的作息表

（三）提供差异化材料的能力

由于融合班级中幼儿学习需求存在较大差异，教师需要给幼儿提供更多丰富的多感官探索材料，必要时给特殊需要儿童提供个性化的操作材料，支持特殊需要儿童与普通幼儿共同学习。比如对于孤独症儿童来说，科学活动中，教师要考虑是否需要给特殊需要儿童准备专门的操作材料，是否要求普特幼儿共同合作；在美术活动中，教师则需要考虑特殊需要儿童独特的颜色感知特点，是否需要提供不同于普通幼儿的立体化的作画材料；在语言活动中，教师需要考虑特殊需要儿童使用的图画书或绘本是否与普通幼儿有差异，是否需要专门为孤独症儿童设计图画书。

图 8-2 特殊需要儿童参与沙盘游戏 　　图 8-3 特殊需要儿童参与角色扮演游戏

(四)支持特殊需要儿童的能力

在一个异质性较高的教室中,如何把符合所有幼儿需求的课程系统地呈现出来,主要依赖于教师能否有效地控制教室的情境及做好班级的管理。教师应当提供必要的额外支持将帮助特殊需要儿童获得发展。在教育实践中教师可以通过多种方法支持和管理特殊需要儿童的行为,见本书第七章。

(五)支持特殊需要儿童家庭的能力

学前融合教师需要支持特殊需要儿童家庭和社区获得有用的信息。教师要引导家长了解特殊需要儿童的教育需要,互相支持,提升特殊需要儿童的生活质量。教师应帮助家长找到应对压力的方法,面对现实。特殊需要儿童家长的角色也需要在教师支持下由过去的被动接受讯息者、等待服务者转向专业的团队合作者。

第二节 学前融合教师的专业职责

学前融合教师的专业素质至关重要,它决定了特殊需要儿童接受早期教育的质量。学前融合教师的专业知识与专业技能直接影响融合教育的效果。国家重视学前特殊需要儿童的教育和发展,对学前融合教师的工作内容提出了更高要求,《中共中央国务院关于学前教育深化改革规范发展的若干意见》指出学前教育是重大民生工程,政府要着力扩大普惠性学前教育资源供给,到2020年基本建成广覆盖、保基本、有质量的学前教育公共服务体系。"切实办好新时代学前教育"必须坚持普惠方向,真正实现残疾幼儿入园"零拒绝",这是保障普通与残疾幼儿享有同等教育机会和质量的有效举措,也是我国全面深入推进学前融合教育的重要信号。学前融合教师是特殊需要儿童成长的"重要他人",对其身心发展具有独特影响,学前融合教育质量的提升的目标对教师素质也提出了更高的要求。学前融合教师的专业职责包括以下方面:

一、更新观念,树立科学的学前融合教育观

特殊需要儿童身心发展具有独特的特点和规律,早期教育也有特殊的教育目标与方法,因此,学前融合教师的首要工作内容在于不断更新观念,在遵循学前特殊需要儿童身心发展规律基础上,理解特殊需要儿童真实生活状态的基础上,树立科学的儿童观,进而建立科学的学前融合教育观——学前融合教育应尽最大努力理解和满足学前特殊需要儿童的教育需要。教师首先要认识到所有的学前儿童都有特殊需要,然后再考虑如何满足每个儿童的特殊需求。作为教师,做最大努力去体验特殊需要儿童的内心感受,帮助特殊需要儿童建立积极的自我认同感,引导学前特殊需要儿童将自己视为有能力、有价值和独立的个体,是一项艰巨的任务和挑战。

二、与特殊需要儿童及其家长建立积极的人际关系

建立积极的人际关系是实现学前融合教育目标的关键。特殊需要儿童是带着家庭和

自身的文化背景进入幼教机构的,当特殊需要儿童与普通儿童一起进入幼儿园班级时,不同家庭背景和文化的冲突和碰撞在所难免,教师需要理解并协调关系。对特殊需要儿童及其家庭来说,"特殊"有时意味着"孤立",家长过度地保护特殊需要儿童可能是因为害怕让儿童进入真实的世界。如果教师与家长、学前特殊需要儿童建立积极的人际关系,特殊需要儿童及其家庭就会对未来更有信心,也有助于提高学前特殊需要儿童的早期干预和康复教育的效果。

三、开展科学的学前融合教育评估

正确评估普通和特殊需要儿童的现实需要和水平至关重要。观察在先,沟通并行。教师应当综合医生的诊断结果及儿童目前的发展状况进行系统评估。通过观察和沟通,教师需要了解学前特殊需要儿童的优点、兴趣和特殊需求,同时参考医学检查报告进行评估。但医学检查报告本身并不能作为早期干预的唯一依据。教师对儿童的评估要全面、系统和具体,对评估结果要做出慎重的判断。对于新入园的特殊需要儿童,教师要和家长分析儿童状况,了解家长在家庭中已经使用过的有效或无效的教育方法和策略;有经验的教师也可以询问家长是否已参与了早期康复计划,如果家长不知道这方面的信息,或者家长对儿童的特殊需要还没有引起重视,可提供给家长相关的网站、图书、培训活动等信息。

四、积极参与制订融合教育方案

(一)确立合理的早期干预目标

无论在家庭还是幼儿园,特殊需要儿童的早期教育计划都需要教师参与。早期干预目标反映了早期干预方案的重点指向,是"重中之重",目标是特殊需要儿童当前最需要得到发展的指向。教师在持续观察和评估的基础上,要反复斟酌,最终确定适宜的早期教育干预目标。

(二)寻找有效的学前融合教育策略

为使面向全体学前儿童设计的活动能兼顾特殊需要儿童的需要,教师可以采取多种策略,比如增加分组合作学习机会以鼓励发育迟缓儿童的学习,或者增加闪烁灯光等辅助教具以支持听障儿童完成"曲线小跑"的任务。教师实施的学前融合教育策略应该是有目的、有计划的、系统实施的,这些策略不仅包括指向所有学前儿童的通用学习策略,也包括专门指向特殊需要儿童的个别化教育策略。

📖 知识链接

语言领域学前融合教育策略

建议如下:

1. 儿童从游戏中学习语言较为容易,教师可以多设计游戏,在游戏情境中为儿童提供说的机会。

2. 简短的故事或图片的问答,可增进儿童的语言理解。
3. 教师在下指令之前,应先做示范,儿童较易完成指令。
4. 教师让儿童仿说之后,最好立刻接着做认知理解或相应的动作,如要儿童仿说坐下,教师就直接做出坐下的动作,这样概念才易形成。
5. 教师在要求幼儿拿出大球时,应先教大及小的辨别。
6. 语言的理解应先从实物的名词理解开始,再到动词的理解。
7. 仿说的内容要富生活化,且要有连续性。
8. 听从指令的活动可增加,以增进儿童的语言理解能力。
9. 厚卡片书很适合特殊需要儿童使用,既可训练儿童学习一页页翻书,还可利用其特殊的设计(如可以拉、摸)训练儿童触觉或作为看图说话的材料使用。

(三) 形成系统的学前融合教育方案

早期干预能否有效很大程度上取决于是否有合理可行的早期干预方案。零碎的教育活动不仅浪费学前儿童和家长的时间和精力,而且容易降低早期干预效果。教师要综合考虑、统筹安排,综合来自家长、社区和普教、特教、医学等专业人士参与所提供的信息或意见,形成分层递进的早期干预方案。

五、主动实施与调整教育活动

(一) 创建安全、富有挑战性的学习环境

在一个异质性较高的教室中,如何把课程系统地呈现出来,并且符合儿童的需要,依赖教师有效地控制教室的环境及做好班级管理的相关工作。成人为特殊需要儿童创建的学习环境是儿童重要的学习手段,也是重要的课程资源。无论是幼儿园或班级环境,还是家庭或社区环境,都会潜移默化地影响学前儿童的发展。学前儿童正是在与周围环境的相互作用中,构建着自身的知识结构和价值观。同样,环境也传递着成人的教育期望,影响着学前儿童的学习效果。优秀的早期教育工作者必须重视环境对学前儿童发展的潜在影响。良好的教育环境包括物质环境和精神环境的双重建构。

(二) 实施有趣、系统的早期干预活动

早期干预活动通常有三种,分别是生活自理活动、学前儿童自发活动和教师预设的活动。教师的任务在于将这些活动变得有趣、好玩,即使是面对特殊需要儿童,这些活动也应融入普特幼儿共同生活的自然情境,不应当强迫儿童或家长完成而造成负担。

六、熟悉特殊需要儿童的相关法律法规

学前融合教师应当熟悉我国关于特殊需要儿童早期教育的相关法律法规,为进行科学教育打下基础。依法执教是新时代教师素质的必备要求,教师有必要、有需求去了解新时代学前融合教育发展背景下,国家对教师的具体要求和规定;也有责任和义务去向特殊

需要儿童家长宣传特殊需要儿童教育重要的法律法规及其相关内容,帮助家长更新育儿观念,在政策允许的条件下寻求适宜的教育安置和支持方式。学前融合教师需要了解以下法律法规内容:

(一)《儿童权利公约》

1990年联合国公布《儿童权利公约》,旨在保护儿童权利、维护残疾儿童的特殊权利。其中,第二十三条明确提出,"鉴于残疾儿童的特殊需要……确保残疾儿童能有效地获得和接受教育、培训、保健服务、康复服务、就业准备和娱乐机会,其方式应有助于该儿童尽可能充分地参与社会,实现个人包括其文化和精神方面的发展。"

(二)《残疾人教育条例》

2017年我国新修订了《残疾人教育条例》,指出残疾人教育应当提高教育质量,积极推进融合教育,根据残疾人的残疾类别和接受能力,采取普通教育方式或者特殊教育方式,优先采取普通教育方式。学前教育机构不得拒绝符合法律、法规规定条件的残疾儿童入园。对于残疾幼儿教育的核心问题,提出残疾幼儿的教育应当与保育、康复结合实施。招收残疾幼儿的学前教育机构应当根据自身条件配备必要的康复设施、设备和专业康复人员,或者与其他具有康复设施、设备和专业康复人员的特殊教育机构、康复机构合作对残疾幼儿实施康复训练。

(三)《幼儿园工作规程》

2016年我国教育部新修订的《幼儿园工作规程》规定幼儿园对"具有接受普通教育能力的残疾儿童等入园,按照国家和地方的有关规定予以照顾",将残疾儿童专门纳入学前教育的重点对象。同时,幼儿园任务特别强调幼儿园同时面向幼儿家长"提供科学育儿指导",这里的幼儿家长也包括特殊需要儿童家长,说明了融合班级中教师对普通和特殊幼儿家长均具有教育指导的工作使命。

(四)《幼儿园教师专业标准》

2012年我国教育部颁布的《幼儿园教师专业标准》规定了合格幼儿园教师的专业素质。在"专业知识素质"维度的第24条和第25条标准明确提出"了解幼儿发展中容易出现的问题与适宜的对策""了解有特殊需要幼儿的身心发展特点及教育策略与方法",这对实施学前融合教育的教师提出了新要求,要求教师掌握、运用学前特殊需要儿童教育的基础知识和相关教育策略。

(五)《"十四五"特殊教育提升行动计划》

2021年12月国务院办公厅关于转发教育部等部门颁布《"十四五"特殊教育发展提升行动计划》,文件中提出:积极发展学前特殊教育,鼓励普通幼儿园接收具有接受普通教育能力的残疾儿童就近入园随班就读,推动特殊教育学校和有条件的儿童福利机构、残疾儿童康复机构普遍增设学前部或附设幼儿园,鼓励设置专门招收残疾儿童的特殊教育幼儿园(班),尽早为残疾儿童提供适宜的保育、教育、康复、干预服务。

第三节　学前融合教师的教育合作

　　学前融合教师的教育合作指从事学前融合教育的专业人员依据融合班级管理和普特幼儿的真实教育需要,与康复、特殊教育等专业康复人员和家长密切沟通协作,促进普通儿童和特殊需要儿童的共同学习成长,提升学前融合教育的保育、教育和康复的整体质量。学前融合教育不是单兵作战,而是团队作战,学前融合教育需要不同领域团队成员的密切合作,在普通班实施合作教学。合作教学的教师需要协调工作,首先,至少达成一个共同的、大家一致认可的目标;其次,分享信念,坚信每一位合作团队的教师都有自己独特的,也是别人需要的才能;最后,采取面对面互动、积极的相互支持等。学前融合教师的教育合作任务主要有以下五个方面。

一、共同提供合理便利的物质环境

　　学前融合教师在为特殊需要儿童设计合理便利调整时,需要考虑其他同事的态度和建议。教师需要加强合作,共同评估合理便利措施的有效性,以及是否有利于班级管理。教师需要和同事共同考察提供合理便利所需要的材料、时间、资源、教育、技术以及设备的情况。教师的同事关于提供便利的物质环境的合作至少应该考虑以下方面:
（1）确定实施学前融合教育便利性调整措施的负责人;
（2）确定需要提供哪些资源（材料、技术、设备）来实施合理便利措施;
（3）特殊需要儿童、普通儿童和教师、家长需要做哪些准备来实施合理便利;
（4）评估便利性措施促进普通儿童和特殊需要儿童学习的有效性。

二、共同营造和谐包容的班级氛围

　　学前融合教师需要共同营造和谐包容的班级氛围,其中情感支持是融合班级中教师建立氛围的重要工作。教师应促进和增进普特幼儿的互动。融合教室的观察研究发现,教师在集体教学时协助特殊需要儿童的频率比普特幼儿互动频率高38%,但是在自选游戏中,普特幼儿互动频率高于师生互动。可见,不同的课程组织形式对普特幼儿的同伴互动具有不同影响,融合班级中同伴互动也有其自身特点。学前融合教师应该在熟悉融合班级幼儿互动特点和规律的基础上,认同幼儿的个别差异,给予同伴互动的机会,并通过各种方设法促进普通儿童和特殊需要儿童互动。

三、合作开展特殊需要儿童教育诊断评估

　　教师实施融合教育的前提是掌握特殊需要儿童现有的发展情况,科学的教育诊断评估是实施融合教育的前提。学前融合教育中有以下常见的评估情境需要教师通过合作参与。
　　情境一:新生入学评估。新生入学评估大多由当地随班就读指导中心主导。每年暑

假或寒假都是新生入学评估的时间,其间教育行政部门会委托随班就读指导中心统筹各区适龄儿童的特殊教育诊断评估。我国特殊教育学校大多承担普通学校融合教育业务指导的职能,所以会组织教育、医学、康复等领域的专家与特教教师共同开展教育诊断评估。虽然这样的评估结果可能导致儿童有不同的安置方式,但是这是教育领域主导的学前融合教育评估过程,也是借助外部专家力量开展专业合作,共同了解儿童的过程。

情境二:特殊需要儿童学期评估。特殊需要儿童学期评估大多由学前融合教育试点园主导。每年学期初或期末,幼儿园都会组织特殊需要儿童的学期评估活动。这样的活动要求带班教师、资源教师、教研组长参与,有时还会邀请儿童保健或儿科专家共同参与。阶段性的评估有利于定期评价儿童学习水平,需要幼儿园统筹可利用的专业资源为融合班教师提供专业支持,及时评估融合教育的效果,也便于下一步开展科学有效地改进策略。

情境三:特殊需要儿童专项评估。特殊需要儿童专项评估由融合幼儿园与专家共同主导。有一定融合教育基础的幼儿园,可通过科研课题借助专家力量,聚焦学前融合教育中的某一关注重点展开持续的行动研究。课题研究的过程是融合教师借助专家力量在实践中成长的过程,也是通过专家合作更好地更新教育观念、更新自身知识结构的过程。

四、合作实施班级活动调整策略

在学前融合教育实践中,幼儿园教师和特殊教育教师需要围绕学前融合教育专业、特殊需要儿童早期康复训练和日常教学三方面进行合作。在共同制订个别化教育计划的过程中,特教教师为日常教学活动提供策略和指导,幼儿园教师实施并反馈,相互密切联系和沟通,共同促进儿童最大程度的学习。幼儿园教师在实际进行集体活动的过程中,有时会有意识地将幼儿分层,即将能力高的幼儿和能力低的幼儿分开进行活动,教师花更多时间去指导能力低的幼儿进行小组活动。这种个别指导方式对于孤独症儿童也很合适,有些教师会将孤独症儿童放在能力较低的年龄组。除了正常的集体教学活动以及个别化训练,教师有时候会对孤独症儿童进行一对一的针对性辅导,比如教师在集体教学活动中巡回指导过程中,会单独对孤独症儿童以及陪读家长进行情况的访问,对孤独症儿童进行单独的辅导。以下是大班孤独症儿童参与美术融合教育活动《玉兰花开》的调整前后对比。

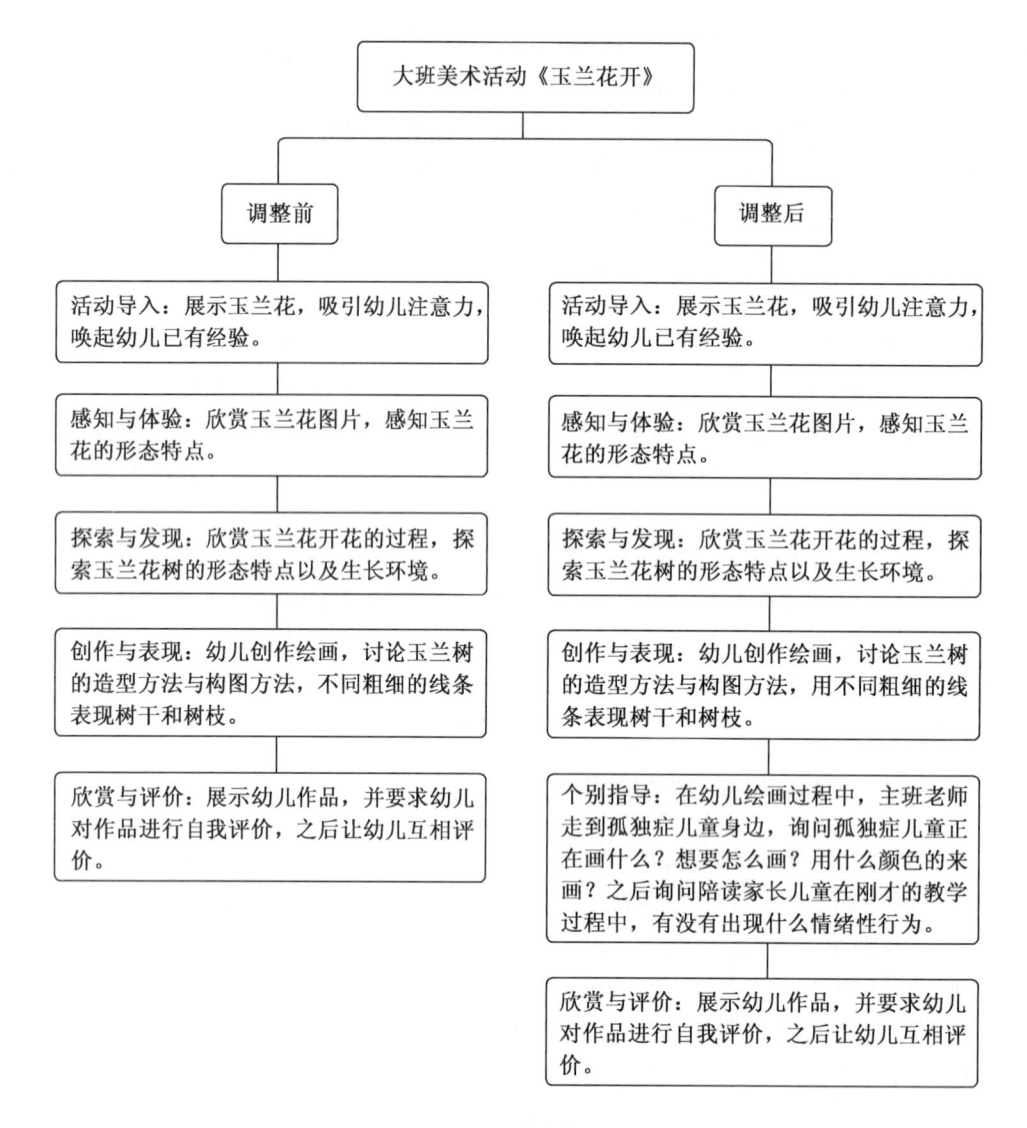

```
                    大班美术活动《玉兰花开》
                    ┌──────────┴──────────┐
                  调整前                 调整后
                    │                     │
        活动导入：展示玉兰花，吸引幼儿注意力，   活动导入：展示玉兰花，吸引幼儿注意力，
        唤起幼儿已有经验。                 唤起幼儿已有经验。

        感知与体验：欣赏玉兰花图片，感知玉兰   感知与体验：欣赏玉兰花图片，感知玉兰
        花的形态特点。                   花的形态特点。

        探索与发现：欣赏玉兰花开花的过程，探   探索与发现：欣赏玉兰花开花的过程，探
        索玉兰花树的形态特点以及生长环境。     索玉兰花树的形态特点以及生长环境。

        创作与表现：幼儿创作绘画，讨论玉兰树   创作与表现：幼儿创作绘画，讨论玉兰树
        的造型方法与构图方法，不同粗细的线条   的造型方法与构图方法，用不同粗细的线
        表现树干和树枝。                  条表现树干和树枝。

        欣赏与评价：展示幼儿作品，并要求幼儿   个别指导：在幼儿绘画过程中，主班老师
        对作品进行自我评价，之后让幼儿互相评   走到孤独症儿童身边，询问孤独症儿童正
        价。                          在画什么？想要怎么画？用什么颜色的来
                                     画？之后询问陪读家长儿童在刚才的教学
                                     过程中，有没有出现什么情绪性行为。

                                     欣赏与评价：展示幼儿作品，并要求幼儿
                                     对作品进行自我评价，之后让幼儿互相评
                                     价。
```

五、为普通儿童和特殊需要儿童组成合作小组

学前融合教师为普通儿童和特殊需要儿童组成合作小组的本质是为了促进幼儿之间的合作学习。学前融合教育不仅为特殊需要儿童的能力发展提供支持，也为普通儿童的社会性发展提供平台。无论是集体教学还是游戏活动，幼儿园班级存在大量小组活动的机会，这样的组织形式让普特幼儿的小组学习成为可能。教师可以基于儿童个体的能力、水平和活动的性质、内容，将普通儿童和特殊需要儿童混合分在一个小组。小组成员互相支持，共同完成一项任务，并且组内依据每个儿童的能力来分工，让每个儿童都有参与和成就感，都对团体有贡献。以下方法是教师可以参考的方法：① 提供活动合作的两种目标；② 每组 4~6 名幼儿；③ 每组都有特殊需要儿童；④ 每一位幼儿有事可做；⑤ 每位小组成员学习协作和支持；⑥ 建立小组评估标准。

【案例 8-3】

以下为学前融合教师使用的探究式教育合作小组评估表。

	项目	优秀	良好	一般	较差	很差
1	我对小组分配工作都能完成					
2	我能接纳小组其他小朋友的观点					
3	我会主动和小朋友共同讨论					
4	我能接受小组所做的决定					
5	我觉得小组中的每个人都很重要					
6	我愿意和小朋友们分享资料					
7	我会帮助其他小朋友共同完成					
8	我接受其他小朋友的建议					
9	我会尝试对冲突的意见妥协					

思考与练习

1. 调查班上同学有多少人愿意做学前融合教育的带班教师,了解原因并谈谈自己的想法,形成一份微型报告。
2. 学前融合教师应具备哪些专业素养?
3. 学前教师教育合作的任务有哪些?

第九章　学前融合教育的支持服务

学习目标

1. 理解学前融合教育的社会支持,掌握学前融合教育社会支持的特点及实施。
2. 理解学前融合教育的家庭支持,掌握学前融合教育家庭支持的特点及实施。
3. 理解学前融合教育的巡回指导,掌握学前融合教育巡回指导的特点及实施。

情境案例

4岁的小男孩天天小班上幼儿园后就和其他小朋友不太一样,不太能听懂老师说的话,不理解老师制定的规则。他愿意去幼儿园和小朋友们在一起,但到了班级后却最喜欢一个人玩。

他在幼儿园经常和小朋友们发生矛盾。比如因为幼儿园小朋友们喝水的杯子是统一购买的,所以都是一样的。他喝水经常会拿错杯子。他认为既然幼儿园班级里的杯子都是一样的,拿哪个都行。但小朋友们和他想的不一样,大家告诉他每个人的杯子都不一样,因为每个人杯子上都贴着自己的照片呢。他看不到照片,只觉得杯子都是一样的。因为杯子的事情,小朋友们纷纷向老师告状,而且还有的小朋友因为杯子拿错了和他吵架。天天不能理解,一着急,就动手推了和他吵架的小朋友。

案例点评:

案例中的天天是一个比较典型的孤独症儿童。他们不太能够理解规则,由于理解的局限在适应幼儿园的生活过程中会遇到很多困难。以上场景是在孤独症儿童在学前融合教育中会呈现出的比较普遍的情况。

第一节　学前融合教育的社会支持

2017年国务院颁布的《残疾人教育条例》总则第七条要求学前教育机构、各级各类学校及其他教育机构应当依照本条例以及国家有关法律、法规的规定,实施残疾人教育;对符合法律、法规规定条件的残疾人申请入学,不得拒绝招收;同时第二章第二十六条规定县级以上地方人民政府教育行政部门应当统筹安排支持特殊教育学校建立特殊教育资源中心,在一定区域内提供特殊教育指导和支持服务。这一要求不仅确保了学前特殊需要儿童进入普通幼儿园接受融合教育的权利,同时也明确指出特殊教育资源中心在特殊需要儿童的学前融合教育中的重要作用。

一、学前融合教育社会支持的意义

(一)学前融合教育的社会支持促进了社会发展

任何社会特殊教育的发展总是和社会政治、经济和文化的发展紧密相连,不可分割。学前融合教育的出现是以整个社会对于特殊需要儿童观念的改变,以及政治的进步和经济的保障为基础的。只有一个社会的政治、经济和文化高度发展,才有可能会出现学前融合教育。因此学前融合教育的社会支持充分体现了社会的文明进步程度并促进了社会的发展。

(二)学前融合教育的社会支持促进了学前特殊需要儿童的发展

学前融合教育的社会支持通过各种途径,联合多个部门,整合多种学科,通过制定和实施与家庭和社区相结合的个别化、针对性的方案,促进特殊需要儿童的认知、感知运动、语言、社会交往和生活自理等能力的发展,使他们的各个方面的能力都能够在原有的基础上得到一定程度的改善。

(三)学前融合教育的社会支持促进了多学科的发展

学前融合教育的社会支持推动了教育、医疗、康复服务机构之间的交流以及数据互通和内容共享。医疗机构提供特殊需要儿童的障碍类型以及障碍程度等信息,然后会和康复服务机构以及教育部门制定康复和融合教育服务方案。在此过程中,原来相互之间没有联系的部门以及学科因学前融合教育服务有了密切的联系。因此,学前融合教育的社会支持促进了各个学科之间的交流和发展。

二、学前融合教育社会支持的特点

(一)政府主导

学前融合教育是一项利国利民的事业,它首先需要政府的主导。《国家中长期教育改革和发展规划纲要(2010-2020年)》明确指出,要把促进公平作为国家基本教育政策,教育公平是社会公平的重要基础,教育公平的主要责任在政府。学前融合教育是实现教育公平的重要手段之一,政府必须对其担负起首要责任。政府对学前融合教育的主导体现在制定相关法律和政策、建立长效管理机制、培养与培训相关师资以及促进基层落实等方面。

近年来,围绕特殊教育特别是学前融合教育,我国政府颁布了一系列相关法律和政策保障实施。例如2017年国务院颁布的《残疾人教育条例》第九章附则第五十八条明确了融合教育和特殊教育资源教师的含义。《国家中长期教育改革和发展规划纲要(2010-

2020年)》第十章第二十九条明确提出"因地制宜发展残疾儿童学前教育"。针对我国特殊教育发展现状,教育部、国家发展改革委、民政部、财政部、人力资源社会保障部、国家卫生健康委和中国残联等部门在连续组织实施了两期特殊教育提升计划的基础上,又共同研究制订了《"十四五"特殊教育发展提升行动计划》。在这些文件中,政府明确规范管理机制,建设专业化师资队伍,加大保障力度,提升内涵水平,持续推进包括学前融合教育在内的特殊教育的发展。

(二) 多方配合

学前融合教育这项事业不仅仅是教育部门一个部门的事情,它需要教育、卫生健康、民政、残联甚至财政等各个与之相关的部门的多方配合与通力合作。任何一个具体的特殊需要儿童的学前融合教育的落实都不仅仅是一所幼儿园,一个幼儿教师的工作,而是幼儿园、特殊教育学校、康复机构以及幼儿园全园所有教师以及特殊需要儿童的康复教师和家长共同合作的结果。

(三) 全民参与

《国家中长期教育改革和发展规划纲要(2010-2020年)》明确指出,教育公平的关键是机会公平,全社会要共同促进教育公平。学前融合教育需要全民参与,全民参与的学前融合教育才能真正发挥作用。学前融合教育不仅需要特殊需要儿童和他们的家长以及他们所在幼儿园的教师、普通儿童及其家长的参与,更需要特殊需要儿童及其家庭所在的社区的紧密配合,以及全社会的参与。学前融合需要全社会加强宣传,更多地了解和认识不同类型的特殊需要儿童,看到他们不害怕,真正做到不排斥特殊需要儿童、不放弃任何一个特殊需要儿童。

三、学前融合教育社会支持的实施

(一) 建立、健全多方协调联动的学前融合教育推进机制

要实现学前融合教育的长期、稳定、有效的发展,首先需要建立、健全由教育、发展改革、民政、财政、人力资源保障、卫生健康、残联等多部门共同参与建立的多方协调联动的推进机制。学前融合教育的发展与推进不能仅仅依靠一个教育部门来完成,它必须由以上多部门共同参与、协调联动,才能切实推进学前融合教育的纵深发展。例如,特殊需要儿童的鉴定需要具备医疗资质的卫生健康部门进行医学诊断,而特殊需要儿童的康复训练需要残联的康复机构来完成。特殊需要儿童的康复费用以及特殊需要儿童入学的教育费用、教师培训相关费用的落实则需要教育部门和财政、发展改革、人力资源保障等部分协调合作。所以,学前融合教育的社会支持必须建立、健全多方协调联动的、系统的推进机制。

> ### 拓展阅读
>
> **残疾人教育条例**
>
> (1994年8月23日中华人民共和国国务院令第161号发布
> 根据2011年1月8日《国务院关于废止和修改部分行政法规的决定》修订
> 2017年1月11日国务院第161次常务会议修订通过)
>
> **第四章　学前教育**
>
> 第三十一条　各级人民政府应当积极采取措施,逐步提高残疾幼儿接受学前教育的比例。
>
> 县级人民政府及其教育行政部门、民政部门等有关部门应当支持普通幼儿园创造条件招收残疾幼儿;支持特殊教育学校和具备办学条件的残疾儿童福利机构、残疾儿童康复机构等实施学前教育。
>
> 第三十二条　残疾幼儿的教育应当与保育、康复结合实施。
>
> 招收残疾幼儿的学前教育机构应当根据自身条件配备必要的康复设施、设备和专业康复人员,或者与其他具有康复设施、设备和专业康复人员的特殊教育机构、康复机构合作对残疾幼儿实施康复训练。
>
> 第三十三条　卫生保健机构、残疾幼儿的学前教育机构、儿童福利机构和家庭,应当注重对残疾幼儿的早期发现、早期康复和早期教育。
>
> 卫生保健机构、残疾幼儿的学前教育机构、残疾儿童康复机构应当就残疾幼儿的早期发现、早期康复和早期教育为残疾幼儿家庭提供咨询、指导。

(二) 建立多学科协同合作的学前融合教育资源中心

学前融合教育需要多学科的协同合作,这种多学科、多部门的合作可以根据各地具体情况采取多种形式。有条件的地区,可以建立由医疗、学前教育、心理、康复、社会工作等专家协同合作的、专业的学前融合教育资源中心。目前学前融合教育资源中心没有独立的机构,其工作主要依托当地特殊教育学校设立的特殊教育资源中心来开展。特殊教育资源中心对于特殊教育学校和教育行政部门来说,也是一个新兴的事物,尚未形成成熟规范的模式,一切都在实践中探索并逐渐发展。而特殊教育资源中心主要面对义务教育阶段随班就读的特殊需要儿童提供各种支持性服务,但学前阶段的教育对象、教育内容、教学方式和义务教育阶段完全不同,那么资源中心提供的支持性服务也应该是不同的。因此,建立多学科协同合作的学前融合教育资源中心是很有必要的。

学前融合教育资源中心的构建需要有相对独立而又分散的团队。有资质的医疗单位负责特殊需要儿童的医学诊断,特殊教育学校负责特殊教育对象的认定,组织医疗、学前教育、心理、康复、社会工作等专家以及特殊需要儿童的家长进行教育评估。在多学科科学专业的教育评估的基础上制定特殊需要儿童学前融合教育的个别化教育计划,巡回教师负责落实个别化教育计划的具体实施,注重过程中对个别化教育计划进行调整。目前这是一项特别具有挑战性的工作,不仅对教育行政部门原有的行政管理架构提出了很多新的问题,而且对专业队伍组建也提出了新的要求,而解决问题的过程则会引发一系列新的教育变革。

(三) 创设开放包容具有支持性的社区环境

每个孩子的成长离不开家庭所在的社区环境。社区环境对于学前阶段的儿童的成长起着非常重要的作用,尤其对于学前特殊需要儿童成长的价值更为重要。创设一个开放、包容具有支持性的社区环境可以有效地帮助学前特殊需要儿童较早地接触并且融入普通儿童的生活,为他们学前阶段进入普通幼儿园接受学前融合教育奠定最初的基础。社区环境的创设可以从社区心理环境、社区自然环境、社区物理环境和社区信息平台四个方面给特殊需要儿童的学前融合教育提供支持。

1. 社区心理环境

社区心理环境即社区成员之间的平等开放、包容有爱的共同的价值观的文化建设。学前融合教育的实施不仅需要一个包容开放的幼儿园环境,同时也需要一个接纳与支持的社区心理环境,即社区文化。社区需要关注、关心和关爱社区中的特殊需要儿童及其家庭,通过有效的方式帮助特殊需要儿童及其家庭与社区成员相互认识,彼此加深了解,加强联系,形成互相学习和支持的共同体。例如,组织社区成员参加融合幼儿园的开放日活动、幼儿园演出、绘画展等,提供社区志愿者服务队、帮助幼儿园组织学前融合教育活动等。同时,接纳特殊需要儿童进行学前融合教育的幼儿园可以主动参与社区文化建设,如社区的文化娱乐以及宣传展示活动,把特殊需要儿童及其家庭融合进整个社区的活动中。社区还可以举办一些文化类活动或者开设一些文化类的兴趣班等,给有一定能力和爱好的特殊需要儿童提供文化方面的支持,让特殊需要儿童有机会发展他们的特殊才能,帮助他们融入丰富多彩的社区文化活动之中。

此外,社区还可以通过组织家长培训、家长交流会以及给特殊需要儿童家庭提供专业的医疗和教育协助服务以及专业的辅助设备和器械等方式支持特殊需要儿童家庭。家长培训和家长交流活动可以通过交流、分享以及专业的咨询服务缓解特殊需要儿童家长们在长期养育特殊需要儿童的过程中形成的内心的负面情绪,使家长得到正向的鼓励和反馈。

2. 社区自然环境

儿童是自然之子,每个儿童都喜欢自然,特殊需要儿童更是如此。随着我国现代化的发展,高楼大厦越来越多,自然环境在城市儿童生活中所占的比重越来越少。但无论如何,亲近自然是儿童成长不可或缺的重要部分。特殊需要儿童由于各种原因,可能身体活动会受到限制,但如果社区重视自然环境对儿童成长的重要价值,能够提供适合儿童

图 9-1 某社区自然环境

成长的自然环境,可以为他们的发展拓展更多的可能。例如所有的儿童都喜欢沙、水和草地,沙和水更是所有儿童包括特殊需要儿童喜欢的童年玩具之一。社区可以建设专门的沙池、水池或者二者合一的沙水池以及草坪,给特殊需要儿童创设一个可以和普通儿童一起平等自由玩耍的空间。在愉悦的自然空间中游戏,特殊需要儿童和普通儿童自由地表达自己,大大增加了彼此了解和互动的机会,有利于学前融合教育的开展和实施。

拓展阅读

传记电影《自闭历程》的主角——美国动物科学家坦普尔·葛兰丁(Temple Grandin)出生后,她的妈妈发现她的很多行为表现与其他孩子明显不同,后来她经过医生诊断患有孤独症。她很难适应环境,但在她十几岁的时候,被带到了亲戚家的农场。没想到,自然环境中农场成为她的乐园。

3. 社区物理环境

"最少受限制的环境"的理念不仅适用于特殊需要儿童所在的幼儿园,同样适用于特殊需要儿童所生活的社区。要让特殊需要儿童在最少受限制的社区环境中成长,在设计社区的物理环境时需要考虑到特殊需要儿童的需要。社区物理环境需要从以下两个方面满足他们的特殊需要,从而支持他们的学前融合教育。

一是提供无障碍设施。为了帮助特殊需要儿童在社区环境中自由活动,社区需要在硬件设施上为特殊需要儿童提供相应支持。如为特殊需要儿童专门设置的盲道、坡道、扶手、电梯、卫生间、防滑设施、防撞设施以及特殊标志等。这些无障碍设施可以给特殊需要儿童的生活带来更多的便利,极大地方便他们的社区生活。

二是创建社区活动室。有条件的社区可以设置专门的活动室,将家庭中儿童喜欢但闲置的玩具、图书、游戏器材等收集起来,为社区中的所有儿童开办活动室。社区安排工作人员在特定的时间开放活动室,对活动室中的玩具、图书和游戏器材进行管理。社区活动室可为特殊需要儿童创建一个能够有机会与同伴一起玩耍的环境。在整个环境中,特殊需要儿童通过与同伴的互动,不仅可以增进对他人的了解,同时也能增进同伴对自己的认识和了解。

拓展阅读

《中华人民共和国残疾人保障法》

第七章 无障碍环境

第五十二条 国家和社会应当采取措施,逐步完善无障碍设施,推进信息交流无障碍,为残疾人平等参与社会生活创造无障碍环境。

各级人民政府应当对无障碍环境建设进行统筹规划,综合协调,加强监督管理。

第五十三条　无障碍设施的建设和改造,应当符合残疾人的实际需要。

新建、改建和扩建建筑物、道路、交通设施等,应当符合国家有关无障碍设施工程建设标准。

各级人民政府和有关部门应当按照国家无障碍设施工程建设规定,逐步推进已建成设施的改造,优先推进与残疾人日常工作、生活密切相关的公共服务设施的改造。

对无障碍设施应当及时维修和保护。

第五十四条　国家采取措施,为残疾人信息交流无障碍创造条件。

各级人民政府和有关部门应当采取措施,为残疾人获取公共信息提供便利。

国家和社会研制、开发适合残疾人使用的信息交流技术和产品。

国家举办的各类升学考试、职业资格考试和任职考试,有盲人参加的,应当为盲人提供盲文试卷、电子试卷或者由专门的工作人员予以协助。

第五十五条　公共服务机构和公共场所应当创造条件,为残疾人提供语音和文字提示、手语、盲文等信息交流服务,并提供优先服务和辅助性服务。

公共交通工具应当逐步达到无障碍设施的要求。有条件的公共停车场应当为残疾人设置专用停车位。

第五十六条　组织选举的部门应当为残疾人参加选举提供便利;有条件的,应当为盲人提供盲文选票。

第五十七条　国家鼓励和扶持无障碍辅助设备、无障碍交通工具的研制和开发。

第五十八条　盲人携带导盲犬出入公共场所,应当遵守国家有关规定。

4. 社区信息平台

信息化的时代,我们需要充分利用科技的力量,随着网络的运用和普及,信息的获取也越来越方便。网络上的社区信息平台可以用于为学前融合教育提供支持,通过信息平台,所有儿童和家庭都可以了解不同障碍类型、不同年龄的特殊需要儿童的权利。同时,社区信息平台上可以发布与特殊需要儿童有关的福利信息,并提供申请帮助的表格以及可以提供帮助的单位及其联系方式。特别是与本社区3~6岁特殊需要儿童相关的幼儿园的信息以及相应的特殊教育资源中心或者学前融合教育资源中心、康复机构等信息都可以发布在平台上。这样可以方便特殊需要儿童的家长获取对他们有帮助的信息,及时获得有效帮助,从而夯实支持学前融合教育。

> 想一想:
> 你所在的社区是否有特殊需要儿童?你所在的社区对特殊需要儿童的学前融合教育的支持都有哪些形式?

第二节　学前融合教育的家庭支持

家庭是儿童所接触的第一个社会环境，也是儿童成长过程中最重要的环境。

特殊需要儿童学前融合教育的顺利进行不仅需要社会的支持，更需要家庭的支持。所以，作为教师，需要主动走近并走进特殊需要儿童的家庭，帮助家长，支持特殊需要儿童的家庭并学习引导特殊需要儿童的家庭支持幼儿教师开展学前融合教育工作。

一、学前融合教育家庭支持的意义

（一）学前融合教育家庭支持促进了学前特殊需要儿童的发展

家庭是儿童成长的最初地方，也是儿童最熟悉的场所。学前融合教育家庭支持是一个持续的、长期的、全面的、艰巨的过程。在这个过程中，家长通过亲子同训，学习指导特殊需要儿童的技能，利用家庭生活化的环境对儿童进行个别训练。同时在学前融合教育过程中通过直接支持幼儿教师的形式，间接支持特殊需要儿童在幼儿园的融合教育活动，在家庭和幼儿园中利用一切可以利用的条件促进学前特殊需要儿童的发展。

（二）学前融合教育家庭支持促进了家长的成长

特殊需要儿童学前融合教育的家庭支持需要家长全力以赴，在对特殊需要儿童进行康复训练的过程中虚心学习，争取专业人员的帮助、指导和支持。专业人员在指导的过程中需要多方面了解家长和特殊需要儿童的情况，根据特殊需要儿童以及家长已有的经验特点给予有针对性的指导。向专业人员不断学习和在特殊需要儿童身上不断实践的经历促使家长不断反思，也促进了家长自身的成长。

（三）学前融合教育家庭支持促进了社会的和谐发展

社会是由一个个家庭组成的，社会的稳定和谐依赖于一个个家庭的稳定和谐。由于特殊需要儿童的特殊性，特殊需要儿童的家庭与普通儿童的家庭相比具有独特的特点：如特殊需要儿童父母承担的心理压力较大，容易焦虑；亲职压力较大，亲子交流比较困难。学前融合教育可以有效缓解特殊需要儿童父母的心理压力和亲职压力。同时学前融合教育的家庭支持给父母创造出更多了解和帮助特殊需要儿童的机会，由此特殊需要儿童学习和父母沟通交流，能够有效缓解亲子关系冲突，促进家庭的和谐稳定，进而促进整个社会的和谐发展。

拓展阅读

一

因为这个孩子，我们拼命地向内心深处挖掘、思考着对公平、正义、生命的领悟，对生命中很多美好的东西产生更多留恋。——田惠平

二

第一次见到田惠平时,我惊讶于她粲然的笑容。她是一个美丽的女人,她的笑容常常像鸟的翅膀那样忽然张开,但当那笑容掠过之后,你会看到她的眼里有一种特别的孤寒。那种难以抵御的孤寒,来自每一个孤独症患儿父母的内心深处。

每当这个时候,我就觉得那笑容实在是一种挣扎,就像鸟儿在冰封的河面上张开翅膀,也许飞不起来,但至少可以不被冻住。

出自本能的,我们开始挣扎。……

三

是的,他就是一只小小的、慢吞吞的蜗牛。你看起来轻而易举的高度对他来说如同登天。但是他在爬呢,不管你看得见看不见,不管葡萄是不是还在枝头,他一直都在爬。不管多么难,他从未放弃。①

二、学前融合教育家庭支持的特点

特殊需要儿童是需要人们特别关心和关注的群体,他们的家庭首先承担了养育和教育他们的重要任务。在学前融合教育过程中,特殊需要儿童的家长要面对各种不可想象的养育和教育困难,陪伴并学习对特殊需要儿童进行康复训练和教育干预,帮助他们学习集体的各种规则以便更好地融入幼儿园的集体环境。因此特殊需要儿童学前融合教育家庭支持的特点主要有:

(一) 长期性

从特殊需要儿童确诊起,他们的家长就开始为了他们将来能够自理而努力。进幼儿园前,家长整日奔走于各个康复机构,陪伴儿童做各种康复训练。从儿童进入幼儿园接受学前融合教育开始,家长就需要为了支持融合教育做各种教育训练。这种教育训练并不会因为特殊需要儿童入学而终止,相反,因为特殊需要儿童进入普通幼儿园进行学前融合教育,新的环境、新的同伴、新的教师,会给特殊需要儿童带来新的问题。所以,家庭的支持需要与时俱进,根据特殊需要儿童所在环境的变化而调整。这个过程不是一成不变的,而是一个长期的不断变化的过程。从入学起,特殊需要儿童学前融合教育的每个阶段都会遇到新的问题,一个问题解决了还有另外新的问题出现。所以特殊需要儿童学前融合教育的家庭支持也是一个长期的、不断变化的过程。

(二) 艰巨性

特殊需要儿童学前融合教育的家庭支持不仅需要关注特殊需要儿童在过程中所出现的与普通儿童相似的问题,还需要解决普通儿童在教育过程中所没有的问题。例如,刚入幼儿园的特殊需要儿童,大部分也会出现与普通儿童一样的入园焦虑问题。但是普通儿童的入园焦虑会随时间和教师使用相应的解决策略而缓解直至消失,而特殊需要儿童的

---

① 摘自张雁.蜗牛不放弃[M].北京:华夏出版社,2006.

入园焦虑普遍时间长,伴随问题多,解决难度大。例如某些孤独症儿童的入园焦虑会伴随不睡午觉,在教室和操场上随意奔跑等行为问题,甚至还有可能会和同伴发生冲突。这些问题的出现意味着特殊需要儿童学前融合教育的家庭支持任务更加艰巨。

(三) 全面性

特殊需要儿童学前融合教育的家庭支持除了具有长期性和艰巨性的特点外,还具有全面性的特点。首先,父母是儿童最亲近的人,对特殊需要儿童的身心发展以及个性特点了解更全面。当儿童出现行为问题时,父母能够更为敏感地关注并结合特殊需要儿童的居家生活进行全面考虑,并采取相应的干预措施,从儿童整体入手进行康复训练。其次,特殊需要儿童学前融合教育的家庭支持不仅需要支持特殊需要儿童的学业能力发展,家长还需要支持特殊需要儿童的感觉运动、生活自理、情绪情感以及社会交往等各领域的全面发展。最后,特殊需要儿童学前融合教育的家庭支持不仅需要支持特殊需要儿童身体的发展,还需要关注特殊需要儿童的心理发展。

三、学前融合教育家庭支持的实施

(一) 了解特殊需要儿童的家庭

因特殊需要儿童的特殊性,其家庭和普通家庭相比也具有其独特之处,主要表现在特殊需要儿童父母的心理历程以及亲职压力等方面。

1. 特殊需要儿童父母的心理历程

从得知自己的孩子是特殊需要儿童到最后以平和的心态接纳自己的孩子,特殊需要儿童的父母大多要经历一段特别艰难的时光。这段时间或长或短,但一般经历拒绝期、调整期和适应期三个阶段。拒绝否认发生在最开始的时期。完全没有任何心理准备的特殊需要儿童父母会难以接受现实,否认医生的诊断或者带着孩子奔波于各大医院,希望得到孩子是正常儿童的诊断结果。但当多次诊断结果相同或者相似之后,父母又容易陷于自责、失望、无助以及焦虑抑郁情绪中。有的父母会很长一段时间都处于这个阶段,也有的父母能够比较理智地面对现实问题,适应特殊需要儿童所带来的一系列问题。他们开始合理规划父母双方的工作并且根据家庭实际情况调整家庭生活,积极参与对孩子的康复训练。这一心理历程也会因为特殊需要儿童的障碍类型、障碍程度、父母所得到的外在支持以及自我调节能力的不同而有所不同。"家长对于残疾儿童到来的反应形式是多样的。对某些家长而言,可能多年以后,他们还是不能接受他们的残疾子女,而对其他家长而言,正如我们所谈论的,认为残疾儿童能够提升他们的生活品质和婚姻状况。适应的阶段顺序和时间长短则因人而异,唯一相同的是,如果朋友和专业人员能够在他们的心理适应阶段提供及时有效的援助,则对家长和整个家庭来说都是很有益的。"

2. 特殊需要儿童父母的亲职压力

亲职压力(Parenting Stress,PS)是指父亲或母亲在其亲子系统内所感受到的压力,即父母在履行父母角色及亲子互动历程中,受到其个人的人格特质、亲子互动关系、子女特质及家庭情境因素的影响而感受到的压力。特殊需要儿童父母的亲职压力主要表现在

精神压力和经济压力两个方面。精神压力主要来源于养育特殊需要儿童过程中的低成就感和焦虑抑郁的情绪以及过重的养育压力。经济压力主要来源于特殊需要儿童长期的教育康复训练以及使用药物等费用。特别是病情严重的特殊需要儿童家庭,父母一方需要辞职才能照顾特殊需要儿童及家庭,家庭收入减少,但支出却在随着特殊需要儿童的训练以及药物使用而增多。因此,精神和经济的双重压力严重影响着特殊需要儿童家庭的生活质量。

家庭是一个整体系统。特殊需要儿童的家庭更需要父母面对现实,承担责任,共同努力,构建适合双方及特殊需要儿童成长的良好和谐的家庭氛围。

家庭环境对每个儿童的影响从出生开始而持续终生。特殊需要儿童的学前融合教育必然需要其家庭的支持。特殊需要儿童家庭对特殊需要儿童学前融合教育的支持直接影响特殊需要儿童学前融合教育的效果。

【案例 9-1】

陪着蜗牛慢慢爬

小小出生 2 个月的时候就做了心脏手术,半岁开始做康复训练,1 岁会坐,3 岁才会走,4 岁被诊断疑似孤独症,6 岁才会说话,7 岁被确诊轻中度孤独症谱系障碍及中度智力障碍。从 3 岁开始,家长就带着小小踏上了奔波于幼儿园与康复机构之路。

上幼儿园初期,小小是跟不上同班幼儿的,各方面能力用蜗牛来形容不为过。但老师不仅给予了小小充分的尊重与包容,而且不断鼓励家长,也给了家长很多精神上的力量。家长在给孩子提供经济和心理上的支持的同时,主动向康复机构和幼儿园教师学习各种康复和教育知识,提高自己的康复教育和学前教育能力。在家长、教师和康复机构教师的共同努力下,小小发展迅速,到大班毕业时,已经学会很多本领,也和同班幼儿成为伙伴。

(二) 确定合适的融合教育目标

特殊需要儿童的学前融合教育目标是由家长和教师共同制定的。但在实践中,家长往往因为对特殊需要儿童有过高的期待,容易提出过高的融合目标。教师了解普通儿童的身心发展特点,能够根据普通儿童的特点给特殊需要儿童制定比较切实可行的、合理的融合目标。特殊需要儿童的学前融合之路是漫长的,不可能一蹴而就。家长需要面对现实,根据自己孩子的障碍类型和特点,与教师共同讨论学前融合目标。如果目标定得过高过多,容易给幼儿教师、幼儿以及父母自己很大的压力,也不太容易达到目标。目标并不是越高越多越好,而是合适最好。

例如一个发展迟缓儿童的语言发展现状是:会用一个词语简单叙述正在进行的活动,如吃饭、洗手等。那么个别化融合教育计划中语言领域的目标就应该在目前的单个词语发展水平基础上,根据最近发展区的理论,确定可以在教师辅助下达到的目标——能用 2~3 个词语组成的句子叙述正在进行的活动。同时需要提出为了达到目标,教师可以使用的教学策略——第一,教师用2～3个词语组成的句子描述幼儿正在进行动作,增加幼儿的词汇量,帮助幼儿理解语言和动作之间的对应关系,幼儿仿说。如"我玩汽车"等。第二,教师可以使用沟通板或者沟通条等工具帮助幼儿理解并尝试学习使用相应的句子。如"我吃饼干"等。

【案例9-2】

在小班语言教育活动《找朋友》中,普通幼儿达到的教学目标是:① 认识自己的朋友;② 说出自己朋友的名字;③ 体会同伴交往的快乐。而语言发育迟缓儿童小小的教育目标则根据他的实际发展水平,调整为:① 认识自己身边的同伴。② 尝试将身边的其他幼儿和他们的名字一一对应起来;③ 尝试说出自己的小名;④ 体会和同伴一起玩的快乐。同时教师有意识地将集体教育活动中的内容融入最近几天的晨间谈话或游戏活动中,对小小的教育目标进行巩固和延伸。

(三) 充分运用家园沟通

在学前融合教育过程中,教师可以充分运用多样化的家园沟通途径对特殊需要儿童的学前融合教育进行支持,如幼儿园参观日、教师家访、家长会、家园联系册、微信群和QQ群等网络平台。

1. 幼儿园参观日

一般在幼儿入园时,会请家长带领幼儿一起来参观幼儿园,同时报名。教师可以趁此机会鼓励并引导家长把特殊需要儿童的情况大致介绍给园方,幼儿园可以根据特殊需要儿童的特点以及新生教师的经验能力安排相应的班级。

2. 教师家访

教师家访是幼儿园和家庭建立联系的一种有效方法。在自然的家庭环境中,儿童的动作行为更为真实;同时在家庭环境中,亲子关系也容易真实地展现出来。教师可以通过家访沟通以下情况:(1) 向家长询问特殊需要儿童的障碍类型障碍特点以及在家庭中的表现;(2) 了解家长对特殊需要儿童的教养态度以及对学前融合教育的期望;(3) 和家长讨论学前融合教育方案,并听取双方的意见和建议;(4) 请家长谈谈教养特殊需要儿童过程中的困难和问题,教师可以提出具有建设性的解决办法。

3. 家长会

家长会是教师对家长集体工作的基本形式,一般幼儿园的家长会安排在学期初或者学期末进行。无论安排在什么时间点,教师都可以引导并支持特殊需要儿童家长充分利用家长会,让普通儿童家长了解特殊需要儿童,摆脱对特殊需要儿童及其家庭负面刻板的印象,争取其他家长以及幼儿对特殊需要儿童学前融合教育的支持,营造接纳的融合教育班级氛围。

4. 家园联系册

幼儿园参观日、教师家访和家长会都不可能频率过高,因此,家园联系册在建立家长

和教师的沟通上就显得尤其重要。家园联系册可以不受时间和空间限制,帮助教师和家长交流特殊需要儿童在家庭和幼儿园两个场所的真实表现和行为信息,能够帮助教师和家长及时了解特殊需要儿童的成长发展历程,及时鼓励儿童的进步。同时如果儿童出现问题行为,家园联系册也能够帮助双方更清楚地了解情况,做出合适的干预措施。表9-1为某幼教机构的融合沟通记录单。

表9-1 ××教育康复中心融合沟通记录单

融合班:小一班　　　　　　　　　　　　　　　　　　　　资源老师:陈老师
学生姓名:一一　　　　　　　　　　　　　　　　　　　　日期:2023.2.21—25

幼儿作息时间	活动内容	问题表现	融合目标	初期表现	日期	记录	支持策略	支持反馈+/-/P/	家庭作业
起床环节	生活自理	新学期幼儿起床主动穿脱衣服意识薄弱,依赖成人帮助,等待老师穿衣服	1.老师部分辅助下(套上上衣)能自己完成穿上衣 2.老师部分辅助(摆正裤子)能自己穿裤子 3.能够独立穿袜子、鞋	1	周一	新学期一一主动穿脱衣服意识薄弱,坐在椅子上等待,在老师的肢体辅助下完成穿脱衣裤、袜子、鞋。	肢体辅助+口语提示	p	家长多给予幼儿独立穿衣技能练习
					周二	老师为一一套上上衣,一一在提示下伸袖子,辅助下穿上裤子,口语提示下眼睛看着穿袜子和鞋。	肢体辅助+口语提示	p	
					周三	一一在老师的口语提示下伸袖子穿上衣,老师摆正裤子后在鼓励下自己穿,辅助下翻袜子,引导下可穿鞋。	口语提示+社会性口语赞美	p	
					周四	老师部分肢体辅助,帮助一一穿上一边袖子,一一独立穿上衣,拉拉链;部分辅助下套上裤子,一一独立提上裤子;袜子容易穿反,老师帮助整理。	部分肢体辅助+社会性口语赞美	+	
					周五	一一穿衣有进步,能在老师套上衣服后自己动手伸袖子,老师辅助下自己提起来裤子。	部分辅助+社会性口语赞美	+	

(续表)

幼儿作息时间	活动内容	问题表现	融合目标	初期表现	日期	记录	支持策略	支持反馈 +/−/P/	家庭作业
教学活动	常规管理	新学期入园幼儿规则意识薄弱，跳跺脚引起他人注意	1. 幼儿能够独立维持正确坐姿至少2分钟，并保持安静	0	周一	安全教育课前，老师讲解课堂规则，老师手势提示下——能维持安坐2分钟。	口语提示+手势提示	p	
					周二	涂画活动，——能在老师的口语提示下认真涂色，涂色有进步，老师引导下自己选颜色基本能涂在线里边。	口语提示+社会性赞美	p	
					周三	过渡环节听故事，安排——坐在第一排离老师近的位置，及时口语赞美，——能在集体中维持2分钟安坐。	位置调整+社会性赞美	+	
					周四	区域计划环节，——在老师的提示下安坐，等待老师叫到自己的名字。	口语提示+社会性赞美	+	
					周五	绘画课上，——能专注操作活动，能在老师的提示下找到藏起来的小动物，并涂色。	社会性赞美	+	
一日活动	集体指令	幼儿在响应班级老师的集体指令方面不稳定，叫到自己组不能立即执行	1. 能响应老师的常用集体指令如：搬椅子回座位 2. 能正确区辨"长颈鹿组"男生		周一	班级老师集体指令后，——无反应，在老师的手势提示下回座位	手势提示	p	
					周二	老师请长颈鹿组的小朋友搬椅子回座位，——没有动，老师手势提示下回座位	手势提示	p	
					周三	在老师的手势提示下响应集体指令"男生去小便"	手势提示	p	

(续表)

幼儿作息时间	活动内容	问题表现	融合目标	初期表现	日期	记录	支持策略	支持反馈 +/-/P/	家庭作业
					周四	能响应老师的集体指令,老师立即社会性口语赞美	社会性口语赞美	+	
					周五	能独立响应老师的常用集体指令——"组别,男生,站红线,坐垫子"	社会性口语赞美	+	

备注:0代表"完全做不到";1代表"表现出少部分能力,需要大量的提示";2表示"表现出部分能力,只需要少量提示";3代表"完全独立,具备所有能力"。
"—"代表"完全做不到";"+"代表"独立完成";"P"代表"辅助下完成"。

其他反馈	幼儿园开学第一周,帮助——适应集体生活,——能够在老师的口语提示下完成日常活动。新学期——起床主动穿脱衣服意识薄弱,依赖成人帮助,老师部分肢体辅助,帮助——穿上一边袖子,——独立穿上衣,拉拉链;在部分辅助下给——摆正裤子,——能独立穿并提上裤子,袜子和鞋容易穿反,老师进行整理。穿鞋延宕时间长些,老师利用与同伴比赛赢得加餐强化激发——主动性,——动作稍快了些。 区域活动,——在老师的口语提示下表达自己想去的区域是"家庭区"。"做饭给谁吃"活动中,教师引导——买菜,接着拿锅、做饭、装盘,提升功能性游戏技能。——想加入同伴的活动,需要在老师的口语提示和引导下征求同伴意见。
家长反馈	
作业反馈	家长签字: 日期:

5. 微信群和 QQ 群等网络平台

随着科技的发展，越来越多的通信手段进入我们的生活。网络平台比起传统的沟通途径，具有快速、便捷的特点，特别是 QQ 和微信的使用，更是用强大的沟通功能最实现了及时对话，从而快速解决问题。班级的微信群和 QQ 群可以发布特殊需要儿童学前融合教育的照片，帮助所有家长了解特殊需要儿童的在园情况，特别是展示特殊需要儿童的优点和亮点，让家长们认识到特殊需要儿童的在班级中的存在给所有儿童都带来了正面的积极的作用。学前融合教育中接纳的环境不仅促进了特殊需要儿童的成长，同时也促进了普通儿童的成长。

（四）合理运用周围资源

特殊需要儿童学前融合教育的家庭支持也需要家长充分清楚自己已有的资源，并能够合理运用周围资源，为特殊需要儿童的学前融合教育服务。周围资源即身边可以提供帮助的各种人和机构，具体包括亲戚、朋友、同事、幼儿园教师、其他幼儿以及单位机构、康复机构等。这些资源都需要家长清晰：哪些是主要的，哪些是次要的？怎样充分利用所有资源为特殊需要儿童的学前融合教育服务？例如学前融合教育中，幼儿园、幼儿园教师和同伴是主要的资源，那么特殊需要儿童的融合教育过程主要是在幼儿园和幼儿教师以及同伴一起度过。

康复机构也是学前融合教育重要的资源。康复机构的教师可以有针对性地对特殊需要儿童进行康复训练，帮助他们更快更好地融入幼儿园环境。如果特殊需要儿童有兄弟姐妹，那么兄弟姐妹就是特殊需要儿童康复训练中非常有效的融合"强化物"；幼儿园中的同伴在园期间可以在一起互动，周末或者休息时间特殊需要儿童也可以结交几个比较合适的小伙伴进同行园外的融合活动，这些对于特殊需要儿童的学前融合教育都是非常有效的支持。

此外，教师可以促进和支持班级里普通儿童的家长帮助特殊需要儿童的家长，提供心理慰藉和情绪疏导，使特殊需要儿童家长保持良好的心理状态。家长稳定的情绪和心理状态也是特殊需要儿童学前融合教育的家庭支持中非常重要的一环。

拓展阅读

四岁的 T 一边上着普通幼儿园，一边上我校特殊教育的幼儿部。

T 喜欢的游戏之一是把大型积木摞在一起。他一块块地抱来大积木放在地上，把三块摞在一堆后再摞另一堆。

有一天，来接他的母亲看到他玩的情况后告诉我，他在普通幼儿园里只要一开始玩积木，别的孩子就会来帮他，这孩子从来没有能够一个人玩到最后的时候。在家里玩积木时，比他小两岁的妹妹也总是在中途把他搭的积木弄坏。所以他没有一个可以让自己尽兴玩积木的地方。我认识到，就是这样不值一提的积木游戏，让他有了能按自己的节奏活动的场所！这并不是一件容易的事，这样的教育环境是每一个孩子都需要的。

融合教育的根本是让每一个孩子都能够以自己的自然状态生活。如果成人心里急切希望孩子能按自己的目标那样进步,哪怕只有一点儿这样的想法,孩子都马上能够察觉到。①

> **想一想:**
> 不同障碍类型特殊需要儿童学前融合教育的家庭支持会有哪些不同?

第三节 学前融合教育的巡回指导

学前融合教育的持续高质量推进除了需要社会的支持和家庭的支持之外,还特别需要特殊教育的专业支持,才能切实保障学前融合教育在幼儿园的顺利落实和持续开展。其中,巡回指导是目前学前融合教育资源中心有限的情况下比较切实有效的学前融合教育指导模式。

所谓巡回指导,指的是为了促进融合教育的推行,由特殊教育学校通过派出专业人员,定期或不定期深入到普通学校为特殊需要儿童融合提供指导、咨询与帮助的重要支持方式。从20个世纪30年代开始,为了解决普通教育机构缺乏特殊教育专业师资的问题,美国等发达国家就已经有特殊教育机构参与特殊需要儿童在普通教育机构的融合教育过程,为普通教育机构提供特殊教育的巡回指导服务。这一模式可以有效解决普通教育机构缺乏特殊教育专业支持的问题,促进了普通教育机构和特殊教育机构的深度合作,得到了普通教育机构的一致认可。

1994年,原国家教育委员会印发的《关于开展残疾儿童少年随班就读工作的试行办法》首次明确提出:县级行政教育部门应当委派指导教师,对特殊需要儿童随班就读工作进行巡回指导。2017年,国务院颁布的《残疾人教育条例》也提出县级以上地方人民政府教育行政部门应当统筹安排支持特殊教育学校建立特殊教育资源中心,在一定区域内提供特殊教育指导和支持服务。

一、学前融合教育巡回指导的意义

学前融合教育巡回指导模式的出现既是整个时代教育发展的需要,同时也是教育发展的必然。这种模式在实践中满足了幼儿、家长以及幼儿园的现实需要,同时又弥补了学前教育阶段特殊需要儿童教育支持上的不足。

(一) 学前融合教育巡回指导促进特殊需要儿童的发展

在幼儿园进行学前融合教育的特殊需要儿童障碍类型和障碍程度各不相同,但每一

---

① 摘自津守真.幼儿工作者的视野[M].刘洋洋,译.上海:华东师范大学出版社,2009.

个特殊需要儿童都具有和普通儿童发展不一样的特点。由特殊教育学校派出特殊教育专业人员定期或不定期深入到普通幼儿园的巡回指导方式,可以通过提供指导与咨询,帮助特殊需要儿童最大可能地融入幼儿园的教育环境。在融合的环境中,最大限度地促进特殊需要儿童语言、动作、社会性等各个方面的发展。在具体实践中,特殊教育资源中心可以根据幼儿园特殊需要儿童的障碍类型选派不同专业的巡回指导教师进行有针对性的指导。例如,视障儿童、听障儿童、孤独症谱系障碍儿童、脑瘫儿童等各种不同障碍类型的儿童在学前融合教育实践中会出现不同的行为表现,资源中心就需要给他们选派相应的视障专业、听障专业、孤独症专业的教师进行指导。

(二) 学前融合教育巡回指导促进幼儿教师的专业发展

在学前融合教育中,特殊需要儿童障碍类型和障碍程度各不相同,普通幼儿教师没有接受过特殊教育相关学习和培训,如果之前也没有接触过类似的特殊需要儿童,非常容易在融合教育中无所适从,既不了解特殊需要儿童,也不知道如何对特殊需要儿童进行学前融合教育。而通过巡回指导方式,特殊教育专业人员可以通过给幼儿教师提供指导与咨询,帮助幼儿教师在比较短的时间内快速了解和熟悉特殊需要儿童,并学习相应的学前融合教育方法,可以极大地促进幼儿教师的专业成长和专业发展。

(三) 学前融合教育巡回指导推动学前融合教育改革

学前融合教育的兴起是社会政治、经济和文化等因素共同作用的结果,同样,学前融合教育的形式也并不是一成不变的,它也是随着时代的变化而不断改变。世界各国学前融合教育发展的历程不同,形式也会有所差异,但学前融合教育巡回指导是其自身发展过程中必然的选择,也是其自身改革发展的必然结果。特殊教育资源比较丰富的地区巡回指导的教师数量比较充足,巡回指导的次数以及巡回指导方式也会更丰富。但在特殊资源比较匮乏的地区,巡回指导教师的数量会比较有限,其巡回指导的次数、巡回指导的师生数量比以及巡回指导方式都会受到影响。巡回指导的本质永远是促进儿童的发展,虽然其形式可能会在不同的地区因各地师资条件以及不同而有所不同,但无一例外学前融合教育的巡回指导都推动了学前融合教育的改革。

综上所述,巡回指导是学前融合教育主要的专业支持模式,巡回指导的专业化水平在很大程度上影响着学前融合教育的效果。

二、学前融合教育巡回指导的特点

学前融合教育巡回指导具有专业性、灵活性以及针对性的特点。

(一) 专业性

学前融合教育巡回指导的专业性主要体现在以下两个方面:

1. 特殊教育专业支持

巡回指导教师在巡回指导过程中,可以给特殊需要儿童提供特殊教育专业的直接支持。例如参与特殊需要儿童的筛查、评估和鉴定的工作;协助幼儿教师根据特殊需要儿童的障碍类型和障碍程度制定个别化教育计划;指导幼儿教师进行特殊需要儿童的行为观

察与分析,提供积极行为支持,进行有效的班级行为管理工作;对不同障碍类型的特殊需要儿童设计合适的课程以及进行生活技能训练。如为视觉障碍儿童设计并实施定向行走课程;为听觉障碍儿童设计并实施听觉语言康复课程;为低视力儿童提供放大的助视设备;为听障儿童配备助听设备等。

2. 专业引领与服务

在巡回指导过程中,巡回指导教师除了可以为特殊需要儿童提供特殊教育专业的直接支持外,还可以给学前融合幼儿园的幼儿教师进行专业引领,为幼儿教师、幼儿园管理者以及所有的家长提供学前融合教育咨询服务。因此,巡回指导教师在巡回指导过程中承担了对教师、管理者和家长进行特殊教育专业指导、培训以及咨询和服务的功能。通过巡回指导,帮助他们了解特殊需要儿童,接纳融合教育的理念,提高融合教育能力,创设融合的幼儿园文化。

(二) 灵活性

学前融合教育巡回指导的灵活性主要体现在以下两个方面:

1. 巡回指导教师的配置灵活

巡回指导教师的配置不固定,特殊教育资源中心可以根据实际需要对巡回指导教师进行调配。在巡回指导教师不能满足幼儿园学前融合教育需要的地区,可以根据特殊需要儿童的障碍类型以及障碍程度,综合考虑两所或者两所以上的幼儿园配备一名巡回指导教师进行指导。

2. 巡回指导的时间灵活

巡回指导教师可以根据自己的工作任务安排各个实施学前融合幼儿园巡回指导的时间。巡回指导的时间不固定,比较灵活。融合教育幼儿园如果需要特殊教育资源中心给予更多更专业的特殊教育指导,可以和巡回指导教师建立长期、定期以及不定期等灵活的巡回指导方案。

3. 巡回指导的方式灵活

由于科技的发展,近年来线上教学逐渐兴起,网络指导因其具有独特的优势也正在逐渐被人们所接受。网络指导可以克服时空的距离,帮助人们比较及时地解决问题,因此巡回指导教师的巡回指导方式也由原来的实地指导转变成实地指导和网络指导相结合的方式。这种与时俱进的巡回指导方式的改变大大增加了教师、家长、巡回指导教师交流个别化教育方案的机会,增强了巡回指导的效果。

(三) 针对性

学前融合教育的巡回指导不仅具有专业性和灵活性的特点,同时还具有针对性的特点。其针对性体现在以下两个方面:

1. 针对特殊需要儿童的特殊教育需求进行巡回指导

特殊需要儿童的障碍类型和障碍程度不同,他们所需要的巡回指导就不同。即使障碍类型相同,特殊需要儿童所需要的教育支持也会存在个体差异。例如同样进行学前融合教育的听力障碍儿童,有的需要每天进行听觉语言康复的个别训练,而有的只需要做小组训练即可。巡回指导教师就需要根据各个特殊需要儿童的障碍类型和障碍程度,和幼儿教师一起制定能够满足特殊需要儿童需要的个别化教育计划,并具体落实到教育过程中。

2. 针对融合幼儿园幼儿教师的特殊教育需求进行巡回指导

幼儿教师的特殊教育需求是取决于幼儿园所融合的特殊需要儿童的障碍类型和障碍程度。幼儿园所接纳的特殊需要儿童不同,教师所需要的巡回指导必然不同。例如两所幼儿园,一所幼儿园接纳的是孤独症儿童,另一所幼儿园接纳的是听力障碍儿童,那么巡回指导教师在进行巡回指导时对幼儿教师指导的内容就完全不同。前者需要帮助幼儿教师建立与孤独症儿童进行沟通交流的师幼关系;而后者则需要帮助幼儿教师了解听力障碍儿童听觉语言康复训练的一些方法。

综上所述,巡回指导作为学前融合教育主要的支持模式,具有专业性、灵活性和针对性的特点,巡回指导的专业化水平在很大程度上影响着学前融合教育的效果。

三、学前融合教育巡回指导的实施

(一) 建立巡回指导保障机制

巡回指导的实施主体是各级各类特殊教育机构,巡回指导的客体是幼儿园、幼儿教师以及特殊需要儿童。学前融合教育的巡回指导既需要特殊教育机构和幼儿园的合作,同时也需要特殊教育机构派出的特殊教育教师和幼儿教师的合作。特殊教育教师和幼儿教师分别属于不同的单位,有着不同的专业背景,互相比较陌生,为了促进特殊需要儿童的成长成为合作伙伴,互相了解,互相信任,共同成长。目前,由于我国特殊教育机构和幼儿园在行政管理上分别属于不同的教育行政部门,特殊教育机构和幼儿园单位之间以及特殊教育教师和幼儿园教师之间的合作都特别需要所属特殊教育资源中心的协调,从巡回指导的人员和时间安排、内容、方式以及经费等各方面进行规范,制定系统化的制度,建立合理的保障机制,才能保证巡回指导工作的落实。否则,巡回指导在实践中就容易流于表面形式,影响学前融合教育的效果。

(二) 制定巡回指导具体方案

学前融合教育的巡回指导要在实践中发挥有效的支持作用,除了需要建立巡回指导的保障机制之外,还需要巡回指导教师和幼儿教师共同合作制定切实可行的巡回指导方案。2017年,国务院颁布的《残疾人教育条例》第二章第二十六条规定特殊教育资源中心可以受教育行政部门的委托承担以下工作:(一)指导、评价区域内的随班就读工作;(二)为区域内承担随班就读教育教学任务的教师提供培训;(三)派出教师和相关专业服务人员支持随班就读,为接受送教上门和远程教育的残疾儿童、少年提供辅导和支持;(四)为残疾学生父母或者其他监护人提供咨询;(五)其他特殊教育相关工作。以上这些工作都是需要巡回指导教师具体落实。巡回指导的幼儿园不同,巡回指导的特殊需要儿童障碍类型、障碍程度不同,巡回指导的幼儿教师不同,那么巡回指导的具体方案也是不同的。例如,两个进行学前融合教育幼儿园分别接纳了一位听力障碍儿童,一位视觉障碍儿童,那么,

两个幼儿园的巡回指导教师就应该一位来自聋校,一位来自盲校。前者的巡回指导方案是针对听力障碍儿童的融合教育指导;后者的巡回指导方案则是针对视觉障碍儿童的融合教育指导。

(三)建立学前融合教育档案

在巡回指导的过程中,巡回指导教师需要和幼儿教师合作为每个特殊需要儿童建立学前融合教育档案。学前融合教育档案可以包括以下基本表格:幼儿基本信息表(如表9-2所示)、幼儿兴趣调查表、幼儿发展评估表、个别化教育计划会议记录(如表9-3所示)、个别化教育计划、个别化家庭服务计划等。

表 9-2 幼儿基本信息表

幼儿园:　　　　　填写人:　　　　　填表日期:　　年　月　日

姓名		性别		出生日期	年　月　日
障碍类型		障碍程度		残疾证号	

家庭成员								
家庭成员	姓名	年龄	职业	文化程度	兴趣爱好	身体状况	联系方式	工作单位
父亲								
母亲								
哥哥/姐姐								
家庭住址								
其他	共同居住的其他亲属							
	健康状况							

基本信息	
1. 幼儿生长发育史	
2. 幼儿医疗史	
3. 幼儿康复史	
4. 幼儿教育史	
5. 幼儿学习特点	
6. 幼儿日常生活情况	
饮食	
睡眠	
玩耍	
沟通	
穿衣	
如厕	
备注:	

表 9-3　个别化教育计划会议记录

幼儿姓名		班级		教师	
会议时间		会议地点			
主持人		记录人			
参会人员					
会议内容					
决议内容					
备注：					

（四）充分利用资源教室

资源教室与专业教室不同，特殊教育资源教室是指在普通学校设置的装备有特殊教育和康复训练设施设备的专用教室。学前融合教育中的资源教室实际上是在幼儿园设置的服务不同障碍类型特殊需要儿童需要的特殊教育和康复训练设施设备的专用教室。因为不同障碍类型儿童的特点不同，因此服务于不同障碍类型儿童的资源教室的设置完全不同。例如融合听障儿童幼儿园的资源教室里需要配备听力检测和听觉训练的各种声响器材、玩具；融合视障儿童幼儿园的资源教室里需要配备视觉检测和视觉训练的各种触摸觉器材、玩具；而融合孤独症儿童幼儿园的资源教室里可能是感觉统合训练器材、奥尔夫音乐器材、粗大动作和精细动作训练器材、结构化教学教具等。

资源教室一般由资源教师负责，资源教师的能力水平决定着资源教室功能的发挥，所以资源教师应该由接受过特殊教育的相关培训，熟悉特殊需要儿童的康复教育，能够对特殊需要儿童的能力进行简单的检测评估并根据特殊需要儿童的身心发展水平制定个别化教育计划，既懂特教又懂幼教，愿意为特殊需要儿童服务的教师担任。

1. 资源教室的功能

在幼儿园中设立的学前融合教育资源教室是为了满足特殊需要儿童的身心发展需要，最大限度地发挥其潜能，促进他们的健康发展，为特殊需要儿童提供个别化服务的场所，同时也为特殊需要儿童家长以及教师提供咨询和辅导。因此，资源教室的功能主要包括特殊需要儿童筛查检测、档案管理、教育康复、咨询辅导以及资源研发等。

面对特殊需要儿童，资源教师需要根据特殊需要儿童的实际情况，结合特殊需要儿童的医学诊断材料，参考相关评估工具进行教育评估，然后在家长和相关教师的参与下制订、实施以及调整个别化教育方案。资源教师可以利用资源教室有针对性地开展集体教

学活动、小组教学活动和个别补救教学活动。所以每个特殊需要儿童在资源教室都有个人专属的建档材料，包括个人信息、医院以及教师的评估资料、资源教师根据个别化教育方案开展集体、小组或者个别补救教学活动以及团体或者个别康复训练的记录等。

资源教室不仅是为特殊需要儿童提供个别化教育的场所，同时也担负着为教师和特殊需要儿童家长提供支持性服务的责任。资源教室为教师和家长提供的支持性服务包括特殊教育相关培训、个别化教育方案的指导、特殊需要儿童个别化教育康复以及家庭教育康复的咨询等。

2. 资源教室的区域划分

根据资源教室的功能，资源教室的选择需要考虑其与普通教室、幼儿园里的功能教室以及操场、水电等空间关系，从方便资源共享、教师管理和特殊需要儿童使用的实用角度出发进行整体规划并选址。资源教室一般选择平房或者教学楼的一楼，同时资源教室以及周边需要进行无障碍改造，以利于特殊需要儿童自由进出。

资源教师在对资源教室进行区域划分时需要充分考虑各个区域的活动内容以及其功能定位而确定。根据《普通学校特殊教育资源教室建设指南》，资源教室应设置学习训练、资源评估和

图 9-2 资源教室的区域划分

办公接待等基本区域。在不影响资源教室基本功能的情况下，资源教室各功能区域可以根据实际需求相互兼容。有条件的学校还可以适当拓展。如果场地足够，我们还可以根据特殊需要儿童的实际需要增加游戏运动区、生活体验区、情绪调节区等。

3. 资源教室的设备资源

资源教室配置的设备一般从特殊需要儿童的角度出发，选择配备能够在实际教育过程中使用，真正发挥作用的设备。这些设备需要满足以下要求：

（1）安全通风

资源教室基础设施建设及设备配备首先必须符合安全性的要求。既需要符合幼儿教室建设标准，其装修材料、教育及康复训练软硬件的化学物质也需要符合国家相关安全规定。例如，资源教室的光线要充足，室内墙面、地面采用防伤害软包，同时还需要配备遮光防火窗帘和独立线路的紫外线消毒灯具等。此外，资源教室应选择自然通风的房间。有条件的幼儿园可以安装带有新风系统的中央空调等。

（2）专业实用

资源教室的建设需要配备专业、实用的康复训练器材。器材的选择依据特殊需要儿童的障碍类型和障碍特点以及实际需要进行配置。如果幼儿园有合适的器材，完全可以对现有的设备进行充分利用，不必追求一次性购买齐全。因为在使用的过程中，资源教师更容易发现更加专业同时又实用设备。而且，幼儿园特殊需要儿童的障碍类型并不是一

成不变的，每年也会发生变化。资源教室的设备也需要根据特殊需要儿童的变化而改变。

图9-3 资源教室设备

例如幼儿园招收的特殊需要儿童如果是听觉障碍儿童，那么资源教室需要配备听觉评估与训练仪、语音评估与训练仪；听觉评估与训练的教具和学具、语音评估与训练的教具与学具以及言语矫正和康复训练的仪器与软件。但如果幼儿园招收的特殊需要儿童是视觉障碍儿童，那么资源教室则需要配备光学辅助设备、非光学辅助设备以及电子辅助设备。如各种助视器、望远镜、放大镜、阅读架、照明装置、大字印刷品等。

（3）丰富多样

如果资源教室的场地较为宽敞，资源教师可以利用各个区域，通过配置丰富多样的设备，最大限度地发挥各个区域的作用。例如，游戏运动区里配备各种游戏和运动的器材，如蹦床、平衡器材、各种球类等；生活体验区里配备帮助儿童体验生活的设备，如可以锻炼特殊需要儿童自我服务能力的，比较安全的厨房用品，小沙发小茶几等娃娃家用品；情绪调节区里可以配备沙盘游戏、情绪发泄的卡通沙袋以及有关情绪识别和管理的图书等。

图9-4 丰富的资源教室

如果幼儿园招收的特殊需要儿童是智力障碍儿童，根据智力落后儿童的教育教学需要，资源教室可以配备小镜子（帮助儿童看清自己的口型，练习发音）、地垫轮椅（帮助部分需要的儿童外出参加活动），感觉统合训练器材，精细动作训练玩具如平衡台、分指板、各种球类等，感官活动组合器材和测查评估训练工具，图书和图卡，舒缓的音乐以及用于安静下来的独立区域等。

4. 实践中的资源教室理念

在学前融合教育过程中，幼儿教师们发现，无论是利用资源教室开展的集体活动、小

组活动还是个别补救教学活动，单一的、封闭的资源教室方案不能满足幼儿多方位的需求。无论是普通儿童还是特殊需要儿童，都喜欢在较为开阔的物理空间和放松的心理氛围中学习和互动。因此，实践中的资源教室理念正在慢慢发生改变：资源教室的范围正在逐渐变大，从原来的教室扩展到幼儿园，即整个幼儿园的环境布置都充分考虑特殊需要儿童的需求，幼儿园环境中处处是特殊需要儿童教育康复的资源。例如，资源教室中的部分感觉统合训练设备可以投放到操场，让儿童在晨间锻炼中通过集体或者小组活动来进行训练。如平衡踩踏车、"万象组合""时光隧道"等设备都比较适合投放在比较宽阔的空间。精细动作训练的桌面玩具或者蒙台梭利教具等可投放到教室的游戏区角。

拓展阅读

普通学校特殊教育资源教室建设指南

为更好地推进全纳教育，完善普通学校随班就读支持保障体系，提高残疾学生教育教学质量，依据《义务教育法》和《残疾人教育条例》的有关规定，制定本指南。

一、总体要求

在普通学校(含幼儿园、普通中小学、中等职业学校，以下同)建设资源教室，要遵循残疾学生身心发展规律，充分考虑残疾学生潜能开发和功能补偿的需求，以增强残疾学生终身学习和融入社会的能力为目的；要坚持设施设备的整体性和专业服务的系统性，为残疾学生的学习、康复和生活辅导提供全方位支持；要突出针对性和有效性，根据每一个残疾学生的残疾类型、残疾程度和特殊需要，及时调整更新配置；要确保安全，配备的设施设备必须符合国家的相关安全和环保标准，不得含有国家明令禁止使用的有毒材料。

二、功能作用

资源教室是为随班就读的残疾学生及其他有特殊需要的学生、教师和家长，提供特殊教育专业服务的场所，应具备如下主要功能：

（一）开展特殊教育咨询、测查、评估、建档等活动。

（二）进行学科知识辅导。

（三）进行生活辅导和社会适应性训练。

（四）进行基本的康复训练。

（五）提供支持性教育环境和条件。

（六）开展普通教师、学生家长和有关社区工作人员的培训。

三、基本布局

资源教室应当优先设立在招收较多残疾学生随班就读且在当地学校布局调整规划中长期保留的普通学校。招收5人以上数量残疾学生的普通学校，一般应设立资源教室。不足5人的，由所在区域教育行政部门统筹规划资源教室的布局，辐射片区所有随班就读学生，实现共享发展。

四、场地及环境

资源教室应有固定的专用场所,一般选择教学楼一层,位置相对安静、进出方便。其面积应不小于60平方米,若由多个房间组成,应安排在一起。有条件的普通学校,可以结合需要适当扩大。所附基础设施要符合《无障碍环境建设条例》《无障碍设计规范》《特殊教育学校建筑设计规范》中的有关规定。

五、区域设置

资源教室应设置学习训练、资源评估和办公接待等基本区域。

(一)学习训练区。主要用于以个别或小组形式对学生进行学科学习辅导,以及相关的认知、情绪、社交发展方面的训练。根据学生的需求,对学生进行动作及感觉统合训练、视功能训练、言语语言康复训练等。

(二)资源评估区。主要用于存放学生教学训练计划、教师工作计划,教具、学具、图书音像资料。对学生进行学习需求测查,各种心理、生理功能基本测查和评估等。

(三)办公接待区。主要用于教师处理日常工作事务及开展相关管理工作,接待校内学生、教师、家长等来访者。

在不影响资源教室基本功能的情况下,资源教室各功能区域可以根据实际需求相互兼容。有条件的学校还可以适当拓展。

六、配备目录

基本配备是指满足基本需要的教育教学和康复训练设施设备、图书资料等。可选配备是指根据残疾学生的残疾类型、程度及其他特殊需要,选择配备的教育教学和康复训练设施设备、图书资料等。

七、资源教师

资源教室应配备适当资源教师,以保障资源教室能正常发挥作用。资源教师原则上须具备特殊教育、康复或其他相关专业背景,符合《教师法》规定的学历要求,具备相应的教师资格,符合《特殊教育教师专业标准》的规定,经过岗前培训,具备特殊教育和康复训练的基本理论、专业知识和操作技能。资源教师纳入特殊教育教师管理,在绩效考核、评优评先和职务(职称)评聘中给予倾斜。

八、管理规范

(一)开放时间。原则上,学生在校期间每天均应面向本校或片区内随班就读残疾学生开放。安排适当时间向其他有特殊需要的学生、教师和家长开放,并安排专人值班。

(二)经费投入。各地教育行政部门要将资源教室建设纳入当地特殊教育事业发展的总体规划,建立财政支持保障的长效机制。学校也应将资源教室的建设、维护以及工作运行纳入年度经费预算,保证资源教室工作正常开展。

(三)日常管理。资源教室应纳入学校统一管理,建立和完善相关管理制度。资源教室应根据残疾学生的特殊需要制定专门工作计划并开展工作。

(四)指导评估。区域内特殊教育指导中心或特教学校应加强对资源教室的业务指导和评估,定期委派专人为资源教师提供培训和业务支持,并对区域内资源教室的运行及成效进行考核评价,并将结果上报主管教育行政部门。

> **想一想：**
> 巡回指导教师是否需要了解特殊需要儿童的家庭？为什么？

思考与练习

1. 关于学前融合教育的社会支持，你还可以想到哪些方式？
2. 如何充分利用网络资源建立学前融合教育的社区信息平台？
3. 如果你是一位幼儿园教师，学前融合教育过程中你会如何支持特殊需要儿童的家庭？
4. 如果你是一个巡回指导教师，你会怎样做孤独症儿童学前融合教育的巡回指导？
5. 如果你是一位幼儿园教师，你会怎样创设幼儿园的资源教室？

第十章　学前融合教育的发展建议

学习目标

1. 提升对学前融合教育权利的法律保障重要性的认识。
2. 掌握学前融合教育法律保障的基本目标和根本原则。
3. 了解学前融合教育法律保障的政策建议。

情境案例

小淼是个有视力障碍的幼儿,3岁时家长在就近的幼儿园为她报名上学。当园长看到小淼有视力障碍时,便以小淼在幼儿园会给自身和其他幼儿带来安全隐患为理由拒收。而小淼的妈妈参加过各种家长培训,学习过教育政策,为了给孩子争取上幼儿园的机会,她锲而不舍地向园领导晓之以理,动之以情,非常坚定地说小淼进入幼儿园对其他幼儿也是有益的,幼儿园应当促成每个幼儿的全面发展。并且她答应幼儿园会从一开始请特殊教育专业学生陪小淼上学。园领导被打动,答应尝试一段时间,如果有问题必须劝退。小淼的助理教师在陪读时给了幼儿园老师和领导很多专业的启示。特殊需要儿童小淼的进步和成长让幼儿园意识到,应当向小淼一样的幼儿敞开教育的大门,让幼儿、教师、幼儿园在实践中共同成长。

案例点评

因为对残障的负面认识,残障儿童因"安全隐患"的想法而失去上学的机会的情况会常常发生。而学前教育的环境恰恰是所有的学前儿童在一个丰富的互动游戏的过程中习得适合他们年龄的包括安全在内的各种意识、知识和技能的宝贵机会。我国的相关政策也不断地予以残障儿童教育机会越来越多的支持和保护。家长在帮助残障幼儿争取到学前入学机会的过程中,运用对政策的了解,与学校或幼儿园良性互动,这一点很重要。而且,家长也越来越多地在学校还不很好具备支持残障儿童专业能力的情况下提出先尝试自己想办法给儿童提供陪读支持的替代方案。此类的暂时替代做法,如果仔细设计和操作,对于未来不断促进学前融合教育的专业发展有很好的示范作用。它对于支持残障儿童接受学前教育和为专业的学生获得实践机会具有双赢的效果,而且在帮助残障儿童获得学前教育机会的同时,展示出融合教育专业的介入对保障学前融合的不可或缺性。诸

如此案例中的小淼一样的残障儿童进入普通幼儿园,为融合教育在幼儿园的开展打开了一扇窗,会激发起态度改变、园内融合文化的营造等各种变化。

保障学前残障儿童享有学前融合教育的权利需要一个综合、复杂的保护系统,包括观念意识、法律保护、专业的发展、经费保障、各方参与配合等,其中最根本的层面是法律的保护。而且,残障儿童所享有的在自然、适当的融合环境中平等受教育的权利应当受到充分承认和尊重,他们接受融合教育教育的权利保护和保障不仅要体现在纸面法律文件上,而且要通过对教育实践的监督、指导、规范和问责切实落实到实践中。

第一节 学前融合教育权利及其法律保障

学前融合教育的权利保障核心即保障残障儿童受教育的权利,以便在实现教育权的基础上,最大限度地帮助他们达到人生所能及的选择、参与和行动的自由。学前特殊需要儿童的受教育权仍然是一个较为抽象和空泛的概念,只有将其涵盖的具体权利剥离开来分析,才能对法律政策的框架设立起到指导作用。基于对论述学前教育权利的国内外文献的梳理,本章提炼出学前特殊需要儿童融合教育背景下亟须保障的两种权利——受教育平等权和受教育自由权。

一、受教育平等权

在学前融合教育权利保障中,受教育平等权应为保障的核心,既包括特殊需要儿童与健全儿童在受教育机会上的平等,也包括不同类型和程度的特殊需要儿童之间受教育机会的平等。而在具体的内容上,受教育平等权可以分为入园机会平等、在园参与平等、升学条件平等三方面,即起点公平、过程公平和结果公平。

入园机会平等是学前融合教育的起点,它指的是特殊需要儿童应该和普通儿童一样,能够就近进入相同的幼儿园。在园参与平等的核心就是学前融合教育的实施,为了保证这一平等权,首先,应当在相关法律中提出融合教育环境的最少受限制原则,目的都是把融合教育定义为特殊需要儿童教育的默认和自然状态。其次,需要根据需求和差异提供支持和服务,以保障每个幼儿平等参与学习过程。最后,家长或监护人有权利和义务参与到学前教育的过程中。在芬兰,所有儿童无一例外地受到强有力的法律保护接受融合教育,学前融合教育被确定为实现终身学习的基础,侧重于以游戏为重点的课程开发、完善和教学,并给予不同的家庭不同的选择。教育的宗旨是通过一切可能的途径激发每一个独特人格成长和发展的最大潜能。在美国,法律规定所有3~5岁儿童有资格接受"免费而适当的教育",在"个性化"的要求下,每个接受学前教育的特殊需要儿童都要有个别化教育计划和个别化家庭支持计划。升学条件平等指在幼小衔接环节,特殊需要儿童和普通儿童有相同的机会升入小学,特殊需要儿童需要得到转衔的支持。在这一层面,学前融合教育面临的阻碍主要包括"幼升小考试",其与幼儿园教学的"泛小学化"形成恶性循环,

导致幼儿园中教师大量灌输知识、轻视游戏,并且"泛小学化"、重应试的教育很容易让教师将学前融合教育制度视为"拖后腿"的制度。因此,取缔幼升小应试制度,纠正幼儿园小学化倾向,是保证学前特殊需要儿童升学条件平等的基础。

二、受教育自由权

学前儿童的受教育自由权以儿童自身的成长学习自由权为主,辅以教学自主权和家长教育选择权。由于学前儿童的心智尚未成熟,很难自行判断何种教育适合其成长,因此应赋予教师和家长一定的权利选择和决定儿童的教育内容和形式,以最大程度地满足儿童的成长需要。针对特殊需要儿童而言,受教育自由权的关键在于个性化,即儿童享有根据自身特点受教育的自由。

然而在传统的随班就读中,有残障和特殊学习需求的儿童往往只是被安置在普通班级当中,和其他儿童学习一样的内容、使用一样的教材、接受相同的授课方式。对于个性化的忽视导致这些儿童往往被"隐形隔离",他们无法理解和适应课程的内容,从而无法与同学、老师交流,实际上与隔离教育没有本质的区别。可喜的是,目前这种状况正在有所突破,在地方出台的政策中,开始关注如何通过资源中心的建设提高融合教育的普及程度和质量问题。目前需要防御的是资源中心成为普通幼儿园的新隔离场所,给有特殊学习需求的儿童带来标签化的现象。避免此类现象发生的措施即明确资源中心的目标是通过给特殊需要儿童提供个别化指导从而不断增加其在集体中的融合度,同时应通过各种方式保证资源中心的融合属性,在学前教育阶段,增加政策对融合的方式的支持力度。

为了保障特殊需要儿童的受教育自由权,个别教育策略的制定是不可或缺的。周念丽在《学前融合教育的比较与实证研究》中提出了制定个别教育所需要的三个方面,首先,掌握每一个学前儿童的相关信息,信息可以从儿童的鉴定结果入手;然后,组织相关专家讨论后制订特殊需要儿童的"集体教育计划",或根据所掌握的信息决定是进行全融合模式即只有个别训练时间到特教班,还是半融合模式即融合活动都在特教班进行,并不断根据教师评估和普通幼儿的反馈来调整;最后,还要为特殊需要儿童制定个别化的教育,包括个别训练的内容、时间、频次,等等。

特殊需要儿童的受教育自由权是一体两面的,它既包括了积极意义上的自由成长权,还包括了消极意义上的免受不当教育的权利,即不接受不符合其自由成长规律的教育。"泛小学化""一刀切教学"等都是不符合包括特殊需要儿童在内的所有儿童成长特点的教育,侵犯了儿童免受不当教育的权利。立法应该对何为不当教育细化规定,如2018年教育部印发了《关于开展幼儿园"小学化"专项治理工作的通知》(以下简称《通知》)就是保护幼儿免受不当教育的权利的范本。尤其值得肯定的是其中关于法律后果的规定:"对办园教学行为不规范、存在'小学化'倾向的幼儿园、小学及社会培训机构要责令限期整改,对问题频发、社会反映强烈的,实行年检一票否决,并严肃追究其主要负责人的责任。"但仍要注意的是,尽管《通知》中规定了小学化倾向园所和机构主体的责任与后果,但是对于"问题频发"中的"频"、社会反映"强烈"中的"强烈"应如何判断要进一步有明确的说明,而且应对追究负责人的何种责任进行具体规范。

不同学者在学前教育、融合教育中还提到了父母教育选择权、教师教学自由权、游戏权、学习权等。笔者认为这些权利与受教育平等权和受教育自由权的内容有很大重合部分，比如父母和教师的自由权是对儿童受教育自由权的补足，游戏权和学习权则是对受教育自由权内容中提炼出的一组权利——正当教育权的实现就要求学习权与游戏权的平衡。因此，立法保障的核心权益应为受教育平等权和受教育自由权。

第二节 学前融合教育法律保障的目标和原则

学前融合教育是学前教育发展的方向，为确保学前融合教育的权利切实地得到保护，相关的法律政策必须涵盖学前融合教育法律保障的基本目标和根本原则。

一、学前融合教育法律保障的基本目标

从客观法性质入手，学前融合教育法律的框架包括三个方面。第一，从制度性保障来看，学前特殊需要儿童的受教育权的保障需要完善政府管理体制、教师制度、财政投入制度和监管制度等。第二，从组织与程序保障来看，学前特殊需要儿童受教育权的保障离不开专业社会团体与组织，最重要的莫过于对于幼儿园的管理，即如何加大管理幼儿园的力度，同时保持一定程度的教学自主，形成家庭、幼儿园和政府的联动全面保障受教育权。第三，从狭义的保护义务来看，应当严格规定当学前特殊需要儿童受教育权的第三方，即家庭、幼儿园等的侵害时的救济制度，包括对于受教育权剥夺和受到不当教育的救济[①]。

在以上框架下，学前融合教育法律保障的基本目标是保障高质量的教育培养，为早期鉴别、筛查和提供适当的学前融合教育预备专业质量高的专业教师队伍。因此，学前融合教育法律保障的目标要素有以下：

（1）应在学前教育的立法中前瞻性地勾画和遵循融合的框架，以对其他的教育法对融合的保障的一致性起到规范作用。普通教育法和特殊教育法规要能够鲜明一致地保障学前融合教育，新的立法要能够竭力减少和消除法律制度中对融合的障碍，这是消除制度方面对学前融合教育的障碍的关键所在。

（2）在对学前教育儿童的定义中包括有残障和有特别学习需求的儿童。在学前教育的准入方面实行零拒绝的原则，这个原则应当延伸到流动人口家庭的残障儿童，保护他们的法律身份特性。这样做的目的是在学前教育中杜绝基于差异的区别性对待和教育排斥包括对特殊需要的歧视。

（3）关于问责机制的规定中包含为幼儿提供适当的、个性化教育的规定，这是消除普通教育法和特殊教育法规政策之间的空白和不一致的关键环节之一。这样做的目的是为了保障不同特点的所有幼儿享有接受融合教育的权利，包括国家监督和支持下的符合标

---

① 这里笔者使用的"狭义保护"主要是针对第三方的侵害而言。笔者希望这一对公法的"扩散适用"能够在立法中有所体现，故在此讨论。

准的教育和个性化教育的权利两个方面。

（4）在学前融合教育教师相关制度立法完善方面，根据学前教育场所招收的有特殊学习需求的幼儿数量，规定特殊教育专业教师的比例，在过渡性的发展阶段启用地区性巡回制和校内巡回制的实践，巡回制要根据学前儿童的特点和需求按照各方专业合作和互补的机制运作。特殊教育教师纳入学校教师的编制和考核的机制，并且在待遇保障机制上予以权重。在学前教育立法中提出对教师质量和资质的要求时，包含对有不同特殊学习需求的学生专业支持能力的要求。同时，通过专业资格考试以及相关考核规定，强有力地提高普通幼儿园教师对学前融合教育的认识。

（5）在学前融合教育的课程和教学中规定根据特殊需要儿童的特点灵活调整教学内容和教学方式。明确提出保障所有儿童主体参与活动和教学的规定，保障特殊需要儿童在学前融合教育环境中的平等参与。

（6）在学前教育阶段特别强调对家长参与的权利和义务的规定，建立家园合作机制以促进学前教育质量的提升。家园合作面对所有学前教育儿童，包括特殊需求儿童的家庭。

（7）为学前融合教育提供充足的经费保障。

（8）对学前教育的无障碍条件改善提出要求和规定，把国家无障碍环境的建设法律要求向学前教育具体延伸，尤其是消除课程和教学中的障碍。

（9）学前教育立法的基本原则要求学前教育系统以儿童的学习和发展成果为导向，致力于在前沿创建消除教育歧视的教育环境，引领教育公平，以发现问题为契机，通过科学和综合的评估，合作式解决问题的方式，以解决问题促进学前融合教育的发展，在国家的要求和政策的支持下，为融合教育的全面发展打下坚实的基础，积累先进的实践。

二、学前融合教育法律保障的基本原则

为逐步、有效实现学前融合教育法律保障的基本目标，促进学前融合教育立法、经费和实践层面的保障倾斜和侧重，使各方协同提升意识和改变观念态度，为学前特殊需要儿童发展创建综合的支持系统，学前融合教育的法律保障必须确立其基本原则。学前融合教育法律保障的基本原则是建立在第一节中平等性原则和差异性原则基础之上的，并且两者应密切结合起来。依据上述学前融合教育权利保障的特点，本部分内容着重于学前融合教育法律保障的三个根本原则，即强调儿童作为受教育权利主体的"以儿童利益为核心原则"、以制度建设和经济保障为支撑的"补偿性原则"及实践而构建多方合作的完善体系的"多方参与合作原则"。这三个根本原则加在一起，就基本构成了学期融合教育法律保障的规范性条件和框架。

1. 以儿童利益为核心原则

以儿童利益为核心是学前融合教育法律保障中的根本原则，它既要求了一切制度和政策都应尽最大可能满足儿童利益，又决定了当儿童的受教育权和其他相关主体的权利冲突时，应优先满足儿童的受教育权。即使幼儿园有教学自主权、家长有选择教育权，但一旦权利的行使会损害儿童利益的时候，就应该限制其他主体的权利。从立法上看，学前

融合教育立法的权利义务分配应有所倾斜,以儿童利益为核心要求我们尽可能给儿童赋权,给幼儿园和家长以责任和义务。而且这种责任应该以详尽列举和具体标准的形式规范,同时制定法律后果。同时应注意儿童利益不局限于受教育的利益,而是一个整体的概念。由于学前教育的保育特性,因此应与《未成年人保护法》《反家庭暴力法》等专门法,以及《民法》中的监护等相关制度相结合。

2. 补偿性原则

补偿性原则来自残障的人权模式应当保障每个人获得支持发展和展示自己的特长和才华的权利的理论。这一理论承认了在当今社会中每个人拥有能力的条件和基础的难易不同,因此政府有积极义务倾斜补偿获得选择自由更困难的群体。在联合国《残疾人权利公约》所力推的人权模式的视角下,补偿性原则的宗旨是赋能,而不是慈善和救济之上的隔离或剥夺。选择自由的困难可能是贫困、地域条件、疾病、基于特殊需要的歧视和不平等,等等。值得注意的是,在很大的程度上,特殊需要群体可能更容易陷入以上多重困难,由此对来自国家和社会的倾斜补偿有更多迫切需要。在学前教育领域中,特殊需要儿童是国家应该倾斜保障的人群,从而让他们与其他儿童有相同条件受教育,所以补偿性原则也是平等性原则的必要物质保障。补偿性强调了国家角色在学前融合教育中的制度建设和经济投入。具体制度都需要大量的经济支撑和严密的制度设计,诸如"特殊需要儿童发现系统""无歧视鉴定系统"、硬件协助和教师团队建设等。国家应基于补偿性原则承担相应花费,并召集相关专业人士组建系统,尤其是要保证特殊需要人员作为核心成员参与决策。

国家应该默认将经济投入和制度建设的重点放在融合教育上,基于最少受限制原则,以多种融合教育方式为补充,特别注意在学前教育阶段杜绝隔离式教育,减少已有的和停止将资金继续投入到隔离式教育中。以国家的投入层面带动公众意识的转变,让公众了解到特殊需要儿童不仅能够接受融合教育,并且能够以多种方式与普通儿童共同交流,促进形成一种对所有学前儿童都有益的个性化和创新性教育。

在国家政府的大方针下,地方各级政府应当制定具体财政投入计划,如在江苏省2018年公布的《关于加强普通学校融合教育资源中心建设的指导意见》中,明确规定了融合教育的财政拨付。期望随着学前融合教育的观念意识不断地积极转变,推动学前融合教育的目标更加深入人心,对于学前教育的财政拨付会更加得到重视。目前的紧迫任务——特殊需要儿童学前教育入学难问题亟待通过补贴政策来解决,即通过给私立幼儿园补贴让因其他条件不足而不能进入公立幼儿园的特殊需要儿童能够被私立幼儿园接收,鼓励在竞争机制中的社会办学力量共同促进学前融合教育,提高特殊需要儿童的入学率。

融合教育的补偿性原则是学前教育公益性的延伸,学前教育是具有福利性和公益性的公共事业,与小学、中学、大学相比是"公共性最强、受益面最广的一项社会公共事业"。我国的法规和行政文件中也体现了这点,早在1997年的《全国幼儿教育事业"九五"发展目标实施意见》指出了学前教育的公益性和福利性,2003年的《关于幼儿教育改革与发展的指导意见》直接规定幼儿园不得以营利为目的。如果对学前教育的公益性不予以保护,便会导致其公益性逐渐消失,那么这会直接导致学前教育国家财政支持的减少。得不到财政支持而又要以盈利为目的生存发展的幼儿园很难有动力实行融合教育;即便实行,其经济压力也会转接到特殊需要儿童家长的身上。大多数处于贫困中的特殊需要孩子家庭,很有可能会放弃特殊需要孩子的学前教育。这既是家庭的悲剧,也给学龄阶段的融合教育带来巨大压力。因此保障学前教育的公益性是补偿性原则落实的基础,学前融合教育的立法保障要根植于学前教育中。

3. 多方参与合作原则

多方合作的重要性和缺乏多方合作给学前融合教育的挑战在本书的开篇第一章就郑重地提出。学前融合教育立法调整所涉及的法律关系众多。它不仅包括国家与幼儿园的法律关系,还包括幼儿园和特殊教育学校、家长与幼儿园、家长与国家、儿童与幼儿园的法律关系以及其他相关专业和服务机构的各种关系等,最终围绕儿童形成国家机关、家长和学前教育机构的三角互助关系。补偿性原则强调国家机关在经济支持和顶层设计中的主导责任,而多方参与合作原则主张在具体教育方案制订和落实中的三方协助,其核心是家园合作,规定家长、幼儿园以及社区的责任。家园合作指家长和幼儿园应共同完成学前教育的保育教育工作,它对于融合教育尤其重要。家园合作从特殊需要儿童的"发现"阶段开始,在法律的保护下主动向幼儿园提出融合教育的请求,从而开始融合教育合作;到融合教育的实施阶段,家长需要参与融合教育的具体环节中,与教师共训。

第三节 学前融合教育法律保障的政策建议

学前融合教育的法律依据可以简要地理解为法律应当确保特殊需要儿童和普通儿童接受平等的教育,确保特殊需要儿童在为同龄的普通儿童设置的自然环境和氛围中接受支持和服务,确保让特殊需要儿童在最少受限制的、符合其身心发展需要和特性的环境中接受教育,并且为他们提供替换的安置和辅助性的服务同时应当保障特殊需要儿童家长的参与,家长参与尤为重要。学前特殊需要儿童的家长参与的权利和义务需要法律和政策的规范和侧重,保障家长能够帮助幼儿园全面了解特殊需要儿童的需求和特点,配合幼儿园在家庭和社区中巩固融合教育的成果,参与幼儿园有关特殊需要儿童的教育规划和决策,家校结合共同促进融合。下面我们对三个方面着重提出建议,即学前融合教育教师相关制度的立法完善、家长参与的法律保障和经费保障。

一、学前融合教育教师相关制度的立法完善

在学前融合教育的落实中,教师对于专业特殊教育教学理念、知识和技能的掌握往往决定了融合教育的实际效果,这就要求一套相对完整的制度来规范学前融合教育教师的培养和审核。从一个合格教师的发展过程来看,成熟的学前融合教育教师体系应至少包括:高校学前融合教育相关专业与职前培训的制度、学前融合教育教师资格认证制度和职后培训制度等内容。

建立学前融合教育师资制度的关键在于对学前融合教育教师独立地位的立法确立。然而,目前相关规定往往附在对融合教育的整体规范或对教师的整体规范中,比如 2014 年《关于实施卓越教师培养计划的意见》中,对于特殊教育的表述只有一项概括的论述。2015 年印发的《特殊教育教师专业标准(试行)》给出了比较客观的特殊教育教师的定义,即"特殊教育教师是指在特殊教育学校、普通中小学幼儿园及其他机构中专门对残疾学生履行教育教学职责的专业人员,要经过严格的培养与培训,具有良好的职业道德,掌握系统的专业知识和专业技能。"并且,亟待解决的一个制度性突破是将特殊教育教师作为普通学校融合教育的核心力量之一,可按照《第二期特殊教育提升计划(2017－2020 年)》(下称《计划》)中针对"加强专业化特殊教育教师队伍建设"一节为基础和指导已经为此开拓了空间,期待出台更加详尽的规定,形成从中央到地方完整的融合教育教师和专业支持体系。需要特别注意的是,学前教育往往是融合教育中被忽视的一环。《计划》中对于义务教育的入学率有了明确规定,到 2020 年要达到 95% 以上,学前教育在归入非义务教育的背景条件下,其入学率目标为"显著扩大",缺乏对于"显著扩大"的进一步诠释。由于学前教育的保教合一的特性和 3～6 岁儿童的特点,学前教育和义务教育之间的差异非常明显,因此对于教师的能力要求也不同,应该在融合教育教师制度中占有与义务教育相同的篇幅和地位。

1. 学前融合教育教师制度中基本原则的体现与落实

完善学前融合教育教师制度本身就体现了"以儿童利益为核心原则""随班就读"政策的普及和对于入学率的强调,着重解决的是发展学前融合教育的过程中教育场所的变化的问题,还不能真正涉及特殊需要儿童在普通班级中有了座位之后参与教育过程和被纳入教学评估体系中的阶段。然而学前融合教育的核心应是在场所变化的基础上基于个性化的标准调整教学课程、教学设施、教学内容和考核方式,否则容易使特殊需要儿童学习更加困难。因此,完善教师制度是"以儿童利益为核心原则"的内在要求,也是落实学前融合教育必要而迫切的由形式到实质的转向。在这里,"补偿性原则"应体现在国家对于学前融合教育教师培训和资格认证制度设计的优先资助中。对于学前融合教育教师的公费培养、学费减免、助学贷款代偿等措施应从目前限制在中西部贫困地区适当逐步扩大,从而激励更多人才参与融合教育行业,弥补学前融合教育就业缺口。"多方参与合作原则"体现在教师培训和日常工作中,教师与家长、幼儿园和社会充分沟通,建立合作渠道,沟通和合作能力也应成为学前融合教育教师资格认证的考核标准。

2. 学前融合教育教师培训制度

学前融合教育教师培训制度包括综合性高等院校特殊教育专业、高等师范院校中特殊教育师资培养的职前培训和职后培训。2019 年 10 月,教育部教师工作司根据教育部 2017 年印发的《普通高等学校师范类专业认证实施办法(暂行)的通知》,印发了《特殊教育专业认证标准》,这一专业认证标准对提高包括师范院校在内的高校特殊教育专业的师资培养质量的提高能起到积极的监督和指导作用。在此基础上,通过高校服务社会开展系列的融合教育的职前和职后培训,也能对解决融合教育教师专业不完备且人员短缺的现象予以很大的支持。融合教育教师的核心素质包括专业价值和理念、专业知识和技能、专业能力,这三方面的框架在2015年的《特殊教育教师专业标准(试行)》中已经有所体现,与之相对应的培训内容、培训方式等需要进一步提出具体规定。

学前融合教育专业价值和理念的培训是专业知识和技能及专业能力培养的基础,主要包括理解融合教育、尊重多元性、坚持教育机会平等针对残障儿童的理念,以及坚持团队合作、自身学习等针对学前教育的观念。专业理念的普及首先应该体现在培训内容中,要求教师将特殊需要儿童看作是具有多元需求的儿童,把多样性差异视为人类发展的常态,而不是以刻板印象把他们标签为"有缺陷、不正常的儿童",甚至为"没有学习能力的儿童"。培训还需强调融合教育教师与普通教育教师之间的配合,在普通教室中针对特殊需要儿童的需求开展合作,为保障融合教育的质量不断挑战传统的落后观念。

学前融合教育理念的普及还应依靠受教育群体的扩展。这涉及学前融合教育培训的两种模式:特殊需要本位式培训与嵌入式培训。两种模式同时开展才能让普通教师与学前融合教育教师之间互相渗透。特殊需要本位式模式针对融合教育专业教师,培训内容以特殊需要儿童为中心,例如"特殊教育概论""多重干预理论",不同程度和类别的特殊需要的课程等。嵌入式则针对普通教师,让他们拥有基础的融合教育理念和基础的知识和技能,如识别有多元需求的儿童,明确如何向机构、专家寻求帮助等。普通教师学习融合教育不仅有益于与融合教育教师合作,并且也有助于帮助普通教育中有学习困难的同学。多元性的学习需求并不仅属于特殊需要儿童,任何儿童在成长阶段都可能有在一般教育中不能得到满足的学习或游戏需求,在学前阶段尤其显著。普通教师以嵌入式的方式学习融合教育理念也能够缓解这一问题。建议嵌入式的课程应以基础的导论和概论为主从而普及基本观念和知识,并利用制度的强制力,以必修课的形式加入所有学前教育相关的高校课程设置当中。

学前融合教育知识和技能的培训主要针对的群体是学前融合教育教师,专业知识包括与融合教育实施对象的教育相关的各类知识,且不断地丰富和发展;专业技能则包括针对不同儿童制定个性化学习计划的能力,根据实际情况制定计划和调整计划的能力,与家长、专业人员、特殊需要儿童等群体的沟通能力以及与普通教师的合作能力。针对学前教育的特点,还应该加入与相关保育技能以及艺术类课程的培训。为避免高校融合教育专业实践课程的不足和融合教育专业的学生"虽然具有系统的理论知识,但临床实践不足,基本功不足,适应一线的教育教学实践需要较长时间"的情况,可以加强融合教育学校和高校对应专业的合作,实施专业实习生助教项目。

学前融合教育的专业能力是教师秉持融合理念,在学前融合教育实践中形成的稳定的、以循证为基础的、以解决问题为导向的、持续实施和推进学前融合教育的行动力、洞察力、创新力、逻辑思维能力、协调合作能力和领导力。先进幼儿园和教师的经验示范和推广对于提高教师融合教育能力水平也是一个有效的途径。

3. 学前融合教育教师资格认证制度

《特殊教育教师专业标准(试行)》对资格认证规定:"到2020年,所有从事特殊教育的专任教师均应取得教师资格证,非特殊教育专业毕业的教师还应经过省级教育行政部门

组织的特殊教育专业培训并考核合格。"由此可见,目前亟待解决的是承担融合教育的教师的特殊教育专业资格认证问题和融合教育教师"无证上岗"的问题。如前文所述,学前融合教育教师需要拥有专业的理念、知识和技能,普通教师资格认证不包括对特殊需要儿童专业知识和技能的有效检验,因此专门出台针对学前融合教育的资格认证对切实地开展学前融合教育是至关重要的。资格认证的标准应该以培训制度为基础,同时也应该起到对培训制度的引导作用,通过考核反向促进培训的质量和力度。

学前融合教育教师资格认证和监督执行有可能导致教师数量的进一步减少,加剧供求不平衡。但如前文所述,国家应加大扶持融合教育专业的力度,刺激更多人才就业。如果具有特殊教育资质的教师无法通过体制的安置成为普通学校的专业核心力量的重要组成部分,会反向削弱高校特殊教育专业的发展。同时我国还可以借鉴国际上"辅职教师"(instructional paraprofessional)的制度缓解教师压力。辅职教师可以理解为针对特殊需要儿童的助教,主要负责个性化教育计划的落实,例如为特殊需要儿童或小组提供一对一的辅导、为特殊需要儿童提供个人护理、辅助教师修订上课材料、同学校与家庭沟通等。相比融合教育教师,辅职教师的门槛更低、所需专业知识也更少、培训周期更短,因此可以短期内补充到教师团队中,分担普通教师和融合教育教师的压力。但要注意明确教师与辅职教师的分工,前者负责个别教育计划的制定、改进和目标的实现,以及对特殊需要儿童的专业训练,后者则偏重计划的日常执行和与家长、园方的信息传递,不可越俎代庖。同时,如果将辅职教师加入教学相关人员后,也应相应制定标准,有学者建议"辅职教师需具有大学专科及以上的学历,或从事过一年以上的特殊教育工作,有教学经验或康复训练经验,掌握基本教学方法,有一定特殊教育知识和技能。"

总结来看,对于融合教育教师制度的规范应以目前的《计划》和《特殊教育教师专业标准(试行)》为基础,加入政府财政补贴融合教育的政策,针对融合教育教师和普通教师制定融合教育培训内容,确立融合教育教师资格认定制度的标准和辅职教师加入团队的规范。最终目的为既能提升学前融合教育的质量,又大大鼓励特殊教育专业的发展、细化和专业人员的持续增加,从而保护特殊需要儿童的受教育权。

二、学前融合教育家长参与的权利和义务的规定

家长参与贯穿着儿童的成长和教育的始终,尤其是在学前教育阶段,家长参与对于幼儿的发展有着至关重要的作用。家长参与的重要性主要体现在三个方面:第一,从家长参与的能力方面来说,儿童随时随地都在学习,在早期教育中,家长是儿童最重要的老师,家庭是儿童重要的学习成长和安全保护的场所。家长参与能够提高家长在家庭教养中支持儿童的能力;第二,从残障儿童的成长和生活质量的角度来说,家长参与在儿童从出生到高中的整个过程的学习中都很关键,个体幼年时期的及时有效家长参与对个体的发展打下关键的基础,能够改善家庭的生活质量;第三,从通过家校互动提升学前教育质量的角度说,家长参与有助于营造家庭和幼儿园步调一致的教育氛围,提高儿童在家庭中学习的支持度,同时促进幼儿园教育的成功,给每个儿童赢得好的教育。家庭是一个环环相扣,所有家庭成员密切相连的系统。这就意味着,任何一个环节和人员出现问题,都会影响到

其他人,整个家庭系统都会受到影响,因此家庭中的所有成员都应承担起参与的责任。正因为如此,国际上在保障融合教育的制度建设上对家长参与的权利和义务越来越重视,从法律上增加对家长参与的保护。需要强调的是,法律通过把家长作为学前教育伙伴关系的重要组成部分的同时,也强有力地把家庭放置在一个支持体系中,保证家庭能够发挥其作用,进一步惠及社区和社会的融合、发展及稳定。

家长参与权利和义务的规定可以保护家长和特殊需要儿童的权利,并且责成家长承担责任,促进参与的价值观的形成。从正当法律程序原则的角度来看,家长参与原则是一种检查和平衡的机制,家长在学前融合教育的实施过程中,既是参与者,也是监督者。尤为重要的是,家长参与是一种途径和机会,使家长和其他多方建立联系,成为支持特殊需要儿童发展的互相信任的伙伴。家长有权利,也有义务参与相关重要教育决策。家长不仅对自己的孩子有责任,而且对相关专业人员有责任,这要求家长要充实特殊需要儿童发展和教育的知识和技能,以切实履行责任和义务,同时也可以防止教师单方面做出片面的决策。

基于此,法律政策应当体现对家长参与的保护和明确规定,体现对家长参与的重视程度,通过家校结合的规定,围绕融合教育把整个家庭作为一个系统予以支持,通过全面的系统支持保障家长参与的权利,提升他们支持儿童的能力,使他们能够满足儿童发展的特殊需要。通过相关规定巩固和监督家庭支持系统的责任落实,增加地方对提升学前教育家庭支持的灵活性和必要性的认识。家长参与的一个基本途径就是家庭成员作为代表参与特殊需要儿童个别化教育计划的制订和短期、长期目标达成的评估,以及对于为每个特殊需要儿童制订的个别化家庭支持计划的参与和支持。

三、学前融合教育政府财政投入制度完善

我国对融合教育的财政补助制度在不断地发展。目前我国中央和地方层面对于特殊教育的拨款存在局部倾斜的情况,以任务拨款的形式为主,对象主要为特殊教育学校,大多用在特殊教育学校的建立、设备更新、维护等方面。对于普通学校的融合教育投入,主要体现在资源教室方面。教育部 2016 年印发《普通学校特殊教育资源教室建设指南》,其中把资源教室界定为向"残疾学生及其他有特殊需要的学生、教师和家长,提供特殊教育专业服务的场所。"融合教育的发展有赖于融合教育措施渗透到常规的教学、课程和其他学校活动中。因此,以融合教育为目标的财政投入应当加大力度促成以下转变:第一,应从以特殊学校为资助目标过渡到以融合教育的学校为资助目标;第二,不再将重心放在隔离式教学的建设中,而应大力资助普通学校的融合教育的保障,包括师资建设、课程与教学、以支持融合教育为目标的资源教室的运作和改进等。第三,特殊需要儿童的生均标准直接按人头统一标准拨款,以个别化教育计划为依据,保障个体学习的需求。

学前融合教育经费不足"不仅导致了目前幼儿园的数量和质量无法满足社会民众的需求,而且还极大地弱化了学前教育的公益性和普惠性原则。"对于财政来源问题,努力的方向侧重在,中央和地方财政性教育预算将学前教育预算列在同级教育总预算中,并且将融合教育作为学前教育的子预算,分别拟定学前教育占同级总教育预算、学前融合教育占

学前教育预算的最低比例。还需要考虑的是,在国家制定幼儿园生均经费标准、公用均费标准和公办幼儿园生均财政拨款标准后,还应按权重比例制定对于有特殊学习需求的儿童的最低生均标准和基于需求的附加标准,从而针对有不同需求的儿童做到精准拨款。中央和地方财政还应建立学前教育资助制度,落实国务院 2018 年颁布的《中共中央国务院关于学前教育深化改革规范发展的若干意见》第 12 条,在免除学费的基础上确保对接受普惠性学前教育的家庭经济困难儿童、孤儿和残疾儿童的资助。中央和地方财政还可以设立项目申请形式的财政支持举措,给公立的、有意愿做好学前融合教育的幼儿园提供支持。

"钱往哪去"的问题对学前融合教育尤为关键,它既关乎有限的教育经费的合理分配和使用问题,也关乎避免不符合融合教育原则的教育经费分配不当问题。目前我国财政将重点资助对象定为特殊学校,而普通学校的融合教育资助较少。因为目前国家政策允许在特殊教育学校设置特殊的学前教育班级,这部分经费如何为融合教育服务的问题不明确。切实推广学前融合教育,对普通教育的经费投入要能满足幼儿园的融合教育工作需要,如教师队伍的职后培训、制定个别化教育计划的专家聘请、各类型资源教室和辅具的配备、专任资源教师的雇佣等方面。因此,首先,应当将针对特殊教育学校的拨款和普通幼儿园中开展融合教育的拨款加以区分,对后者设置最低比例,逐渐完成从隔离式教育向融合教育的转型。其次,国家应当完善对于融合教育的教师最低补贴标准,在普校注入特殊专业教师的编制,在确定资格认证的要求后,为特殊教育教师工资设置更高标准,激励融合教育的特殊教育专业支持的发展。最后,国家应当资助融合教育相关教师参加定期培训,培养基本的融合教育技能。针对不同的教师类型,应该至少开展融合教育专业教师培训、普通教师融合教育培训、资源教室教师培训等。

综上所述,财政制度的改革应当顺应学前融合教育发展的步伐,财政制度改革应与学前融合教育的教师制度改革和立法步幅相匹配,考虑如何让有限的国家教育资源使特殊需要儿童受益,促进特殊需要儿童独立生活、融入社会。

思考与练习

1. 学前融合教育的权利保障核心是什么?
2. 学前融合教育法律保障的目标要素有哪些?
3. 学前融侯教育法律保障的根本原则有哪些?

参考文献

[1] 国家教育委员会. 关于开展残疾儿童少年随班就读工作的试行办法[EB/OL]. http://www.law-lib.com/lawhtm/1994/10598.html,1994-07-21.

[2] 江苏省教育厅. 江苏省第二期特殊教育提升计划(2017—2020年)[EB/OL]. (2017-11-01). http://jyt.jiangsu.gov.cn/art/2017/11/1/art_58359_7499062.html.

[3] 教育部. 教育部关于印发《特殊教育教师专业标准(试行)》的通知[EB/OL]. (2015-08-21). http://www.moe.gov.cn/srcsite/A10/s6991/201509/t20150901_204894.html.

[4] 蔡蕾. 学前融合教育理论与实务[M]. 郑州:河南大学出版社,2012.

[5] 邓猛. 融合教育理论指南[M]. 北京:北京大学出版社,2017.

[6] 邓猛. 融合教育与随班就读[M]. 武汉:华中师范大学出版社,2009.

[7] 葛增国,范里. 个别化教育的计划与实施一以仁爱学校数字化实践为例[M]. 南京:南京师范大学出版社,2020.

[8] 龚玉洁. 幼儿园环境创设[M]. 南京:南京大学出版社,2020.

[9] 黄群. 无障碍通用设计[M]. 北京:机械工业出版社,2009.

[10] 津守真. 幼儿工作者的视野[M]. 刘洋洋,译. 上海:华东师范大学出版社,2009:153-154.

[11] 雷江华. 融合教育导论[M]. 北京:北京大学出版社,2012.

[12] 李芳,李丹. 特殊需要儿童应用行为分析[M]. 北京:北京大学出版社,2011.

[13] 李拉. 融合教育学[M]. 南京:南京大学出版社,2022.

[14] 刘晶波. 特殊需要儿童早期发展支持[M]. 南京:南京师范大学出版社,2015.

[15] 毛荣建,刘颂,孙颖. 特殊幼儿学前融合教育[M]. 北京:知识产权出版社,2015.

[16] 钮文英. 身心障碍者行为问题处理——正向行为支持取向[M]. 台北:心理出版社,2002.

[17] 朴永馨. 特殊教育辞典[M]. 北京:华夏出版社,2014.

[18] 申仁洪. 从隔离到融合:随班就读效能化的理论与实践[M]. 重庆:重庆大学出版社,2014.

[19] 唐敏,陈晓. 0~3岁特殊需要儿童保教[M]. 上海:上海交通大学出版社,2021.

[20] 王敏,蔡蕾. 学前融合教育游戏支持策略[M]. 郑州:河南大学出版社,2021.

[21] 韦小满. 特殊需要儿童心理评估[M]. 北京:华夏出版社,2006.

[22] 吴淑美. 融合班的理念与实务[M]. 台北:心理出版社,2003.

[23] 吴淑美. 融合教育理论与实践[M]. 北京:华夏出版社,2018.

[24] 吴淑美.学前融合教育:理论与实务[M].台湾:心理出版社,2019.

[25] 休厄德.特殊需要儿童教育导论[M].肖非,译.北京:中国轻工业出版社,2007.

[26] 杨枫.幼儿园教育环境创设与玩教具制作[M].北京:高等教育出版社,2013.

[27] 应健敏.悦融·善融·智融——幼儿园特殊需要儿童融合保教的探索之路[M].上海:上海教育出版社,2019.

[28] 袁爱玲.幼儿园教育环境创设[M].北京:高等教育出版社,2010.

[29] 昝飞.融合教育理想与实践[M].上海:华东师范大学出版社,2016.

[30] 昝飞.行为矫正技术:基于功能评估的问题行为干预[M].2版.北京:中国轻工业出版社,2013.

[31] 张文京.特殊需要儿童个别化教学设计与实施[M].重庆:重庆出版社,2008.

[32] 张文京,严小琴.特殊需要儿童个别化教育计划教育:理论、计划、实施[M].重庆:重庆出版社,2005.

[33] 张雁.蜗牛不放弃[M].北京:华夏出版社,2006.

[34] 钟海宏.幼儿园教育环境创设[M].上海:华东师范大学出版社,2015.

[35] 周念丽.学前融合教育的比较与实证研究[M].上海:华东师范大学出版社,2008.

[36] John O Cooper,Timothy E Heron,William L Herward.应用行为分析[M].2版.美国展望教育中心,译.武汉:武汉大学出版社,2012.

[37] Susan R Sandall,IIene S Schwartz.学前融合教育课程建构模式[M].卢明,魏淑华,翁巧玲,译.台北:心理出版社,2008.

[38] 步社民.本科学前教育专业的目标定位和课程设置问题[J].徐特立研究(长沙师范专科学校学报),2005(03):20-24.

[39] 陈鹏,高源.我国学前教育立法的现实诉求与基本问题观照[J].陕西师范大学学报(哲学社会科学版),2017,46(06):35-45.

[40] 邓猛,郭玲.西方个别化教育计划的理论反思及其对我国特殊教育发展的启示[J].中国特殊教育,2010(06):3-7.

[41] 冯超,傅王倩.美国学生主导个别化教育计划的制度、实践与效果[J].中国特殊教育,2022(03):9-16.

[42] 冯雅静.国外融合教育师资培训的部分经验和启示[J].中国特殊教育,2012(12):3-7.

[43] 高威.实现高质量的融合教育:美国辅职教师制度化路径及启示[J].基础教育,2018,15(02):80-86.

[44] 韩文娟,邓猛.融合教育课程调整的内涵及实施研究[J].残疾人研究,2019(06):71-72.

[45] 黄建辉.从二元并列走向一体化:美国融合教育教师职前培养实践及其启示[J].中国特殊教育,2018,214(04):21-27+41.

[46] 李拉.巡回指导:学前融合教育的专业支持模式[J].现代中小学教育,2013(03):43-46.

[47] 刘海丹,梁入文,周竞.让每位幼儿都享有优质教育:《早期学习环境评量表》的背景、结构和启示[J].外国教育研究,2020,365(11):103-116.

[48] 刘嘉秋,昝飞.英国普通教育教师职前特殊教育能力的培养与启示[J].外国教育研究,2010(01):81-84.

[49] 刘璞.我国学前教育法律制度的构建——以基本权利功能理论为视角[J].湖南师范大学教育科学学报,2019(01):20-27.

[50] 刘宇洁,韦小满,梁松梅.积极行为支持模式的发展及特点[J].中国特殊教育,2012(05):12-17.

[51] 刘占兰.学前教育必须保持教育性和公益性[J].教育研究,2009(05):125-127.

[52] 罗婧.正向行为支持的特点分析[J].中国特殊教育,2007(03):57-61.

[53] 庞丽娟.《幼儿园教师专业标准》的研制背景、指导思想与基本特点[J].学前教育研究,2012(07):3-6.

[54] 彭兴蓬,王晓甜.融合教育背景下美国学前儿童学业成就课程设计[J].中国特殊教育,2017(08):27-30.

[55] 盛永进.个别化教育计划的撰写[J].现代特殊教育,2015(05):64-67.

[56] 孙因园.《美国所有残疾儿童教育法》的出台及其影响[J].教育观察,2018,7(14):67-68.

[57] 汤广全.特殊教育发端于法国的原因探析[J].南昌师范学院学报,2017,38(05):134-140.

[58] 陶琳.学前教育立法宗旨及其实现研究[J].湖南师范大学学报,2019(01):28-35.

[59] 田志磊,张眉,郭楠,等.融合教育理念下的特殊教育财政:历史、现状及未来[J].教育学术月刊,2015(01):35-49.

[60] 王辉,顾培玉.我国特殊教育师资职前培养模式研究的回顾与展望[J].中国特殊教育,2006(05):57-61.

[61] 王薇,程春,具孝珍,等.学前融合教育经历时长对普通幼儿自尊感和自我效能感的影响[J].学前教育研究,2019,294(06):58-68.

[62] 王雁,黄玲玲,王悦,等.对国内随班就读教师融合教育素养研究的分析与展望[J].教师教育研究,2018,30(01):26-32.

[63] 温联洲.融合教育背景下特殊教育专业化发展体系的区域建构与实践——以广东省佛山市顺德区为例[J].现代特殊教育,2021(11):10-13.

[64] 吴遵民,黄欣,屈璐.我国学前教育立法的若干思考[J].复旦教育论坛,2018,16(01):35-41.

[65] 肖非.关于个别化教育计划几个问题的思考[J].中国特殊教育,2005(02):9-13.

[66] 颜廷睿,邓猛.全纳课堂中的学习通用设计及其反思[J].中国特殊教育,2014(01):18.

[67] 湛中乐.受教育平等权保护的行政法思考——以随迁子女的义务教育为例[J].中国教育法制评论,2013(00):84-105.

[68] 张建人. 幼儿园环境建设与幼儿心理健康[J]. 山东教育(幼教版),2000(30): 46-47.

[69] 赵梅菊,黄晶晶. 学前融合教育的实践与探索——以北京市 A 儿童园为例[J]. 残疾人研究,2016(04):48-54.

[70] 赵小红. 近 25 年中国残疾儿童教育安置形式变迁——兼论随班就读政策的发展[J]. 中国特殊教育,2013(03):23-29.

[71] 周丹,王雁. 美国融合教育教师素养构成及启示[J]. 比较教育研究,2017,39(03): 89-95.

[72] 周念丽. 中日幼儿园教师学前融合教育意识比较[J]. 幼儿教育,2006(12):5-37.

[73] 朱琳. 问题行为干预中的正向行为支持[J]. 中国特殊教育,2005(03):90-94.

[74] 崔志月. 幼儿园教师融合教育素养的研究[D]. 华中师范大学,2016.

[75] 杨楠. 学前融合教育支持系统的个案研究[D]. 杭州师范大学,2012.

[76] 袁媛. 培智学校个别化教育计划拟定现状研究[D]. 辽宁师范大学,2015.

[77] 联合国人权理事会第二十五界会议. 关于残疾人受教育权的专题研究:联合国人权事务高级专员办事处的报告[R]. 联合国人权事务高级专员办事处,2013.

[78] 邓猛. 融合教育与随班就读:理想与现实之间. 武汉:华中师范大学出版社,2009.

[79] Bracken B A. Bracken School Readiness Assessment[M]. Third Edition (BSRA-3). London:Pearson,2007.

[80] Chapel Hill Training and Outreach Project. Learning Accomplishment Profile [M]. London:Kaplan Early Learning Company,2008.

[81] Gesell A,Amatruda C S. The Embryology of Behavior:The Beginnings of the Human Mind[M]. New York:Harper & Brothers,1941.

[82] Gesell A,Ilg F L. Child Development:An Introduction to the Study of Human Growth[M]. New York:Harper & Row,1949.

[83] Turnbull R H,Stowe M J,Huerta M F. Free appropriate public education:the law and children with disabilities [M]. Denver CO:the Love Publishing Company,2007.

[84] Warshall J. Hawaii Early Learning Profile (HELP)[M]. California:VORT Corporation,1995.

[85] Baldiris N S,Zervas P,Fabregat G R, et al. Developing teachers competences for designing inclusive learning experiences[J]. Educational Technology & Society, 2016,19(1):17-27.

[86] Eva Horn,Lawrence Rashida Banerjee. Understanding curriculum modifications and embedded learning opportunities in the context of supporting all children's success[J]. Language, Speech, and Hearing Services in Schools,2009(40): 406-415.

[87] Green K,Terry N,Gallagher P. Progress in language and literacy skills among

children with disabilities in inclusive early reading first classrooms [J]. Topics in Early Childhood Special Education, 2014(33): 249-259.

[88] Grisham Brown J, Prett Frontczak K, Hawkins S, Winchell B. Addressing early learning standards for all children within blended preschool classrooms [J]. Topics in Early Childhood Special Education, 2009(29): 131-142.

[89] Justice L M, Logan J R, Lin T J, Kaderavek J. Peer effects in early childhood education testing the assumptions of special-education inclusion [J]. Psychological Science, 2014(25): 1722-1729.

[90] Rafferty Y, Piscitelli V, Boettcher C. The impact of inclusion on language development and social competence among preschoolers with disabilities [J]. Exceptional Children, 2003(69): 467-479.

[91] Saloviita T, Schaffus T. Teacher attitudes towards inclusive education in finland and brandenbury, German and the issue of extra work[J]. European Journal of Special Education Needs Education, 2016, 31(4): 458-471.

[92] SRI International. The national longitudinal transition study: a summary of findings [R]. Menlo Park, CA: SRI International, 1993.

[93] Stein M A. Disability human rights [J]. California Law Review, 2007(95): 74-121.

[94] Strain P S, Bovey E H. Randomized, controlled trial of the LEAP model of early intervention for young children with Autism Spectrum Disorders[J]. Topics in Early Childhood Special Education, 2011(31): 133-154.

[95] Strain P S, Bovey E H. Randomized, controlled trial of the LEAP model of early intervention for young children with Autism Spectrum Disorders [J]. Topics in Early Childhood Special Education, 2011(31): 133-154.

[96] DEC/NAEYC. Early childhood inclusion: a joint position statement of the division for early childhood (DEC) and the national association for the education of young children (NAEYC) [R]. Chapel Hill: The University of North Carolina: FPG Child Development Institute, 2009.

致　谢

尊敬的读者你好！

　　获此机缘，有幸致此书稿之谢，本书付印的过程得到了很多人的帮助和支持，对本书的质量提升难述其价值。

　　本书在谋划与撰写过程中，得到美国加州大学圣塔巴巴拉分校王勉教授、哈佛大学中国项目部负责人崔凤鸣博士、台中教育大学吴佩芳教授、北京现代艺术幼儿园赵琦园长和美国爱德荷大学曹玲玲教授等的指导与帮助。

　　我要衷心感谢感谢本书的编辑和出版团队。崔凤鸣撰写第一章与第十章，刘新学与王勉撰写第二章、高春玲与王珊撰写第三章，张丽莉与王勉撰写第四章，刘新学撰写第五章并统稿，韩媛媛撰写第六章，黄晶晶撰写第七章并为第二章、第四章和第九章提供部分内容和案例支持，秦奕撰写第八章，欧阳新梅撰写第九章并进行统稿。他们以其专业知识及无私奉献之心，使此书能以最佳之形式呈献于阅者。众志成城，以其智慧与耐心，助力本书改善各片段，使书稿更流畅精彩，实为难能可贵之帮助。

　　还要感谢那些一直相信我、激励我并且启发我的诸公。他们是幼儿园教师、大学导师、特教从业者、康复机构教师和其他领域的专家与技师。其智慧与经验，对书稿撰写产生了巨大影响，得以在书中彰显个性化观点与思想，使本书增色添彩。

　　本书得到江苏高校哲学社会科学研究重大项目"学前融合教育的困境与实现路径研究(2020SJZDA116)"、南京特殊教育师范学院教育学重点学科、南京大学出版社的帮助与支持，这里一并致以谢忱。

　　感谢每一位凡亲手拿起此书者，你们的认可是本书写作的意义所在，真诚希望你们会从这本书中获得启发和益处，与本书一同感悟和成长。

　　本书在撰写中参阅了大量的文献资料，百密一疏，难免存在一些不当之处，恳请批评指正！

　　谨以谢忱！